D1877575

प्रगतिवाद

प्रगतिवाद

शिवकुमार मिश्र

वाणी प्रकाशन

वाणी प्रकाशन

4695, 21-ए, दरियागंज, नयी दिल्ली 110 002

शाखा

अशोक राजपथ, पटना 800 004

फोन : +91 11 23273167 फ़ैक्स : +91 11 23275710

www.vaniprakashan.in
vaniprakashan@gmail.com
sales.vaniprakashan@gmai.com

PRAGATIVAD
by ShivKumar Mishra

ISBN : 978-93-5229-507-4
Criticism

© श्रीमती तारादेवी मिश्र

प्रथम संस्करण 1966
द्वितीय संस्करण 2016
मूल्य : ₹395

इस पुस्तक के किसी भी अंश को किसी भी माध्यम में प्रयोग करने के लिए प्रकाशक से लिखित अनुमति लेना अनिवार्य है।

ओम ऑफ़सेट, दिल्ली-110 093 में मुद्रित

वाणी प्रकाशन का लोगो मक़बूल फ़िदा हुसेन की कूची से

यह संस्करण

यह पुस्तक सन् 1966 में पहली बार प्रकाशित हुई थी। पूरे पचास वर्षों के बाद यह पुनः प्रकाशित हो रही है। सन् 1966 के बाद के प्रगतिशील लेखन को एक अध्याय के रूप में जोड़कर मिश्रजी इसे पुनः प्रकाशित करना चाहते थे। परन्तु दूसरे कामों की व्यस्तता की वजह से वे ऐसा नहीं कर पाये। परन्तु यह कार्य इतना महत्त्वपूर्ण है कि वाणी प्रकाशन इसे ज्यों का त्यों प्रकाशित कर रहा है।

वास्तव में यह पुस्तक प्रगतिशील लेखन का एक दस्तावेज़ है। यही इस पुस्तक का महत्त्व है, जो हमेशा बना रहेगा। प्रगतिवाद के साथ, उसके उद्भव के समय से ही यह विवाद जुड़ा रहा कि साहित्य लेखन तथा समीक्षा का यह सिद्धान्त विदेशी और आयातित है। परन्तु मिश्रजी ने इस पुस्तक में बड़े व्यवस्थित तथा तार्किक ढंग से इस धारणा का खंडन किया है; और प्रगतिवादी चेतना के भारतीय परिवेश में सहज विकास को रेखांकित किया है। औरों की तरह वे प्रगतिवाद के उद्भव को कोई आकस्मिक घटना नहीं मानते। इसके उद्भव और विकास का सम्बन्ध वे भारतीय युग-जीवन से जोड़ते हैं। अपनी इस धारणा को वे देश की आर्थिक, सामाजिक, राजनीतिक तथा सांस्कृतिक परिस्थितियों के विवेचन द्वारा प्रमाणित करते हैं। वे प्रगतिवाद के उद्भव और विकास की परम्परा को भारतेन्दु युग से जोड़ते हुए कहते हैं कि 'भारतेन्दु आधुनिक साहित्य के प्रथम व्यक्ति थे, जिन्होंने साहित्य का सम्बन्ध जीवन की वास्तविकताओं से जोड़ते हुए यथार्थपरक साहित्य सृजन की नींव रखी। उस युग के अनेक लेखकों ने अपनी कविताओं, नाटकों तथा निबन्धों द्वारा जिसे मजबूत किया।'

मिश्रजी, भारतीय सन्दर्भ में, प्रगतिवाद की विकास-यात्रा में आचार्य रामचन्द्र शुक्ल को एक मजबूत एवं अनिवार्य कड़ी मानते हैं। वे आचार्य शुक्ल की इस स्थापना को बहुत महत्त्व देते हैं कि 'मनुष्य लोकबद्ध प्राणी है। ...लोक के भीतर ही कविता क्या किसी भी कला का प्रयोजन और विकास होता है।' शुक्लजी की इस स्थापना को मिश्रजी बड़ी मजबूती से पकड़े हुए हैं। इसीलिए शुक्लजी के लिए वे कहते हैं कि 'वे पहले व्यक्ति थे, जिन्होंने कविता तथा कला की सच्ची आकृति पर

युगों से पड़े हुए समस्त प्रकार के रहस्यवादी-अध्यात्मवादी आवरणों को हटाते हुए उन्हें इसी वस्तु जगत् में उत्पन्न, इसी लोक की वस्तु घोषित किया।'

पूरी तरह से आश्वस्त होकर यह कहा जा सकता है कि मिश्रजी की यह पुस्तक 'प्रगतिवाद' के बारे में फैली हुई तमाम अवांछित धारणाओं का निराकरण करती है। प्रगतिवाद तथा प्रगतिवादी साहित्य को उसके सही सन्दर्भ में समझने में यह पुस्तक निश्चय ही हमें बहुत मदद करती है। इसी कारण यह पुस्तक कभी भी अप्रासंगिक नहीं हो सकती। *निश्चय ही इस पुस्तक में सन् 1966 के बाद के प्रगतिशील लेखन के बारे में कुछ भी नहीं है; परन्तु प्रगतिशील लेखन का जो सर्वाधिक महत्त्वपूर्ण है, उसके बारे में यह पुस्तक निश्चय ही बहुत कुछ कहती है।*

वल्लभ विद्यानगर (गुजरात) **योगेन्द्रनाथ मिश्र**

आमुख

इस पुस्तक में प्रगतिवादी आन्दोलन के उद्‌भव और विकास के साथ उठने वाले कतिपय प्रश्नों के साथ-साथ, हिन्दी-कविता, कथा साहित्य, समीक्षा तथा इतर गद्य-रूपों में प्रगतिवादी चेतना की व्याप्ति को प्रदर्शित करने का प्रयास किया गया है। साहित्य और समाज को गतिरोध की स्थिति से मुक्त करने के जिस महत्तर संकल्प को लेकर सन् 1936 के लगभग प्रगतिशील आन्दोलन की धारा प्रवाहित हुई थी, उसका युग के मूर्धन्य समीक्षकों ने खुले हृदय से स्वागत किया था। आचार्य नन्ददुलारे वाजपेयी ने उसे नवयुवकों में तेजस्विता का संचार करने वाला घोषित किया तथा आचार्य हजारीप्रसाद द्विवेदी ने उसकी तुलना मध्यकाल के महान भक्ति-आन्दोलन से की थी। हिन्दी के इन शीर्ष समीक्षकों के ये विचार प्रगतिशील आन्दोलन के उद्‌भव के समय अनायास ही सामने नहीं आ गये थे; प्रगतिवादी आन्दोलन के फलस्वरूप उत्पन्न साहित्यिक गतिविधियों का सूक्ष्मता से निरीक्षण करते हुए, कालान्तर में उन्होंने अपने ये निष्कर्ष दिए थे। आचार्य वाजपेयी ने तो काशी प्रगतिशील लेखक-संघ के सभापति के रूप में इस आन्दोलन का क्षेत्रीय नेतृत्व भी सँभाला था। इन विद्वानों के अतिरिक्त देश के अन्य मान्य बुद्धिजीवियों ने भी जितनी तत्परता से इस आन्दोलन की गतिविधियों में हिस्सा लिया था, उसका विवरण विस्तारपूर्वक पुस्तक के अन्तर्गत किया गया है। सहज ही अनुमान लगाया जा सकता है कि प्रगतिशील आन्दोलन अपने समय की कितनी बड़ी शक्ति था। इस आन्दोलन द्वारा जिस नयी चेतना को अन्य देशी भाषाओं के साथ हिन्दी में भी विकसित होने का अवसर मिला, वह चेतना अपनी व्यापक भूमिका में आज भी उतनी ही जीवित तथा सक्रिय है, इस तथ्य से इनकार नहीं किया जा सकता। नये रचनाकारों के एक बहुत बड़े अंश में उसे अपनी विकसित सम्भावनाओं के साथ सरलतापूर्वक देखा जा सकता है। समाजवाद को युग-धर्म के रूप में ग्रहण कर आज राष्ट्र ने उसी संकल्प को व्यक्त किया है, जिसे लेकर किसी समय प्रगतिवादी आन्दोलन को जन्म दिया गया था। आवश्यकता उसे सही तथा सच्चे सन्दर्भ देने की है। ऐसी स्थिति में जो लोग आज प्रगतिवाद को मरा हुआ घोषित करने में ही सुख और सन्तोष पा रहे हैं, वस्तुतः अपने को झुठला

रहे हैं। जादू वह जो सिर पर चढ़कर बोले; प्रगतिवाद अधिक जीवन्त, अधिक ठोस तथा अधिक प्रशस्त रूप में आज भी हिन्दी-साहित्य का मूल स्वर है।

प्रस्तुत पुस्तक में कोशिश की गयी है कि प्रगतिवादी आन्दोलन के फलस्वरूप हिन्दी साहित्य ने जिन नयी दिशाओं की ओर प्रयाण किया, जो नयी उपलब्धियाँ की, उन्हें उसके प्रतिनिधि पुरस्कर्ताओं के माध्यम से सामने लाया जाये। ऐसे लेखकों के कृतित्व का भी पुस्तक के अन्तर्गत उल्लेख किया गया है, जो भले ही प्रगतिवादी दृष्टि को उसकी समग्रता में न अपना सके हों, परन्तु जो मूलतः प्रगतिशील आस्थाओं वाले लेखक रहे हैं; और जिनकी ये आस्थाएँ आज भी पूरी तरह निःशेष नहीं हुई हैं। कविता, उपन्यास तथा कहानियों के विवेचन में इस प्रकार के कुछ नाम आये हैं। मैंने यह भी कोशिश की है कि सामयिक विवादों से हटते हुए लेखकों के कृतित्व पर ही दृष्टि डालकर कोई निर्णय लिए जायें। कहानियों के विवेचन को लेकर कुछ लोग कुछ प्रश्न उठा सकते हैं, परन्तु उनके उत्तर मेरे पास हैं। 'समीक्षा' शीर्षक के अन्तर्गत प्रगतिवादी समीक्षा की सैद्धान्तिक मान्यताओं को ही उठाया गया है, व्यावहारिक भूमिका का स्पर्श-मात्र किया गया है। इसका प्रधान कारण पुस्तक की आकारगत सीमा रही है। समग्रतः प्रयत्न यही रहा है कि प्रगतिवादी आन्दोलन और प्रगतिवादी साहित्य की उपलब्धियों का एक स्पष्ट चित्र पाठकों के समक्ष प्रस्तुत हो सके, यद्यपि इस क्रम में उसकी सीमाओं की ओर से भी दृष्टि ओझल नहीं की गयी है। हो सकता है कि मेरे कतिपय निष्कर्षों से कुछ लोगों में मतभेद हो, परन्तु साहित्य-समीक्षा में मतभेदों की गुंजाइश रहनी ही चाहिए। इसी आधार पर कुछ बातों को बिना किसी लाग-लपेट के, साफ़-साफ़ कहने का प्रयास किया गया है।

यह पुस्तक राजकमल प्रकाशन की 'सर्वेक्षण-माला' शीर्षक योजना के अन्तर्गत लिखी गयी है, अतः स्वभावतः इसकी कुछ सीमाएँ हैं। यह महज प्रगतिवादी आन्दोलन तथा प्रगतिवादी साहित्य का एक सर्वेक्षण है। विवेचन की गहराई में जाने का न तो अवकाश था और न ही आवश्यकता। दृष्टि में केवल हिन्दी के सामान्य पाठक को रखा गया है, उन्हें नहीं जो साहित्य-मर्मज्ञ हैं, या अपने को ऐसा समझते हैं। गहरेबाज़ों को इसमें गहराई का अभाव दिखाई पड़ सकता है, दोष देखने वालों को इसमें आदि से अन्त तक दोष-ही-दोष दिखाई पड़ सकते हैं, परन्तु प्रगतिवादी आन्दोलन और प्रगतिवादी साहित्य की उपलब्धियों तथा दिशाओं से भली-भाँति परिचित होने की आकांक्षा रखने वाले पाठक को इसमें इन बातों की सम्यक् जानकारी भी मिल सकती है। कम-से-कम मैंने प्रयत्न यही किया है। यदि ऐसा हो सके, अथवा इस पुस्तक को पढ़ने के बाद पाठक के मन में प्रगतिवादी साहित्य के विषय में और भी बहुत कुछ जानने की इच्छा पैदा हो सके, तो मैं अपने प्रयत्न को पूर्णतः सार्थक मानूँगा। मेरे लिए पुस्तक की सार्थकता का बस इतना ही सन्दर्भ है। सजगता बरतने के बावजूद

हो सकता है कि पुस्तक के अन्तर्गत, प्रगतिशील आस्था वाले कुछ पुराने रचनाकारों का नाम छूट गया हो, इसे मेरी दृष्टि की असमर्थता माना जाये, उन रचनाकारों अथवा उनकी कृतियों की नहीं।

मैं उन कवियों, लेखकों, समीक्षकों तथा मित्रों का हृदय से आभारी हूँ, जो किसी-न-किसी रूप में इस पुस्तक के निर्माण में मेरे साथ रहे हैं। डॉ. इन्द्रनाथ मदान का मैं विशेष आभारी हूँ, जिन्होंने राजकमल प्रकाशन की योजना के अन्तर्गत मुझे यह पुस्तक लिखने को प्रेरित किया।

सागर **शिवकुमार मिश्र**

बसन्त पंचमी

दिनांक : 19-01-1964

अनुक्रम

विषय-प्रवेश

प्रगतिवाद आधुनिक हिन्दी साहित्य की उस गौरवशाली सामाजिक परम्परा का एक क्रम-विकास है, जो भारतेन्दु हरिश्चन्द्र से प्रारम्भ होकर नये-नये रूपों में निरन्तर अपने को अभिव्यक्त करती रही है। युगीन स्थितियों के सन्दर्भ में सदैव उसमें कुछ नये तत्त्व जुड़ते रहे हैं और तभी वह एक जीवन्त परम्परा के रूप में अपनी निरन्तरता का परिचय भी दे सकी है। भारतेन्दु आधुनिक हिन्दी साहित्य के प्रथम व्यक्ति थे, जिन्होंने साहित्य का सम्बन्ध जीवन की वास्तविकताओं से जोड़ते हुए यथार्थपरक साहित्य-सृजन की नींव रखी, उस युग के अनेक लेखकों ने अपनी कविताओं, नाटकों तथा निबन्धों द्वारा जिसे मज़बूत किया। द्विवेदी युग भी अपने स्थूल आचारवाद, कट्टर नैतिक आदर्शों तथा मध्ययुगीन वैष्णवता में भले ही कतिपय सीमाओं से बँध गया हो, जीवन की वास्तविकताओं से साहित्य का सम्बन्ध इस युग में भी टूटने नहीं पाया। आचार्य रामचन्द्र शुक्ल द्विवेदी युग के ही अन्तिम आचार्य थे, जिन्होंने लोकमंगल के रूप में हिन्दी समीक्षा तथा सर्जना को एक ऐसा प्रतिमान दिया, जो असामाजिक भूमिका के समस्त व्यक्तिवादी बवंडरों के बीच भी समीक्षा तथा साहित्य को जीवन्त, विकासशील, स्वस्थ, समजाचेता तथा जागरूक बनाए रख सके; गतिशील जीवन के प्रशस्त पथ से कटकर उन्हें सीमित तथा संकीर्ण पगडंडियों में निर्जीव न होने दिया। वे पहले व्यक्ति थे, जिन्होंने कविता तथा कला की सही तथा सच्ची आकृति पर युगों से पड़े हुए समस्त प्रकार के रहस्यवादी अध्यात्मवादी आवरणों को हटाते हुए उन्हें इसी वस्तुजगत् से उत्पन्न, इसी लोक की वस्तु घोषित किया। कथा-साहित्य में प्रेमचन्द का युग-प्रवर्तन भी इस सन्दर्भ में सहज स्मरणीय है। सर्जना की भूमि पर कार्य करने वालों में उनके प्रदेश की युगान्तरकारी भूमिका का सबसे बड़ा प्रमाण उसकी वह सामाजिक पीठिका तथा युग-सम्पृक्ति है, जिसका आगे के लेखकों द्वारा एक महती प्रेरणा के रूप में ग्रहण हुआ। इन्हीं सब कारणों से सन् 1935-1936 के लगभग, पिछले युगों की सम्पूर्ण प्रगतिशील साहित्यिक विरासत को सँभालने वाले प्रगतिवादी युग का आविर्भाव न तो किसी अनहोनी का सूचक है और न किसी ऐसी आकस्मिकता का, जो ऐतिहासिक सन्दर्भों से कटी, युग की

संवेदनाओं से शून्य, बलात् हिन्दी साहित्य के गले बँध गयी हो अथवा बाँध दी गयी हो। युगीन गतिविधियों को देखते हुए जितनी स्वाभाविक कोई बात हो सकती थी, प्रगतिवाद का आविर्भाव उतना ही स्वाभाविक था। वह कालपुरुष का वह निर्णय था, जिसके सारे सन्दर्भ तत्कालीन युग-जीवन में एकदम नक्श थे।

कला तथा साहित्य की अन्य अनेक प्रवृत्तियों की भाँति प्रगतिवाद को भी जन्म के साथ ही विरोध तथा समर्थन दोनों प्राप्त हुए। नयी वास्तविकताओं से अनभिज्ञ अथवा जान-बूझकर मुँह चुराने वालों ने जहाँ अपने पुरातन भाववादी-व्यक्तिवादी संस्कारों तथा बहुतेरे अन्य साहित्येतर कारणों से उसका घोर विरोध किया, वहाँ अधिकांश ने उसका उतना ही प्रबल समर्थन करते हुए, उसे ही युग की वास्तविक साहित्य-सृष्टि का जनक कहा और उसकी क्षमताओं तथा सम्भावनाओं के प्रति अपना अपार विश्वास प्रकट किया। गरज यह कि, क्षीण विरोध तथा प्रबल समर्थन के इस मिले-जुले वातावरण के बीच से ही प्रगतिवादी चेतना को नयी साहित्यिक, कलात्मक तथा विचारात्मक उपलब्धियों के लिए पथ प्रशस्त करना पड़ा। प्रगतिवाद के उद्‌भव के कुछ आगे-पीछे कतिपय अन्य नयी साहित्यिक प्रवृत्तियाँ तथा कलात्मक दृष्टिकोण भी छिटपुट रूप में सामने आये; परन्तु युगीन साहित्यिक तथा सांस्कृतिक रंगमंच के इस तेजस्वी अभियान के सम्मुख उन्हें विशेष महत्त्व न मिल सका और अपनी नयी चेतना तथा नये संकल्पों को लिए प्रगतिवाद का अभियान पूर्ववत् जारी रहा।

प्रगतिवाद के उद्‌भव पर विचार करते हुए हिन्दी के कतिपय वरिष्ठ तथा मान्य समीक्षकों तक ने कुछ इस प्रकार के मत व्यक्त किये हैं मानो प्रगतिवाद ने अनायास ही एक आततायी की भाँति हिन्दी साहित्य के मंच पर प्रविष्ट होकर, पूर्ववर्ती युग को बलात् अपदस्थ करते हुए, सत्ता को अपने हाथ में ले लिया हो। इस प्रकार के सारे वक्तव्य न केवल भ्रान्त हैं, वे इतिहास की स्वाभाविक गतिविधियों तक की उपेक्षा करते हैं। स्पष्ट ही, कोई युग, चाहे वह राजनीतिक हो, चाहे साहित्यिक अथवा अन्य, न तो एकबारगी समाप्त ही हो जाता है और न ही नया युग अकस्मात् अपने आगमन की सूचना ही दे देता है। किसी युग की समाप्ति तथा नये युग के आगमन की भूमिका निश्चित अवधि से कुछ समय पहले ही पड़ चुकी होती है, जो शनैः-शनैः व्यापक होते हुए उपयुक्त अवसर पर पुराने के अन्त और नये के आगमन की घोषणा कर देती है। नये युगों का प्रवर्तन प्रायः तभी होता है, जब पूर्ववर्ती युग की ऐतिहासिक भूमिका समाप्त हो चुकी होती है और उभरती हुई नयी वास्तविकता आगे बढ़कर स्वतः नयी सम्भावना को प्रतिष्ठित कर देती है। छायावाद-युग की समाप्ति और उसके बाद प्रगतिवादी युग के पदार्पण में भी हिन्दी साहित्य ने अपना इसी प्रकार का एक स्वाभाविक चरण-निक्षेप किया है। युग की ऐतिहासिक आवश्यकता तथा युगीन परिस्थितियों की अनिवार्य परिणति के रूप में वह ठीक उसी समय, न

केवल हिन्दी के, वरन् अन्य भारतीय भाषाओं के भी साहित्यिक रंगमंच पर अवतीर्ण हुआ, जिस समय उसे होना चाहिए था। उसके अवतरण को रोकना कदाचित् उस समय किसी के लिए भी सम्भव न था, कारण वह उन शक्तियों की उपज था, जो इतिहास की वल्गा को अपने हाथों में थामे उसे एक निश्चित पथ की ओर अग्रसर कर रही थीं। छायावाद की 'हत्या' नहीं हुई, जैसा कि कुछ लोगों का विचार है; अपितु अपने विकास की परिपक्वावस्था तक पहुँचकर, बदले हुए समय-सन्दर्भों में अप्रासंगिक होते हुए उसने स्वयं नयी चेतना के लिए स्थान रिक्त किया है। छायावाद युग की समाप्ति और प्रगतिवाद के प्रवर्तन को इसी सन्दर्भ में देखना-समझना उचित भी है और वैज्ञानिक भी।

प्रगतिवाद वस्तुतः समाजवादी चेतना के समानान्तर, उसकी साहित्यिक निष्पत्ति बनकर सामने आया था। यही कारण है कि उसके समूचे परिपार्श्व को देखने-समझने के पश्चात ही उसकी साहित्यिक भूमिका का विवेचन युक्ति-संगत बन सकता था। अगली पंक्तियों में हम प्रगतिवाद के उद्भव के कुछ समय पहले की साहित्यिक स्थिति का विवरण देते हुए उसकी आवश्यक परिणति के रूप में इस नयी चेतना का स्पष्टीकरण करेंगे। कथा साहित्य के क्षेत्र में यों तो प्रेमचन्द अपने नये प्रवर्तन के साथ काफी पहले अवतरित हो चुके थे; और साहित्य-प्रेमियों तथा रचनाकारों के बीच उनके इस नये प्रवर्तन को पर्याप्त लोकप्रियता भी प्राप्त हुई थी; परन्तु बावजूद इस नये साहित्यिक उन्मेष के, अनेक कथाकारों के माध्यम से यथार्थवाद के नाम पर कुछ हल्की एवं सतही प्रकार की कृतियाँ भी सामने लाई जा रही थीं। इन कृतियों में सामाजिक वास्तविकताओं को पैनेपन के साथ परख सकने वाली न तो प्रेमचन्द की-सी दृष्टि का ही योग था और न राष्ट्रीय आकांक्षाओं की वह व्याप्ति, जो प्रेमचन्द की कृतियों की सहज विशेषता थी। ये या तो सामाजिक विरूपता की छिछली अभिव्यक्तियाँ मात्र थीं, या उसकी वास्तविकता को एकदम नंगे रूप में उद्घाटित करने वाली। कुछ में मनोवैज्ञानिक विश्लेषण के नाम पर मानसिक स्खलन की भूमिकाओं को ही उभारा गया था। सामाजिक यथार्थ के प्रति जो रुख प्रेमचन्द का था, ये कृतियाँ उससे दूर यथार्थ के प्रति लेखक की वैयक्तिक रुचियों का ही प्रतिबिम्ब थीं। उस समय के आर्थिक, राजनीतिक तथा सामाजिक परिवेश को देखते हुए, आवश्यकता ऐसी कृतियों के प्रणयन की थी, जो वास्तविकता के प्रति एक ईमानदार रुख लिए हुए, राष्ट्रमानस को उससे परिचित कराते हुए, गतिरोध तथा जड़ता के वातावरण से समाज को उबारकर नये तथा प्रशस्त पथों पर खड़ा करतीं, या कम-से-कम उनका संकेत देतीं। इन कृतियों द्वारा यह तो सम्भव न हुआ, उल्टे यह स्थिति पैदा हो गयी कि कहीं ये देश की जनता को आने वाले संघर्षों से पराङ्मुख न कर दें। यदि कहा जाये कि इन कृतियों में चित्रित यथार्थ का पाठकों के मन पर

विपरीत प्रभाव पड़ा, तो अत्युक्ति न होगी। सवाल युगीन यथार्थ के मार्मिक, पैने तथा सही चित्रण का ही नहीं था, इन सबके साथ-साथ उस यथार्थ द्वारा जनता में नयी प्रेरणा फूँकने तथा गन्दगी से बचाते हुए उसे साफ़ रास्तों पर खड़ा करने का भी था। जाहिर है कि ये कृतियाँ इस कार्य को पूरा नहीं कर सकीं। इस स्थिति को देखकर ही अनुभव किया गया कि नये लक्ष्य और नये संकल्पों को लेकर कुछ ऐसे कथाकार सामने आयें, जो प्रेमचन्द की विरासत को सहेजते हुए कथा-रचना की दिशा में आगे बढ़ें, जिससे जनता उनकी कृतियों में अपनी तथा समाज की सही प्रतिच्छवियाँ देख सके।

इस अवधि की हिन्दी कविता में, कथा साहित्य की अपेक्षा, प्रगतिवादी चेतना की आवश्यकता को प्रमाणित करने वाले अधिक तत्त्व थे। कथा साहित्य में तो प्रेमचन्द का युग-प्रवर्तन सम्पन्न हो चुका था, हिन्दी कविता वस्तुतः किसी ऐसे युग-प्रवर्तन के लिए कसमसा रही थी। उसकी स्थिति कथा-साहित्य की तुलना में विशेष शोचनीय थी। उत्तरवर्ती छायावाद तथा छायावादोत्तर बच्चन और अंचल जैसे कवियों के काव्य के सन्दर्भ में इस स्थिति का सहजता से अनुमान लगाया जा सकता है। कहने की आवश्यकता नहीं कि महादेवी वर्मा तक आते-आते छायावाद अपनी उस प्रशस्त आकृति को बहुत कुछ खो बैठा था, जो उसे प्रसाद, निराला तथा पन्त जैसे कवियों के माध्यम से प्राप्त हुई थी। महादेवी वर्मा के काव्य की एकान्त वैयक्तिक पीठिका तथा रहस्य और अध्यात्म के पीछे भले ही युग तथा समाज की अतिचारी भूमिका के कितने ही करुण सन्दर्भ क्यों न हों, वैयक्तिकता की ये घनीभूत रेखाएँ तथा रहस्य और अध्यात्म की ये निगूढ़ अभिव्यक्तियाँ सामान्य मानस को युग के उन ज्वलन्त सन्दर्भों से सर्वथा रहित ही दिखाई पड़ीं, कविता में जिनकी साफ़ तथा सीधी प्रतिच्छवियाँ देखने को वह ललक रहा था। असीम और अनन्त की कुहेलिका के विपरीत उसकी आँखें कविता में अपने दैनन्दिन जीवन के दुख, दर्द तथा हर्ष-विषाद के चित्र ढूँढ़ रही थीं और वे उसे दिखाई न देते थे। छायावादी अभिव्यंजना भी महादेवी में आकर इतनी लाक्षणिक हो गयी थी, उस पर प्रतीकों का इतना घटाटोप छा गया था कि कविता दुर्बोधता की सीमाओं का स्पर्श करने लगी थी। कह सकते हैं कि अपनी कविता में महादेवी ने अपना एक अलग संसार ही निर्मित कर लिया था, जो बाहर के संसार से सम्बन्धित होने के बावजूद, उसकी वैसी प्रतिच्छवि न था, जिसकी जमाने को आवश्यकता तथा चाह थी। महादेवी के काव्य की इस विशिष्ट भूमि को लक्ष्य करते हुए छायावादी कविता के समीक्षक आचार्य नन्ददुलारे वाजपेयी तक ने सवाल उठाया था कि "ऐसे कवि तथा उसकी रचना का ही साहित्यिक महत्त्व क्या है, जो समाज की वास्तविक और प्रगतिशील चेतना से इतनी दूर चली गयी हो। ...यह समस्या हिन्दी के नये इतिहास-लेखक के

सम्मुख आती है। हम यहाँ इस साहित्यिक प्रश्न की ओर विचारशील पाठकों का ध्यान आकृष्ट कर ही सन्तोष करेंगे। प्रश्न यह है कि साहित्यिक रचना का एकदम स्वतन्त्र मूल्य है, अथवा उसका मूल्य उसके सामाजिक सम्पर्क और प्रभाव में है; और यदि साहित्य सामाजिक और वास्तविक जीवन-स्रोत से अपना रस ग्रहण करना छोड़ देता है, तब केवल कल्पना और वैयक्तिक भूमि पर की गयी रचना का साहित्यिक, सामाजिक और सांस्कृतिक मूल्य किस प्रकार आँका जाये?"

आचार्य वाजपेयी का उक्त कथन तत्कालीन युग-सन्दर्भों में महादेवी के काव्य की स्थिति को स्पष्ट कर देता है। केवल महादेवी की ही कविता नहीं, उनसे प्रेरणा लेते हुए उस युग में ऐसे अनेक कवि-नामधारी भी सामने आये, जिन्होंने कविता को रहस्यवाद, कल्पना तथा व्यक्तिवादिता की क्रीड़ा-भूमि ही बना दिया। महादेवी की कविता अपनी उक्त स्थिति के बावजूद अपने भाव तथा कलागत वैशिष्ट्य में प्रथम श्रेणी की कविता थी, परन्तु इन नकली रहस्यवादियों तथा कोरे कल्पनाजीवियों में तो अनुभूति या अभिव्यक्ति, किसी भी स्तर पर ईमानदारी खोजना सम्भव न था। ये तो कविता की हरी-भरी खेती को चर जाने वाले कवि नामधारी लोग थे। यही कारण है कि काव्य-सत्ता के प्रति ईमानदार और गम्भीर दृष्टिकोण रखने वाले, सही मानों में कविता की लोक-जीवन की वस्तु के रूप में मान्यता देने वाले आलोचकों ने उनका तीव्र विरोध किया। आचार्य शुक्ल का 'काव्य में रहस्यवाद' शीर्षक निबन्ध वस्तुतः ऐसे ही नक्कालों तथा कवि-नामधारी जीवों के प्रति तीखी भर्त्सना का स्वर लिए प्रकाशित हुआ, जिसने ऐसे कवियों की कृत्रिम अनुभूतियों, वाग्जाल तथा बनावटी संजीदगी के जामे को छिन्न-भिन्न करते हुए वस्तुतः सही भूमि पर कविता को आगे बढ़ाने की राह सुझाई। उक्त प्रकार के काव्याभास के विरोध में फूटे इन स्वरों तथा उनके माध्यम से सामने आने वाली कविता की वास्तविक समझ ने हिन्दी की प्रगतिवादी चेतना को कविता की भूमि पर पैर रोपने में अतीव सहायता पहुँचाई। पूर्ववर्ती कविता की इस संकीर्ण आकृति के प्रति प्रतिक्रिया तथा नयी रचनात्मक शक्तियों के प्रति आत्मीयतापूर्ण रुख लिए, नये बौद्धिक तथा भावात्मक संवेदनों की भूमि पर इसी बीच प्रगतिवादी कविता ने जन्म लिया, जिसने युग की आशाओं-आकांक्षाओं के साथ तादात्म्य स्थापित करते हुए कविता के क्षेत्र में एक नये प्रवर्तन को मूर्त स्वरूप प्रदान किया।

छायावाद की उत्तरवर्ती उक्त संकीर्ण आकृति की बात छोड़ भी दी जाये तो इसी समय हिन्दी कविता के मंच पर कवियों का एक समुदाय, एक ऐसी कविता की भी बानगी लेकर आया था, जिसका सम्बन्ध यों तो विशुद्ध लौकिक भूमि से था, परन्तु छायावादी वायवीयता के प्रति गहरी प्रतिक्रिया के चलते जो अधिक अन्धी गलियों में भटक गयी थी। इस प्रकार की कविता के रचयिता वस्तुतः वे मध्यवर्गीय

नवयुवक कवि थे, जो भावी जीवन की न जाने कितनी सुखद कल्पनाओं को लिए कर्म-क्षेत्र में उतरे थे। छायावाद की अतिशय वायवीयता, रहस्य-अध्यात्म आदि का विरोध इन्होंने इसीलिए किया था कि ये अपने मन की बात, अपने खुद के सुख-दुख, अपनी आशा-आकांक्षाएँ, बिना किसी आवरण के ज्यों-की-त्यों सबके सम्मुख रखना चाहते थे। परन्तु सामाजिक वर्जनाएँ तथा नियम इतने कठोर थे, युगीन परिस्थितियाँ इतनी विषम तथा कटु थीं कि इनकी सारी आशाएँ, इनके सारे स्वप्न, इनके मानस की सारी उन्मुक्ति तथा सारी स्वच्छन्दता जैसे उनसे टकराकर चूर-चूर हो गयी। ऐसी स्थिति में समाज तथा उसकी अतिचारी व्यवस्था के प्रति इनके मन में एक तीखे विद्रोह का भाव उठना स्वाभाविक था। एक तो इन कवियों का अपना दुर्बल व्यक्तित्व, दूसरे उनके मध्यवर्गीय संस्कार—समूचे समाज से अकेले ही जूझकर उसे ढहा देने की उनकी रोमांटिक भावना अथवा खोखला दुस्साहस, परिणामतः उनके हाथ निराश ही लगी। इस निराश मनःस्थिति ने उन्हें जीवन के क्षयी पक्षों की ओर उन्मुख किया। प्रेम की अतिशय स्थूल तथा मांसल अभिव्यक्ति, जीवन की क्षण-भंगुरता तथा नियतिवाद जैसे विचारों पर विश्वास, विद्यमान जीवन-यथार्थ का सामना करने के बजाय उसके समक्ष दयनीय आत्मसमर्पण, तात्पर्य यह कि उनकी कविता व्यक्ति-मन की दुर्बलताओं तथा क्षय की स्मारिका बनकर सामने आयी। क्षयी जीवन तथा क्षयग्रस्त मन की अभिव्यक्ति वह कितनी भी प्रगाढ़, पारदर्शी, यथार्थ और ईमानदार क्यों न हो, अहेतुक ही मानी जायेगी। प्रगतिवादी चेतना ने इतिहास द्वारा सौंपे गये दायित्व का निर्वाह करते हुए उत्तरवर्ती छायावाद की वायवीयता तथा सामाजिक यथार्थ से पराङ्मुख उसकी मनोभूमि के विरोध के साथ उसकी प्रतिक्रिया में सामने आयी व्यक्तिमन के क्षय को शब्द और रूप देने वाली इस कविता का भी विरोध किया तथा उस भावी काव्याभिव्यक्ति के लिए पथ प्रशस्त किया जो विद्यमान सामाजिक यथार्थ से सीधे आँखें मिलाते हुए जन-मन और युग-जीवन का सही प्रतिनिधि बन सके।

साहित्य, समाज, राजनीति—कहना चाहिए, जीवन के सारे क्षेत्रों का स्पर्श करने वाली उक्त स्थितियाँ केवल तत्कालीन भारतीय मानस को ही आक्रान्त किये हों, ऐसी बात नहीं; वस्तुतः इनसे भी कटु तथा विषाक्त परिस्थितियों के दौर से तत्कालीन यूरोपीय मानस भी गुज़र रहा था। यह एक ऐसा दौर था, जिसके दर्शन यूरोप में पहले कभी नहीं हुए थे। सवाल हाथ-पर-हाथ धरे बैठने अथवा स्थितियों की विकरालता के सम्मुख आत्म-समर्पण कर देने का नहीं, प्रत्युत गतिरोध, जड़ता, ह्रास तथा सामूहिक अस्त-व्यस्तता के बीच से समाज तथा साहित्य को नयी, स्वस्थ तथा प्रशस्त दिशाओं की ओर उबार ले जाने का था। यही कुछ सोच-समझकर यूरोप के सजग बुद्धिजीवि-वर्ग ने सन् 1935 में प्रगतिशील लेखक-संघ (Progressive

Writers Association) नामक एक अन्तर्राष्ट्रीय संस्था को जन्म दिया और उसी वर्ष पेरिस में उसका प्रथम अधिवेशन आयोजित किया। अधिवेशन के सभापति अंग्रेजी के प्रसिद्ध उपन्यासकार श्री ई. एम. फ़ार्स्टर थे। इस संस्था के उद्देश्यों से प्रभावित होकर डॉ. मुल्कराज आनन्द, सज्जाद ज़हीर, भवानी भट्टाचार्य जैसे कुछ भारतीय विद्यार्थी लेखकों ने, जो उस समय लन्दन में थे, 'भारतीय प्रगतिशील लेखक-संघ' की नींव रखी और वहीं से अपने भारतीय मित्रों के पास एक परिपत्र भेजा, जिसमें इस नयी संस्था के उद्देश्यों तथा योजनाओं की विस्तृत चर्चा थी। परिपत्र के कुछ महत्वपूर्ण अंश इस प्रकार थे–

"भारतीय समाज में बड़े-बड़े परिवर्तन हो रहे हैं। पुराने विचारों और विश्वासों की जड़ें हिलती जा रही हैं और एक नये समाज का जन्म हो रहा है। भारतीय साहित्यकारों का धर्म है कि वे भारतीय जीवन में पैदा होने वाली क्रान्ति को शब्द और रूप दें और राष्ट्र की उन्नति के मार्ग पर चलाने में सहायक हों। हम भारतीय सभ्यता की परम्पराओं की रक्षा करते हुए अपने देश की पतनोन्मुख प्रवृत्तियों की बड़ी निर्दयता से आलोचना करेंगे और आलोचनात्मक तथा रचनात्मक कृतियों से उन सभी बातों का संचय करेंगे, जिनसे हम अपनी मंजिल पर पहुँच सकें। हमारी धारणा है कि भारत के नये साहित्य को हमारे वर्तमान जीवन के मौलिक तथ्यों का समन्वय करना चाहिए और वह है हमारी दरिद्रता, हमारी सामाजिक अवनति और हमारी राजनीतिक पराधीनता का प्रश्न। तभी हम इन समस्याओं को समझ सकेंगे और तभी हममें क्रियात्मक शक्ति आयेगी। वह सब कुछ, जो हमें निष्क्रियता, अकर्मण्यता और अन्धविश्वास की ओर ले जाता है, हेय है; वह सब कुछ जो हममें समीक्षा की मनोवृत्ति लाता है, जो हमें प्रियतम रूढ़ियों को भी बुद्धि की कसौटी पर कसने के लिए प्रोत्साहित करता है, जो हमें कर्मण्य बनाता है और हममें संगठन की शक्ति लाता है, उसी को हम प्रगतिशील समझते हैं।"

संस्था का प्रमुख उद्देश्य "भारत के भिन्न-भिन्न भाषा-प्रान्तों में लेखकों को संगठित करते हुए प्रगतिशील साहित्य की सृष्टि" था, "जो कलामक दृष्टि से निर्दोष हो तथा जिसके माध्यम से सांस्कृतिक अवसाद को दूर कर भारतीय स्वाधीनता और सामाजिक उत्थान की ओर बढ़ा जा सके।" परिपत्र में कल्पनापरक साहित्य-सृष्टि की निर्जीव तथा कृत्रिम लीकों को तोड़कर यथार्थ की भूमि पर मानव-जीवन के चित्र अंकित करते हुए उसके सुखी भविष्य की नींव डालना साहित्यकारों का प्राथमिक कर्तव्य कहा गया था। इस परिपत्र का सभी भाषाओं के भारतीय लेखकों ने पूरी हार्दिकता से स्वागत किया। प्रेमचन्द ने 'हंस' में इसे पूरे विस्तार से छापा और इसके उद्देश्यों तथा योजनाओं पर अपनी पूरी सहमति व्यक्त करते हुए स्वयं साहित्यकारों से इस नये रचनात्मक उत्थान में योग देने का आग्रह किया। दूसरे ही वर्ष अर्थात्

सन् 1936 में **'भारतीय प्रगतिशील लेखक संघ' का प्रथम अधिवेशन** लखनऊ में आयोजित किया गया, जिसमें भारत की लगभग सभी भाषाओं के प्रतिनिधि लेखक उपस्थित हुए। सम्मेलन के अध्यक्ष मुं. प्रेमचन्द बनाये गये। अपूर्व आस्था तथा विश्वास के वातावरण में इस नये साहित्यिक जागरण का स्वागत करते हुए अपने अध्यक्षीय भाषण में उन्होंने आलस्य, जड़ता, निष्क्रियता तथा परमुखापेक्षिता को छोड़ते हुए साहित्यकारों को नयी स्फूर्ति तथा नये संकल्पों से युक्त होकर नये पथ पर बढ़ चलने का आह्वान किया। उन्होंने साफ़ शब्दों में कहा—"हम साहित्य को केवल मनोरंजन और विलासिता की वस्तु नहीं समझते। हमारी कसौटी पर केवल वही साहित्य खरा उतरेगा, जिसमें उच्च चिन्तन हो, स्वाधीनता का भाव हो, सौन्दर्य का सार हो, सृजन की आत्मा हो, जीवन की सच्चाइयों का प्रकाश हो, जो हममें गति, संघर्ष और बेचैनी पैदा करे, सुलाए नहीं, क्योंकि अब और ज्यादा सोना मृत्यु का लक्षण है।" कल्पनावादी, व्यक्तिवादी काव्य और कला की प्रखरता से आलोचना करते हुए उन्होंने कहा—"हमारे लिए कविता के वे भाव निरर्थक हैं, जिनसे संसार की नश्वरता का आधिपत्य हमारे हृदय पर और दृढ़ हो जाये, जिनसे हमारे हृदयों पर नैराश्य छा जाये...। हमें उस कला की आवश्यकता है, जिसमें कर्म का सन्देश हो। ... अतः हमारे पथ में अहंवाद अथवा अपने व्यक्तिगत दृष्टिकोण को प्रधानता देना वह वस्तु है, जो हमें जड़ता, पतन और लापरवाही की ओर ले जाती है; और ऐसी कला की आवश्यकता हमारे लिए न व्यक्ति-रूप में उपयोगी है, न समुदाय-रूप में।"

'भारतीय प्रगतिशील लेखक संघ' का **दूसरा अधिवेशन सन् 1938 में कलकत्ता** के आशुतोष मेमोरियल हाल में हुआ। इस सम्मेलन के अध्यक्ष गुरुदेव टैगोर थे। अस्वस्थता के कारण वे सभा-स्थल पर नहीं आ सके। उनके सन्देश को पढ़कर सुना दिया गया। इस बार के घोषणा-पत्र में देश की तत्कालीन आर्थिक, सामाजिक, साहित्यिक परिस्थितियों पर अधिक स्पष्टता से प्रकाश डाला गया एवं देश के लेखक-वर्ग से आग्रह किया गया कि वे उनके प्रति पूर्ण सजग होकर साहित्य की सर्जना करें। घोषणा-पत्र में यह भी स्पष्ट किया गया कि प्रगतिशील लेखकों के लिए कौन-सी वस्तुएँ प्रगति अथवा प्रतिक्रिया का सूचक हैं—"प्रत्येक भारतीय लेखक का कर्तव्य है कि वह भारतीय जीवन में होने वाले परिवर्तनों को अभिव्यक्ति दे और साहित्य में वैज्ञानिक बुद्धिवाद का समावेश करके देश में क्रान्ति की भावना के विकास में सहायता पहुँचाए। उन्हें साहित्य-समीक्षा के ऐसे दृष्टिकोण का विकास करना चाहिए, जो परिवार, धर्म, काम, युद्ध और समाज के प्रश्नों पर सामान्यतः प्रतिक्रियाशील तथा पुराणपंथी प्रवृत्तियों का विरोध करे। उन्हें ऐसी साहित्यक प्रवृत्तियों का विरोध करना चाहिए, जो साम्प्रदायिकता, जाति-द्वेष तथा मनुष्य के शोषण की भावना को प्रतिबिम्ब करती हों।"

"हमारे संघ का उद्देश्य साहित्य तथा अन्य कलाओं को, जो अभी तक रूढ़िपंथी वर्गों के हाथ में पड़कर निर्जीव होती जा रही हैं, मुक्त कराके, उनका निकटतम सम्बन्ध जनता से कराना और उन्हें जीवन के यथार्थों का माध्यम और नये विश्व का निर्माण करने वाली शक्ति बनाना है।"

"जो कुछ हममें उदासीनता, निष्क्रियता तथा विवेकहीनता उत्पन्न करता है, उसे हम प्रतिक्रियाशील समझते हैं और उसका प्रतिवाद करते हैं; जो कुछ हममें एक आलोचक की-सी वह स्वस्थ जिज्ञासा उत्पन्न करता है, जो संस्थाओं और प्रचलित रीति-रिवाजों को विवेक की रोशनी में देखता है और हमें अपने कार्य में, अपने को संगठित करने में, परिवर्तन लाने में सहायता पहुँचाता है, उसे हम प्रगतिशील समझते हैं और स्वीकार करते हैं।"

प्रगतिशील लेखक संघ के इस द्वितीय अधिवेशन में देश के लेखकों के बीच प्रगतिवादी चेतना का व्यापकता से प्रचार हुआ। प्रथम अधिवेशन की चेतना घनीभूत होकर इस द्वितीय अधिवेशन में और भी प्रखर रूप में सामने आयी।

सन् 1939 में द्वितीय महायुद्ध प्रारम्भ हुआ, जिसने विश्व के सभी देशों के सम्मुख फ़ासिज़्म का नया संकट प्रस्तुत किया। समस्त देशों के बुद्धिजीवी इस नये संकट से मानवता की रक्षा के लिए कटिबद्ध हुए। वस्तुतः यह एक ऐसा विषय था, जो मानवता की समस्त मूल्यवान विरासत, कला तथा साहित्य की समस्त श्रेष्ठ उपलब्धियों को निर्जीव कर देना चाहता था। ऐसी स्थिति में इस संकट का साहस के साथ सामना करना प्रगतिशील लेखकों के लिए दायित्व का प्रश्न बनकर उपस्थित हुआ। खतरा केवल उन्हीं देशों को न था, जो प्रत्यक्षतः रणचण्डी की क्रीड़ा-भूमि बने हुए थे; खतरा सम्पूर्ण मानवता को था। यही कारण है कि अन्य देशों के बुद्धिजीवी-वर्ग के साथ-साथ भारत के बुद्धिजीवियों ने भी उसकी चुनौती को स्वीकार किया। **प्रगतिशील लेखक संघ का तीसरा अधिवेशन** सन् 1942 में दिल्ली में फ़ासिज़्म के इस बढ़ते हुए संकट के सन्दर्भ में हुआ। इसी कारण उसे फ़ासिस्ट-विरोधी लेखक-सम्मेलन के नाम से पुकारा गया। डॉ. अलीम की अध्यक्षता में इसी समय प्रगतिशील लेखकों ने अपना एक विशेष अधिवेशन भी किया; परन्तु मूलतः इस सम्मेलन का उद्देश्य फ़ासिज़्म का विरोध ही था। प्रगतिशील लेखकों के अतिरिक्त ऐसे बहुत-से बुद्धिजीवियों ने इस सम्मेलन में भाग लिया, जो फ़ासिज़्म को मानवता के लिए एक बड़ा संकट समझते थे। इस अवसर पर एक विशेष अपील भी की गयी, जिसे भारत के बुद्धिजीवी वर्ग के चुने हुए प्रतिनिधियों के हस्ताक्षर सहित, यूरोप में होने वाले फ़ासिस्ट-विरोधी सम्मेलन में, भारत के सहयोग तथा सद्भावना का आश्वासन देते हुए भेजा गया। प्रगतिशील लेखक-संघ का **चौथा अधिवेशन बम्बई** में युद्ध की भयावह छाया में हुआ। इस सम्मेलन में **सभापति श्रीपाद अमृत डाँगे** थे।

इस सम्मेलन में युद्ध द्वारा प्रस्तुत नयी समस्याओं के सन्दर्भ में देश के बुद्धिजीवियों को उनके दायित्व से परिचित कराया गया। प्रगतिशील लेखक-संघ के आगे भी अनेक अधिवेशन हुए, जिनमें देश के साहित्यकारों को प्रतिक्षण उठने वाले नये-नये प्रश्नों की बारीकी से जाँच करते हुए अपने सामाजिक तथा साहित्यक दायित्वों के प्रति सचेत किया जाता रहा।

अखिल भारतीय स्तर के अतिरिक्त प्रान्तीय तथा जिला स्तर पर भी प्रगतिशील लेखक संघों का गठन हुआ, जिनके माध्यम से प्रान्त तथा ज़िलों के स्तर पर प्रगतिशील लेखकों को संगठित करते हुए साहित्य-निर्माण तथा उससे सम्बन्धित अन्य बुनियादी प्रश्नों पर उन्हें सतत जागरूक और क्रियाशील रखने की चेष्टा की गयी। प्रान्तीय तथा अखिल भारतीय स्तर पर ऐसे अनेक कार्यक्रमों की योजना बनाई गयी, जो निरन्तर देश के साहित्य को एक व्यापक किन्तु निश्चित दिशाओं की ओर अग्रसर करते रहने में सहायक हुए। वस्तुतः सन् 1936 से आगे के कुछ वर्ष देश के साहित्यिक रंगमंच पर दिखाई पड़ने वाली अद्भुत सक्रियता के वर्ष थे, जब जीवन, समाज तथा साहित्य को एक नये साँचे में ढाल देने का संकल्प लेकर एक अपूर्व जागृति दिखाई पड़ी। यह सत्य है कि कालान्तर में प्रगतिशील आन्दोलन में एक उतार भी आया, परन्तु इससे उसकी उपलब्धियों और महत्त्व पर कोई प्रभाव नहीं पड़ा।

यही वह समय था, जब युग की पुकार पर निराला और पन्त जैसे छायावाद के कवियों ने अपने चिर-परिचित रास्ते को छोड़ एक नये पथ में प्रवेश किया। कल्पना के आकाश में विचरण करने वाले कवि पन्त ने 'जीवप्रसू भू' की ओर देखा; और धरती के सौन्दर्य तथा यथार्थ के चित्रण के लिए अपने समानधर्मा साहित्यकारों का उद्बोधन किया। कुछ समय पहले इसी कवि ने 'पल्लव' की भूमिका के रूप में छायावाद की 'कोमल कल्पना' का घोषणा-पत्र प्रस्तुत किया था; परन्तु जमाने के बदले हुए सन्दर्भों ने उसे समय की पुकार पर 'रूपाभ' के सम्पादकीय में यह लिखने को बाध्य किया—"इस युग में जीवन की वास्तविकता ने जैसा उग्र आकार धारण कर लिया है, उससे प्राचीन विश्वासों में प्रतिष्ठित हमारे भाव और कल्पना के मूल हिल गये हैं। अतएव इस युग की कविता स्वप्नों में नहीं पल सकती। ...उसकी जड़ों को अपनी पोषण-सामग्री ग्रहण करने के लिए कठोर धरती का आश्रय लेना पड़ रहा है। हमारा उद्देश्य उस इमारत में थूनियाँ लगाने का कदापि नहीं है, जिसका कि गिरना अवश्यंभावी है। हम तो चाहते हैं उस नवीन के निर्माण में सहायक होना, जिसका प्रादुर्भाव हो चुका है।"

ये सारे तथ्य अपने में इतने महत्त्वपूर्ण हैं कि इन्हीं के माध्यम से नयी प्रगतिवादी चेतना के प्रादुर्भाव की स्वाभाविक स्थितियों को परखा जा सकता है। प्रसाद छायावाद को अपनी अन्यतम कृति 'कामायनी' भेंट कर स्वर्गस्थ हो चुके थे,

निराला कविता तथा कथा-साहित्य, दोनों क्षेत्रों में यथार्थ की नयी भूमिका अपना चुके थे, पन्त की कविता नये साँचे में ढलकर 'वाणी मेरी चाहिए तुझे क्या अलंकार?' जैसी प्रेरणाएँ ग्रहण कर चुकी थी। छायावाद के इन समर्थ कृतिकारों की इस बदली हुई गतिविधि के सन्दर्भ में प्रगतिवाद को ऐतिहासिक विकास की स्वाभाविक परिणति न मानकर, उस पर बलात् पूर्ववर्ती युग को अपदस्थ करने का आरोप लगाना, वस्तुस्थिति का अस्वीकार ही कहा जायेगा। प्रगतिवाद और छायावाद की पारस्परिक शत्रुता की बात इस सन्दर्भ में एक भ्रम अथवा कल्पना के अतिरिक्त और क्या मानी जा सकती है? यह सत्य है कि प्रगतिवाद में छायावाद की उत्तरवर्ती स्थिति के प्रति उठने वाली प्रतिक्रिया के भी कुछ तत्त्व थे। परन्तु छायावाद का उसका विरोध केवल छायावाद के दुर्बल तत्त्वों के प्रति था, न कि छायावाद की उस ऐतिहासिक भूमिका या प्रगतिशील आकृति के प्रति जो सामन्ती मूल्यों और विचार-दृष्टियों का विरोध करते हुए, जनतान्त्रिक भूमि पर एक सांस्कृतिक नवजागरण के रूप में सन् 1917-18 के लगभग हिन्दी में आविर्भूत हुई थी। प्रगतिवाद के लगभग सारे मान्य समीक्षकों ने छायावाद की सांस्कृतिक पीठिका और तत्कालीन स्थितियों में उसकी युगान्तरकारी भूमिका को अपनी स्वीकृति दी है। छायावाद उसी प्रकार अपने युग की एक अनिवार्यता था, जिस प्रकार प्रगतिवाद। डॉ. रामविलास शर्मा ने इसी कारण साहस के साथ कहा है कि प्रगतिवाद सर्वथा नूतन तत्त्वों को लेकर ही आगे नहीं बढ़ रहा, प्रत्युत छायावाद में जो सबल और जनहितैषी तत्त्व थे, उनकी विरासत को भी सँभालते हुए अपने विकास में प्रयत्नशील है। कला की भूमि पर उन्होंने छायावाद को प्रगतिवाद से श्रेष्ठ भी बताया है। प्रगतिवाद के प्रति उनकी आस्था का मूल आधार यही है कि सामाजिक विकास के साथ-साथ साहित्य के भाव, प्रकार और शैली भी बदलती रहती है; और चूँकि प्रगतिवाद ने युग की माँग को नवीन शैली में अभिव्यक्त किया है, अतः पुरानी के महत्त्व को स्वीकार करते हुए भी नयी का अभिनन्दन आवश्यक है।

प्रगतिवादी समीक्षकों के अतिरिक्त हिन्दी के अन्य मान्य समीक्षकों ने भी छायावाद और प्रगतिवाद को एक-दूसरे से बहुत भिन्न नहीं माना है। आचार्य वाजपेयी ने इन दोनों काव्यधाराओं के बीच दो या तीन मुख्य अन्तर ही निर्देशित किये हैं, जिन्हें वे बहुत तात्त्विक नहीं मानते। प्रगतिवाद का उनका समर्थन भी इस तथ्य का सूचक है कि छायावाद और प्रगतिवाद मूलतः भिन्न या विरोधी नहीं हैं। ऐसी स्थिति में सहज ही कहा जा सकता है कि छायावाद का ही अगला विकास न होते हुए भी प्रगतिवाद छायावाद की प्रगतिशील विरासत से सर्वथा विच्छिन्न भी नहीं है। छायावाद ही नहीं, पूर्ववर्ती समस्त साहित्यिक परम्परा के सबल, समर्थ और जीवन्त तत्त्वों की विरासत को मज़बूती से सँभालते हुए वह नये युग के साहित्य की

ऐसी आवश्यकता बनकर हिन्दी के रंगमंच पर आया था, जो तत्कालीन ऐतिहासिक शक्तियों की उपज थी। हिन्दी के रंगमंच पर अवतरित होकर उसने व्यक्ति के स्थान पर समाज और जन-जीवन के कल्याण की ओर, निराशा, पराजय, पस्ती और क्षयी रोमांस के स्थान पर आशा, उल्लास और स्वस्थ प्रेम की ओर, रहस्य, अध्यात्म के स्थान पर भौतिक जीवन की सचाई की ओर हमारे साहित्य को गतिशील किया। इस तथ्य को डॉ. नगेन्द्र तक ने स्वीकार किया है कि उसने हिन्दी को ऐसी नवीन जीवन्त चेतना प्रदान की है, जिसकी उपेक्षा नहीं की जा सकती।

प्रगतिवाद की प्रेरक परिस्थितियों का उक्त विवेचन केवल इस तथ्य को सामने रखने के लिए किया गया है कि वह कोई आकस्मिक अथवा अनहोनी घटना न थी, उसके पीछे वह सचाई थी, जिसका युग-जीवन से सीधा सम्बन्ध था। बहुधा प्रगतिवाद के मार्क्सवादी-समाजवादी आधार को देखकर उसे विदेशी विचारधारा या आन्दोलन कहकर उससे छुट्टी लेने का उपक्रम किया जाता है। उक्त परिस्थितियों के सन्दर्भ में इस आरोप अथवा इस प्रकार के विचार की निस्सारता आप-से-आप स्पष्ट हो जाती है। आश्चर्य तो तब होता है, जब वे आलोचक या समीक्षक भी, जो एक ओर अपने अन्तर्राष्ट्रीय बोध का बखान करते नहीं थकते, उक्त विचार को प्रचारित करने का छिछला प्रयास करते हैं। ऐसे समीक्षकों की 'भारतीयता' का यह इज़हार किसी भी संजीदा विचारक, रचनाकार या पाठक के लिए हास्यास्पद हो सकता है। कहने की आवश्यकता नहीं कि भारतीयता-अभारतीयता का यह प्रतिमान, वैज्ञानिक सन्दर्भों वाले आज के युग के लिए एकदम बेमानी है।

प्रगतिवाद में मार्क्सवादी-समाजवादी आधारों से कतराना यहाँ हमारा उद्देश्य नहीं है। हम प्रगतिवादी चेतना के गहरे मार्क्सवादी-समाजवादी बोध को स्वीकार करते हैं। मार्क्सवाद-समाजवाद ने प्रगतिवादी चेतना को न केवल गहराई तथा दीप्ति प्रदान की है, उसे ठोस, वैज्ञानिक तथा जनवादी भी बनाया है। प्रगतिवादी लेखक अपनी इस चेतना पर गर्व करता है। सवाल यही है कि क्या मात्र इतने से ही प्रगतिवाद या प्रगतिवादी लेखक की भारतीयता अथवा राष्ट्रीयता पर उँगली उठाई जा सकती है? क्या प्रेमचन्द की भारतीयता या राष्ट्रीयता भी सन्दिग्ध है? उक्त आरोपों को प्रश्रय देने वाले प्रेमचन्द के इन शब्दों पर गौर करें–

"धन्य है वह सभ्यता जो मालदारी और व्यक्तिगत सम्पत्ति का अन्त कर रही है, और जल्दी या देर से, दुनिया उसका पदानुसरण अवश्य करेगी। यह सभ्यता अमुक देश की समाज-रचना अथवा धर्म-मज़हब से मेल नहीं खाती, या उस वातावरण के अनुकूल नहीं है–यह तर्क नितान्त असंगत है। छोटी-छोटी बातों में अन्तर हो सकता है, पर मूल स्वरूप की दृष्टि से सम्पूर्ण मानव जाति में कोई भेद नहीं। जो शासन-विधान और समाज-व्यवस्था एक देश के लिए कल्याणकारी है,

वह दूसरे देशों के लिए भी हितकर होगी। हाँ, महाजनी सभ्यता और उसके गुरगे अपनी शक्ति-भर उसका विरोध करेंगे... पर जो सत्य है, एक दिन उसकी विजय होगी और अवश्य होगी।"

देश की आर्थिक, राजनीतिक, सामाजिक तथा सांस्कृतिक परिस्थितियों का विवेचन भी इस तथ्य को प्रमाणित करता है कि प्रगतिवादी या समाजवादी चेतना ठीक उसी समय भारत में पनपी, जिस समय भारतवर्ष की ज़मीन उसके लिए पूरी तरह तैयार हो चुकी थी। उस चेतना का ग्रहण भी यहाँ के बुद्धिजीवियों तथा सामान्य जनता ने अपनी धरती के सन्दर्भ में ही किया। प्रगतिवादी चेतना की भारतीयता का समर्थ प्रमाण तो देश के वरिष्ठ बुद्धिजीवियों तथा बहुसंख्यक जनता द्वारा उसे दिया गया वह समर्थन है, जो अपनी कहानी आप कहता है। ऐसी स्थिति में, डॉ. नामवर सिंह के अनुसार "जो प्रगतिवाद को सर्वथा विदेशी विचारधारा कहते हैं...वे प्रगतिवाद के उद्भव और विकास की ऐतिहासिकता को समझने से इनकार करते हैं।" अतएव, प्रगतिवाद को बाहर से ढोई गयी विचारधारा नहीं माना जा सकता। मार्क्सवाद-समाजवाद से प्रभावित होने के बावजूद वह भारतीय मिट्टी की ही उपज, हिन्दी की गौरवशाली साहित्यिक-सामाजिक परम्परा का ही एक क्रम-विकास है। जो इसे मार्क्सवादी सौन्दर्यशास्त्र का पर्यायवाची बताते हैं, उनकी तसल्ली के लिए डॉ. रामविलास शर्मा का यह कथन पर्याप्त है—"एक आलोचक का विचार है कि मार्क्सीय सौन्दर्यशास्त्र का नाम प्रगतिवाद है। लेकिन बीसवीं शती के भरत मुनि या अरस्तू के अभाव में वह सौन्दर्यशास्त्र अभी तक रचा नहीं जा सका।" जो लोग प्रगतिवाद को मृत घोषित करते हुए, आज की साहित्यिक गतिविधियों को उससे कतई अप्रभावित बताते हैं, उनकी आँखें खोलने के लिए आचार्य वाजपेयी की ये पंक्तियाँ काफ़ी होंगी—"इस बीच कुछ साहित्यिक क्षेत्रों में यह आवाज़ उठाई गयी है कि प्रगतिवाद समाप्त हो गया, यह प्रयोगवाद का युग है। परन्तु इस आवाज में प्रयोगवादियों के निहित स्वार्थ ही छिपे हुए बोल रहे हैं।" (आलोचना-25)

प्रगतिवाद के उद्भव के साथ ही कतिपय क्षेत्रों से 'वाद' और 'शील' का भी एक प्रश्न उठाया गया। इस प्रकार के मन्तव्य सामने आये कि जिस साहित्य में बिना किसी प्रकार के राजनीतिक विचारों के आग्रह के सामान्यतः मानवतावादी चेतना एवं सामाजिक भावना की स्थिति है, वह प्रगतिशील साहित्य है। इस तथ्य के समर्थकों के अनुसार इस प्रकार का साहित्य प्रगतिवाद के उद्भव के बहुत पहले से रचा जाता रहा है; और उसके उद्भव के बाद भी उसकी परम्परा ज्यों-की-त्यों बनी हुई है। इसके विपरीत जो साहित्य प्रगतिवादी आन्दोलन की प्रेरणा से, खास किस्म के राजनीतिक विचारों की छाया लिए, सामाजिकता अथवा मानवतावाद की विशिष्ट धारणाओं से निर्मित है, वह प्रगतिवादी साहित्य है। स्वाभाविक था कि इस

प्रकार की विचारधारा वाले प्रगतिशील साहित्य को प्रशस्त, व्यापक, उदार तथा वरेण्य बताते हैं; और प्रगतिवादी साहित्य को संकीर्ण तथा दलगत राजनीति से प्रभावित, फलतः अग्राह्य। इस प्रकार के विवाद को एक बल प्रगतिशील लेखक-संघ के प्रथम अधिवेशन में अध्यक्ष-पद से दिये गये प्रेमचन्द के भाषण के इस अंश से भी मिला कि "प्रगतिशील लेखक संघ, यह नाम ही मेरे विचार से गलत है। साहित्यकार या कलाकार स्वभावतः प्रगतिशील होता है। अगर यह उसका स्वभाव न होता तो शायद वह साहित्यकार ही न होता।" अपने भाषण में प्रेमचन्द ने ज़रूर यह बात कही थी; परन्तु उनके समूचे वक्तव्य के सन्दर्भ में इस बात की वास्तविकता उक्त रूप में न आकर दूसरे रूप में स्पष्ट होती है। ज़ाहिर है कि अपने भाषण में प्रेमचन्द ने ही पूर्ववर्ती साहित्य की संकीर्ण दिशाओं का कटु विरोध किया था, पूर्ववर्ती साहित्य की क्षयी आकृति के स्थान पर ही उन्होंने साहित्यकारों से साहित्य को नया स्वस्थ रूप देने का आग्रह किया था। यदि साहित्यकार स्वभावतः प्रगतिशील होता तो प्रेमचन्द को पूर्ववर्ती साहित्य की संकीर्ण आकृति के विरोध की आवश्यकता ही क्या थी? ऐसी स्थिति में प्रेमचन्द के सही मन्तव्य को सरलता से परखा जा सकता है। वस्तुतः 'वाद' और 'शील' का उक्त प्रश्न प्रगतिशील चेतना के लोगों को सही पथ से गुमराह करने के लिए ही उठाया गया था, जिसका विशेष प्रभाव नहीं पड़ा। उस युग के अधिकांश लेखकों ने वाद और शील को समानार्थी समझते हुए ही अपना रास्ता तय किया, यही सही रास्ता भी था।

सन् 1936 से प्रारम्भ होकर प्रगतिवाद अपने अब तक के विकासक्रम में अनेक मंज़िलें तय कर चुका है। उसने साहित्य की सभी विधाओं का समान रूप से स्पर्श करते हुए लेखकों की नयी पीढ़ी को भी जन्म दिया है। युगानुरूप उसकी आकृति में परिवर्तन भी हुए हैं और वह नये-नये रूपों में सामने आता रहा है। बीच में कतिपय नयी दृष्टियाँ भी उभरकर सामने आयी हैं, परन्तु उनके साथ-साथ प्रगतिवाद का अपना अभियान भी चलता रहा है। कहा जा सकता है कि सम्प्रति वह अधिक जनवादी और प्रशस्त आधारों को लेकर, अधिक निखरे हुए रूप में हिन्दी के साहित्यिक रंगमंच पर उपस्थित है। उसे मृत घोषित करने वालों के अपने निहित स्वार्थ हैं—सचाई वह है, जो प्रगतिशील आकांक्षाओं वाली नयी पीढ़ी के माध्यम से आज भी उसी प्रकार हमारे साहित्य को नयी और स्वस्थ दिशाओं की ओर ले जा रही है, जिस प्रकार उस समय ले गयी थी, जब प्रगतिवादी चेतना युग की अनिवार्यता बनकर हिन्दी साहित्य के रंगमंच पर आविर्भूत हुई थी।

काव्य

प्रगतिवाद का आविर्भाव हिन्दी साहित्य के विकास में किसी प्रकार की आकस्मिकता का सूचक न था। भारतेन्दु हरिश्चन्द्र के समय से जो नयी सामाजिक चेतना तथा यथार्थ-दृष्टि हमारे कवियों तथा लेखकों को मिली थी, युग की अस्त-व्यस्त तथा विषम परिस्थितियों के बीच उसी की क्षीण पड़ती हुई प्रभा को नयी प्रेरणाओं, नयी विचार-दृष्टियों तथा नये संकल्पों के साथ प्रगतिवाद ने पुनः जीवित किया और इस प्रकार एक ओर तो पहले से ही चली आती हुई एक स्वस्थ, सामाजिक, यथार्थवादी परम्परा के अविच्छिन्न अंग के रूप में अपना परिचय दिया, दूसरी ओर अपनी कुछ नयी प्रेरणाओं तथा वैज्ञानिक जीवन-दृष्टि के कारण एक नये प्रवर्तन का श्रेय प्राप्त किया। सन् 1935-36 के बाद की हिन्दी-कविता का इतिहास भी इसी तथ्य का सूचक है।

इस अवधि में यों तो प्रगतिवाद ने इस युग की समूची कवि-पीढ़ी को कमोवेश प्रभावित किया है, परन्तु प्रगतिवादी चेतना की व्याप्ति ने हिन्दी कविता की किस नयी आकृति को गढ़ा, उसकी अपनी उपलब्धियाँ क्या रही हैं, इन तथ्यों की विशेष जानकारी के लिए हमें इतने लम्बे प्रसार को न समेटकर उन विशिष्ट स्थलों पर ही अपनी दृष्टि केन्द्रित करनी है, प्रगतिवादी चेतना के चिह्न जिन पर अपने समूचे वैविध्य को लेकर सफ़ाई के साथ उभरे हैं। इस सन्दर्भ में छायावाद की वृहत्त्रयी के 'निराला' तथा पन्त के परवर्ती काव्य के कुछ अंशों का विशेष महत्त्व है, जिन्हें कुछ लोग प्रगतिवादी काव्य के प्रारम्भिक पुरस्कर्ता का गौरव प्रदान करते हैं। इनके पश्चात् ही उन कवियों का कृतित्व सामने आता है, जो मुख्यतया और मूलतः प्रगतिवादी आन्दोलन की ही उपज हैं, 'निराला' तथा पन्त की भाँति प्रगतिवाद ने जिनकी काव्य-चेतना को मोड़ा भर नहीं, ढाला भी है, जो प्रगतिवाद के समूचे अभियान में उसी का अभिन्न अंग बनकर उसके साथ रहे हैं, उसकी संकुचित तथा प्रशस्त सभी राहों पर उनके कदमों के निशान हैं और इस प्रकार उसके सही प्रतिनिधि के रूप में हिन्दी संसार द्वारा जाने गये हैं। ऐसे कवियों में नागार्जुन, केदारनाथ अग्रवाल, त्रिलोलन शास्त्री, शील, रांगेय राघव, शिवमंगल सिंह 'सुमन', गजानन माधव मुक्तिबोध, शमशेर

बहादुर सिंह आदि के नाम विशेष उल्लेखनीय हैं। प्रगतिवादी कविता का बुनियादी चरित्र हमें उक्त कवियों की रचनाओं के माध्यम से सरलता से प्राप्त हो जाता है।

जहाँ तक प्रसार एवं प्रभाव का प्रश्न है, प्रगतिवादी चेतना के व्यापक प्रभाव की बात हम पहले ही कर चुके हैं। इस प्रभाव की एक झलक उत्तर छायावादी दौर के नरेन्द्र शर्मा, भगवती चरणवर्मा, दिनकर तथा 'नवीन' जैसे कवियों के कृतित्व में तो प्राप्त होती ही है, प्रगतिशील आन्दोलन के दौरान कुछ ऐसे कवि भी इस प्रगतिशील चेतना के प्रभाव में आये, कालान्तर में अभिव्यक्ति तथा अनुभूति की भिन्न राहों पर चलते हुए भी जिनकी रचनाशीलता में प्रगतिशील चेतना भी बराबर कौंधती रही। गिरिजा कुमार माथुर, नरेश मेहता, भारत भूषण अग्रवाल, नेमिचन्द्र जैन आदि सप्तकों के कवि ऐसे ही कवि हैं। बाद की पीढ़ी के ऐसे कवियों की एक कतार है, जो अपने समय सन्दर्भों में प्रगतिशील चेतना को स्वर देती रही है। केदारनाथ सिंह के साथ उनकी पीढ़ी और परवर्ती कवियों की रचनाशीलता प्रगतिशील चेतना को 21वीं सदी की दहलीज़ तक लायी है।

हिन्दी कविता पर प्रगतिशील चेतना के हर व्यापक प्रभाव को दिखाने में हमारा उद्देश्य मात्र इस तथ्य को रेखांकित करना है कि इतिहास जब नयी करवट लेता है, शब्दों, शब्दकारों और शब्द शिल्पियों की एक पूरी दुनिया उससे प्रभावित होती है। भारतीय जीवन और भारतीय साहित्य में प्रगतिशील चेतना का प्रवेश इतिहास की ऐसी ही एक नयी करवट था।

युग के नये यथार्थ में प्राचीन संस्कारों के मोहपाश को झटकते हुए नयी काव्य-चेतना का ललककर स्वागत करने वालों में प्रथम छायावाद की बृहत्त्रयी के कवि सुमित्रानन्दन पन्त थे। वस्तुतः स्वप्न और सत्य अथवा कल्पना और यथार्थ का एक द्वन्द्व उनके मानस में 'परिवर्तन-काल' से ही चल रहा था, 'गुंजन' तथा 'युगान्त' की कुछ कविताओं में जिसका स्पष्ट आभास मिलता है। परन्तु 'युगवाणी' तथा 'ग्राम्या' कविता-संग्रह पुराने संस्कारों की गहरी रेखाओं के बावजूद, उक्त संघर्ष से बहुत दूर तक उबरे कवि को प्रगतिवाद के नये आलोक में कतिपय अत्यन्त समर्थ भूमिकाओं के साथ प्रस्तुत करते हैं। 'युगवाणी' में तो सैद्धान्तिक स्तर की गद्यप्रधान अभिव्यक्तियाँ ही अधिक हैं, परन्तु 'ग्राम्या' में 'बौद्धिक सहानुभूति' के बावजूद ग्रामीण जनता तथा गाँवों के प्रति कवि की गहरी संवेदना बड़ी मार्मिकता से प्रकाशित हुई है। भारतीय ग्राम्य-जीवन की सारी विषमता, व्यथा, करुणा तथा दैन्य, रूढ़ियों तथा अन्धविश्वासों से जर्जर उसकी समूची धरती, यहाँ कवि के 'ग्रामीण नयनों' द्वारा बड़ी सजगता से देखी गयी है, साथ ही विषमता, अभाव तथा शोषण के बीच जो थोड़े-से हर्ष-उल्लास के क्षण गाँवों के सांस्कृतिक जीवन को नया रूप देते हैं, उनका भी यहाँ यथार्थ परिदर्शन है। पन्त की कविता की ये कुछ बिलकुल नयी संवेदनाएँ

थीं, जिनका उनके पूर्ववर्ती काव्य में सर्वथा अभाव था। अनुभूति तथा अभिव्यक्ति की इन बदली हुई दिशाओं का स्वागत इसी कारण हुआ कि उनमें प्रथम बार बदले हुए युग की बदली हुई परिस्थितियों में युगीन आकांक्षाओं को अभिव्यक्त करने का प्रयास किया गया था। परन्तु अनेक कारणों से पन्त कविता की इस नयी भूमि पर अधिक टिक न सके। 'ग्राम्या' के पश्चात् उनकी चेतना एक नया किन्तु अवांछित मोड़ लेकर अरविन्द-दर्शन की सैद्धान्तिक गूढ़ताओं में फँस गयी। नये जीवन के प्रखर आलोक में किसी समय कवि के जो पुराने आध्यात्मिक संस्कार मद्धिम पड़ गये थे, उसकी रुग्णावस्था में एक के बाद एक फिर उसके मानस पर छा गये और मनुष्य के मंगलमय भविष्य का यह समर्थ गायक कुछ समय तक ही सामाजिक यथार्थ की भूमि पर रहकर रहस्य और अध्यात्म की निविड़ता के बीच उस भविष्य का सन्धान करने में लग गया।

प्रगतिवाद द्वारा निर्देशित नयी भूमि पर निराला पन्त की अपेक्षा कुछ देर से आये, इसका यह आशय नहीं कि 'निराला' में प्रगति के संस्कार कुछ कम थे अथवा युग की पुकार को उन्होंने देर से सुना हो। वस्तुतः निराला की सामाजिक चेतना उस समय भी पर्याप्त प्रखर थी, जिस समय वे तथा पन्त छायावाद के कल्पना लोक तथा सौन्दर्य-लोक के पथिक थे। 'बादल राग' में अधीर कृषक को विप्लव के बादल को आमन्त्रण देते हुए वे बहुत पहले चित्रित कर चुके थे; वैयक्तिक भूमिका पर 'भिक्षुक', 'तोड़ती पत्थर', 'दान' जैसी कविताओं में अपनी प्रखर मानवीय संवेदनाओं का परिचय भी दे चुके थे; अतएव उनके सन्दर्भ में देर-सवेर का यह प्रश्न बहुत महत्त्वपूर्ण न था। वे अपनी काव्य-चेतना की स्वाभाविक परिणति के साथ इस नयी भूमि पर सहज ही आये। यथार्थ की इस नयी भूमि पर उनका प्रवेश सर्वप्रथम 'सड़क के किनारे दुकान है', 'जलाशय के किनारे कुहरी थी' जैसे कुछ सरल-सादे रेखाचित्रों के माध्यम से हुआ और फिर बाद को 'कुकुरमुत्ता', 'खजोहरा' जैसी हास्य-व्यंग्यपूर्ण कविताएँ सामने आईं। अपनी इन कविताओं में निराला ने यद्यपि सामाजिक यथार्थ की कुछ बड़ी साफ़ शक्लें भी उभारी थीं, फिर भी बहुतों को उनकी इन कविताओं ने विशेष प्रभावित नहीं किया। कुछ लोगों को इन कविताओं में निराला का 'विक्षिप्त' मानस ही अधिक दिखाई पड़ा। परन्तु जब 'बेला' और 'नये पत्ते' की अपनी कुछ कविताओं में निराला ने युग की राजनीतिक तथा सामाजिक गतिविधियों के प्रति अपनी गहरी सूझबूझ का परिचय देते हुए कुछ अधिक धारदार व्यंग्य तथा यथार्थ की अधिक मर्मस्पर्शी छवियाँ उभारीं, तब जाकर लोगों को विश्वास हुआ कि यह किसी विक्षिप्त मस्तिष्क कवि की वाणी नहीं, सामाजिक यथार्थ के एक ऐसे समर्थ कवि का स्वर है, जो पुरानी भूमि को छोड़कर यथार्थ की नयी भूमि पर सारी सजगता तथा दृढ़ता के साथ खड़ा हो गया है। 'नये पत्ते' की 'देवी सरस्वती' कविता को उनके

इस नये अभियान की सबसे महत्त्वपूर्ण उपलब्धि माना जा सकता है। लोकजीवन का ऐसा मर्मस्पर्शी चित्रण, साधारण जनों के प्रति करुणा, सहानुभूति तथा प्रेम का ऐसा आख्यान, जनता की अपनी सरस्वती की ऐसी विशद, उदात्त तथा जीवन्त प्रतिमा, सांस्कृतिक विकास का ऐसा प्रगल्भ रूप, जो इस कविता में हमें उपलब्ध होता है, केवल निराला की लेखनी में ही ढल सकता था।

'नये पत्ते' के बाद निराला की कविता भी एक नया मोड़ लेती है। 'अर्चना' तथा 'आराधना' जैसी भक्तिपरक कृतियाँ इस नये मोड़ का ही सूचक हैं। इन संग्रहों का मूल स्वर यद्यपि भक्ति का है, परन्तु इनकी अनेक कविताओं में जीवन तथा समाज की चोटों से आहत निराला की अपनी व्यथा भी पूरी मार्मिकता से बोली है। मानवीय संवेदनाओं का उनका स्रोत यहाँ भी सूखा नहीं है और न ही वे सामाजिक भूमिका से कटे हैं। सच पूछा जाये तो उनकी अपनी व्यथा तथा निवेदन में समूचे समाज की व्यथा तथा निवेदन के स्वर हैं। परन्तु इतना तो है ही कि व्यवस्था तथा परिस्थितियों के चक्र ने उन्हें उस रूप में सामने नहीं आने दिया, जिसकी उस समय बड़ी आश्यकता थी। फिर भी अपनी सार्थक प्रेरणाओं में उनके इस काव्य के स्वर भी उतने ही प्रखर हैं, जितने 'बादल राग', 'बेला' तथा 'नये पत्ते' की कुछ कविताओं के। इसका प्रमाण इन भक्तिपरक गीतों की–'माँ अपने आलोक निखारो, नर को नरक त्रास से वारो', 'आशा आशा हरे, लोग देश के मरे' जैसी वे पंक्तियाँ हैं, जो भक्ति की भूमिका के बावजूद व्यवस्थाजन्य विकृतियों तथा अतिचारों का पर्दाफ़ाश करते हुए कवि की सजग सामाजिक चेतना का पूरी संजीदगी से परिचय देती हैं।

निराला तथा पन्त का उक्त काव्य प्रगतिवादी कविता की उस सुदृढ़ आधार-भूमि का निर्माण करता है, जिस पर नयी पीढ़ी प्रगति की अपनी पताका फहराती है। कविता के क्षेत्र में प्रगति का सार्थक मन्त्रोच्चार इन्हीं के माध्यम से हुआ, जो शनैः-शनैः सघनतर होता हुआ अपनी समूची सामर्थ्य में गूँजा। संकीर्ण व्यक्तिवादिता के स्थान पर प्रशस्त सामाजिकता, अतिशय कल्पना, रहस्य तथा अध्यात्म के स्थान पर जीवन के यथार्थ एवं समाज के सुख-दुख तथा लोकजीवन के अन्यन्य पक्षों को लिए हुए पन्त, निराला तथा उदीयमान एक नये संकल्प-दीप्त कवि-वर्ग का यह अभियान अनेक दृष्टियों से महत्त्वपूर्ण है। इन कवियों में अपने लक्ष्य तथा जीवन-दृष्टि के प्रति अपार आस्था थी, अतः ये बड़े मानोयोग से, तात्कालिक समस्त प्रकार की बाधाओं से जूझते-निपटते हुए उसकी ओर अग्रसर हुए। विषमता तथा विघटन के इस युग में इनकी सबसे बड़ी शक्ति जनता तथा इनका अपना मनोबल था। ये मुख्यतः जनता के लिए उसी की भाषा में, उसी के मनोभावों को लेकर लिख भी रहे थे। संवेदना की जो प्रशस्त राहें उन्हें प्रगतिवाद ने दिखाई थीं, उन्हीं पर चलकर इन्हें वस्तु और शिल्प, भाव तथा सौन्दर्य की नयी भूमिकाओं में पहुँचकर कविता का एक

नया इतिहास अंकित करना था। भूलें भी इनसे हुईं, परन्तु इसी से उनकी उपलब्धि का महत्त्व कम नहीं हो जाता। जिस युग में कवियों का एक वर्ग हाथ-पर-हाथ धरे कुण्ठा तथा घुटन की गहरी परतों में गर्क हो रहा था, इन कवियों ने युग की नयी संवेदनाओं को पकड़ा था। प्रेमचन्द द्वारा सम्पादित 'हंस' तथा कम्यूनिस्ट पार्टी द्वारा प्रकाशित 'नया-साहित्य' जैसी पत्र-पत्रिकाओं के साथ अन्य अनेक प्रगतिशील पत्र-पत्रिकाओं का उद्‌भव भी इसी समय हुआ, जिन्होंने सरकारी दमन तथा आर्थिक कष्ट के बावजूद धरोहर के रूप में प्रगति की इस नयी आवाज की रक्षा की, उसका प्रचार-प्रसार किया।

मूलतः प्रगतिवादी आन्दोलन से प्रेरणा लेते हुए इन पत्र-पत्रिकाओं के माध्यम से जिन अनेक कवियों की रचनाएँ इस अवधि में प्रकाशित हुईं, उनमें त्रिलोचन, केदार अग्रवाल, नागार्जुन, रामविलास शर्मा, रांगेय राघव, शिवमंगलसिंह 'सुमन', 'मुक्तिबोध', और शमशेर विशेष क्षमताओं को लेकर सामने आये। त्रिलोचन का 'धरती' कविता-संग्रह सन् 1945 में प्रकाशित हुआ, जिसमें ग्राम्य-जीवन के सन्दर्भ में युगीन-यथार्थ के कुछ बहुत ही साफ़ चित्र देख पड़े। यद्यपि त्रिलोचन की इन कविताओं में भाव, सौन्दर्य तथा शैली—तीनों ही दृष्टियों से छायावादी संस्कारों की कुछ-न-कुछ स्थिति है, परन्तु त्रिलोचन के ये छायावादी संस्कार उसके स्वस्थ स्वरूप के ही परिचायक हैं। छायावादी संस्कारों की इस स्थिति के साथ ही इन कविताओं में कवि के नये भाव तथा सौन्दर्य-बोध की भी कुछ बड़ी ही महत्त्वपूर्ण भूमिकाएँ जुड़ी हैं, जो कुल मिलाकर 'धरती' के इस कवि को एक समर्थ प्रगतिशील कवि के रूप में प्रतिष्ठापित करने में समर्थ हुईं। 'धरती' की अनेक कविताओं में कवि के निजी सुख-दुख तथा हर्ष-विषाद की भी अभिव्यक्तियाँ हैं, परन्तु इस प्रकार की कविताओं में भी व्यक्तिगत कुण्ठा, अवसाद तथा पीड़ा को व्यापक सामाजिक भूमिका पर ग्रहण करते हुए, प्रसन्न तथा मुक्त मनःस्थिति में ही अभिव्यक्त करने का प्रयास किया गया है। कालान्तर में कवि के 'गुलाब और बुलबुल' तथा 'दिगन्त' आदि कविता-संग्रह भी प्रकाशित हुए, जिनमें अभिव्यक्ति की नयी भंगिमाओं के बीच सामाजिक यथार्थ तथा कवि के अपने नवीनानुभवों की व्याप्ति है। कथन का जो सहज ढंग तथा वाणी की जो सरलता त्रिलोचन की कविता की प्राथमिक विशेषता रही है, अपनी सम्पूर्ण प्रभावक्षमता के साथ वह इन नयी कविताओं में भी प्राप्त होती है।

केदार के कवि की क्षमताएँ भी त्रिलोचन से कम व्यापक और प्रशस्त नहीं रहीं। काव्यगत संवेदनाओं से शून्य आढ़तियों और सूदखोरों की बस्ती बाँदा में केवल वहाँ की भ्रमरत जनता और मिट्टी की अपनी महक के बल पर अपनी मानवीय संवेदनाओं तथा कवित्व-शक्ति को जीवित रखते हुए कवि ने प्रगतिवादी जीवन-दर्शन का आलोक ग्रहण कर न केवल अपनी मनुष्यता तथा सजग कवि-चेतना का ही

परिचय दिया है, अपनी उस प्रबुद्ध जीवन-दृष्टि का उदाहरण भी प्रस्तुत किया है, जो सतह से परे लोक-जीवन की गहराइयों में उतरकर वस्तुस्थिति से तादात्म्य करने की आवश्यकता का प्रतिपादन करती है। अपने परिवेश से विक्षुब्ध परन्तु अपनी धरती की सोंधी गन्ध से अभिभूत उसकी वाणी को उसकी कविता में आद्यन्त सुना जा सकता है। 'नींद के बादल' की रोमानी भूमिका से निकलकर, जागरण की स्थिति में 'युग की गंगा', 'लोक और आलोक' तथा 'फूल नहीं रंग बोलते हैं' की नयी भूमि में उसका पदार्पण उसकी इस विकसित कवि-चेतना तथा देश, धरती तथा जनता के प्रति उसके प्रेम का ही परिचायक है। इन कविताओं में न केवल आस्था और विश्वास से युक्त केदार का पौरुषवान कवि बोला है, इनमें सामाजिक यथार्थ की राशि-राशि सजीव तथा मार्मिक रेखाएँ भी विद्यमान हैं। इनमें वे व्यंग्य भी हैं, जो भारतेन्दु तथा निराला की अपनी परम्परा की वस्तुएँ हैं। विकसित सौन्दर्यबोध को लोक-जीवन की गहराइयों में उतरकर केदार की कविता कितनी समर्थता से चित्रित करती है, इसका प्रमाण केदार की वे नव्यतर कविताएँ हैं, जो उनकी लेखनी की नयी क्षमताओं के साथ एक प्रगतिवादी कवि—प्रकारान्तर से प्रगतिवादी काव्य के प्रशस्त सौन्दर्य-बोध तथा स्वच्छ एवं तलस्पर्शी चिन्तन का भी परिचय देती हैं। केदार की कविताओं में अनुभूतिगत जो ईमानदारी है, उसे देखकर सहज ही उनके इस कथन पर विश्वास हो आता है कि "कविताई न मैंने पायी, न चुराई, इसे मैंने जीवन जोतकर किसान की तरह बोया और काटा है। यह मेरी अपनी है और मुझे प्राण से अधिक प्यारी है।"

त्रिलोचन और केदार के साथ ही प्रगतिवादी कविता के मंच पर नागार्जुन का प्रवेश भी एक महत्त्वपूर्ण घटना माना जायेगा। यदि केदार की कविता में बुन्देलखण्ड की धरती सजीव है, तो नागर्जुन मिथिला की मिट्टी के सुख-दुख बटोरे अपनी कविताओं के बीच दर्शन देते हैं। परन्तु अंचल से राष्ट्र और राष्ट्र से अन्तर्राष्ट्रीय क्षितिजों तक पहुँचने वाली उनकी संवेदना का यह आकर्षक प्रसार ही है, जो इन्हें केदार या किसी भी प्रगतिवादी कवि को सही मानों में प्रगतिशील और जनता का कवि सिद्ध करता है। नागार्जुन की सारी कविता यथार्थ की ठोस भूमि पर आधारित है, वे कहीं भी कल्पना की अतिशयता में नहीं भटके हैं। समाज तथा जनता के सजग पहरुवे की भाँति उनकी दृष्टि ने सामयिक जीवन के प्रत्येक स्तर का स्पर्श करते हुए यथार्थ को मूर्तिमान किया है। शोषक सत्ताओं तथा जर्जर रूढ़ि-रीतियों पर नागार्जुन के व्यंग्य वज्र बनकर टूटे हैं। बिना किसी लाग-लपेट के, अभिव्यक्ति के अनगढ़पन तक का ख्याल किये बिना, साफ़ सीधी बातें कहने के आदी इस कवि ने जनता के व्यापक हित की ही बातें की हैं। जो कविताएँ कवि के अपने सुख-दुख से सम्बन्धित हैं, उनकी भावभूमि भी व्यापक तथा उदात्त है। 'युगधारा' शीर्षक उनका

प्रथम कविता-संग्रह ही उनके कवि की इन सारी विशेषताओं को सहेजे हुए है। 'सतरंगे पंखों वाली' तथा 'प्यासी पथराई आँखें' आदि उनकी नयी कृतियाँ भी शिल्प के किंचित् मार्जन के साथ उनकी अनुभूति के इन्हीं पक्षों को सामने रखती हैं। इन कृतियों तथा 'प्रेत का बयान' और 'मंत्र' जैसे पैम्पलेटों में उसके तीखे व्यंग्यों की वह निधि भरी है, जिसे युग-जीवन के यथार्थ के बीच ही कवि ने प्राप्त किया है। कह सकते हैं कि यथार्थ की गहरी चेतना से अनुप्राणित, ग्राम्य-दर्शन, समाज-दर्शन तथा प्रकृति-दर्शन सब-कुछ नागार्जुन की इन कविताओं में है और इन्हीं में कतिपय वे विशिष्ट कविताएँ भी, जो नागर्जुन को प्रगतिवाद के साथ हिन्दी कविता के भी एक महत्त्वपूर्ण कवि के रूप में प्रतिष्ठापित करती हैं।

प्रगतिशील कवि के रूप में डॉ. रामविलास शर्मा भी सन् 1936 के आसपास ही हिन्दी पाठकों को अपना परिचय देते हैं। यह सत्य है कि कवि की अपेक्षा उनका समीक्षक ही हिन्दी-जगत में अधिक लोकप्रिय है, परन्तु उनके कवि की अपनी क्षमताएँ भी कम व्यापक नहीं रहीं। (अपनी समीक्षा में वे जितना ही अधिक कठोर प्रतीत होते हैं, उनका कवि उतना ही अधिक अनुभूति-प्रवण और भावनाशील है।) 'रूपतरंग' नाम का उनका अकेला कविता-संग्रह इस तथ्य का प्रमाण है। अवध प्रदेश के आंचलिक जीवन के साथ, एक लम्बे समय को समेटने वाली इस कृति की कविताओं में कवि ने समूचे देश की प्रकृति, जन-जीवन तथा समाज के यथार्थ चित्र प्रस्तुत किये हैं। क्रान्ति तथा जनोद्‍बोधन के संसदीय तथा अन्तर्राष्ट्रीय क्षितिजों का स्पर्श करने वाले प्रखर स्वर भी इस संग्रह की कविताओं में हैं। शोषण तथा अनाचार के चक्र में पिसती जनता के प्रति कवि की हार्दिक व्यथा तथा संवेदनाएँ भी इनमें हैं। वैयक्तिक स्तर पर भी कुछ कविताओं की रचना हुई है, परन्तु उनमें भी कवि की आस्था खण्डित नहीं होने पायी है। अभिव्यक्ति के नये प्रकारों तथा रूपाकारों के नये प्रयोगों को लिए कुछ ऐसी कविताएँ भी इस संग्रह में हैं, जिन्होंने किसी समय प्रगतिवादी कविता की शिल्पगत अनेक सम्भावनाओं के प्रति लोगों को आकृष्ट तथा आश्वस्त किया था। डॉ. शर्मा की व्यंग्य कविताएँ भी समय-समय पर प्रकाशित होती रही हैं, जिनका एक नमूना 'तारसप्तक' की 'सत्यं, शिवं, सुन्दरं' कविता में देखा जा सकता है। (डॉ. शर्मा का कवि आज यद्यपि मौन है; परन्तु सन् 1936 के आसपास कविता की जो नयी चेतना उभरी थी, उसकी अनेक भंगिमाएँ उनके इस एकमात्र कविता-संग्रह में अपने समूचे आकर्षण के साथ विद्यमान है।)

रांगेय राघव का कवि स्तालिनग्राद पर हुए नाज़ियों तथा फ़ासिस्टों के हमले की तीखी प्रतिक्रिया को लिए उस समय हिन्दी कविता के मंच पर अवतीर्ण हुआ था, जिस समय ऐसी कविताओं का एक अम्बार ही लग रहा था। परन्तु 'अजेय खंडहर' के रूप में रांगेय राघव का यह प्रयत्न कई अर्थों में सबसे विशिष्ट बनकर सामने आया

था। वैचारिक आवेग में जहाँ कुछ कवि केवल लाल सेना की आवेशमूलक प्रशस्ति में ही रम गये थे, वहाँ रांगेय राघव ने लाल सेना तथा रूस की वीर जनता को तो उसका गौरव दिया ही, फ़ासिस्ट आक्रमण की बर्बता को उभारते हुए रूसी जनता के अदम्य शौर्य तथा आत्म-बलिदान का सम्बन्ध सीधे भारतीय स्वतन्त्रता-संग्राम तथा साम्राज्यवादी बन्धनों को तोड़ने के लिए उसी प्रकार के शौर्य तथा आत्म-बलिदान को सूचित करने वाली भारतीय जनता के साथ स्थापित किया। यही प्रस्तुत कृति तथा उसके रचयिता की विशिष्टता थी, जिसने उस समय सभी का ध्यान अपनी ओर आकर्षित किया। 'पिघलते पत्थर' नामक अपनी दूसरी कृति में रांगेय राघव ने एक ही प्रयत्न में साम्राज्यवाद, पूँजीवाद तथा सामन्तवाद सबको गहरी चुनौती दी है। जन-सामान्य के शोषण के मार्मिक चित्रों के साथ इस कृति में सामान्य जनता की शक्ति तथा साहस की किरणें भी पूरी प्रखरता से चमकी हैं। 'राह के दीपक' संग्रह में कतिपय सुन्दर भाव-प्रवण गीतों के साथ कवि की प्रगतिशील सामाजिक भूमिका को ही अभिव्यक्ति मिली है। 'मेधावी', 'रूपछाया' तथा 'पांचाली' के रूप में कवि ने कतिपय आख्यानक काव्यों का भी सृजन किया है। प्रगतिवाद के वे अकेले कवि हैं, जिन्होंने हिन्दी कविता की आख्यानक काव्य-परम्परा को नये युग में भी जीवित रखने की चेष्टा की है। इन आख्यानक काव्यों की सृष्टि भी कवि ने अपने प्रगतिशील दृष्टिकोण के सन्दर्भ में ही की है। इस प्रकार रांगेय राघव की काव्यभूमि अपने अन्य सहयोगियों की अपेक्षा गहरी नहीं तो अधिक व्यापक अवश्य है।

'सुमन' के कवि-जीवन का प्रारम्भ यद्यपि वैयक्तिक प्रणय की निराशाजन्य अभिव्यक्तियों में हुआ, परन्तु प्रगतिवाद के प्रारम्भिक दिनों में ही नयी चेतना से प्रभावित होते हुए वे वैयक्तिक प्रणय की संकुचित भूमिका से निकलकर अधिक प्रशस्त भूमियों पर खड़े हो सकने में समर्थ हो सके। 'हिल्लोल' से 'जीवन के गान' की भूमि में उनका पदार्पण वैयक्तिक और सामाजिक स्तर के उनके इसी द्वन्द्व का द्योतक है। 'जीवन के गान' का रहा-सहा अवसाद 'प्रलय-सृजन' में और भी कम हो गया है, फलतः प्रगति के स्वर इसमें काफ़ी ऊँची आवाज में गूँजे हैं। 'सुमन' वस्तुतः भावावेग के कवि हैं, धरती तथा जनजीवन के यथार्थ की वस्तुपरक रेखाएँ उनके काव्य में कम उभरी हैं, अधिकतर युग की विषमता के विरोध में उनकी प्रतिक्रिया को ही सारे तीखेपन के साथ अभिव्यक्ति मिली है। 'विश्वास बढ़ता ही गया' कृति में कवि का आवेग अपेक्षाकृत सन्तुलित है, फलतः इस कृति में आस्था तथा विश्वास की अभिव्यक्तियाँ अधिक प्रभावशाली हैं। 'पर आँखें नहीं भरीं' में प्रगति के स्वर मन्द पड़ गये हैं, और प्रणय तथा प्रकृति के परिवेश में कवि की गीतात्मक रुझान को अधिक प्रश्रय मिला है। क्रान्ति तथा प्रलय के अतिवाद की यह परिणति स्वाभाविक भी है। इसी कृति के दूसरे खण्ड 'पर आँखें भरी भरी' में

गाँधीजी के निधन को लेकर कवि की भावुक प्रतिक्रियाएँ हैं। वर्तमान समय में भी 'सुमन' का कवि प्रणय तथा प्रकृति के साथ सामयिक जीवन की घटनाओं में ही दिलचस्पी ले रहा है।

प्रगतिवादी कविता की एक बेहद मजबूत कड़ी के रूप में 'तारसप्तक' के कवि गजानन माधव 'मुक्तिबोध' का स्मरण सहज स्वाभाविक है। 'तारसप्तक' संकलन के कवि होने के नाते बहुतों के द्वारा, एक दीर्घ समय तक उनकी गणना प्रयोगवादियों के रूप में की जाती रही है, परन्तु जो लोग मुक्तिबोध के चिन्तन, उनकी वैचारिक भूमिका तथा उनके काव्य-विकास के विविध स्तरों से निकटता से परिचित हैं, वे सहज ही उक्त असंगति को लक्ष्य कर सकते हैं। मुक्तिबोध प्रगतिवाद के उन कवियों में हैं, जो दर्शन, चिन्तन तथा सर्जन किसी भी भूमि पर प्रगतिवादी विचारणा से असम्पृक्त नहीं रहे हैं। उनका काव्य प्रगतिवादी कविता के अन्य पुरस्कर्ताओं की अपेक्षा एक नयी लीक पर अवश्य गतिशील हुआ है, वस्तु तथा शिल्प दोनों धरातलों पर वह अधिक आधुनिक, फलतः प्रगतिवादी कविता की जानी-बूझी आकृति से कुछ भिन्न भी है, किसान-मजदूरों की अपेक्षा उसमें मध्यवर्गीय जीवन तथा मध्यवर्गीय मानस की ही व्याप्ति है, परन्तु ये बातें मुक्तिबोध को प्रगतिवादी कविता के एक विशिष्ट तथा नये बोध का दावेदार बनाती हैं। अपनी वैचारिक आस्थाओं, सामाजिक विचारणा, जनसामान्य तथा धरती के प्रति अपने अनन्य प्रेम, शोषित तथा पीड़ित मानवता के प्रति अपनी गहरी तथा निश्छल संवेदना एवं मानव तथा मनुष्यता के उज्ज्वल भविष्य के प्रति अपनी अकृत्रिम निष्ठा में वे प्रगतिवाद के अन्य कवियों के ही हमसफ़र हैं। बाह्य-संघर्ष तथा आत्म-संघर्ष की मिली-जुली भूमिका को साथ लेकर चलने वाली 'तारसप्तक' की कविताओं के साथ 'चाँद का मुँह टेढ़ा है' शीर्षक उनके एकमात्र कविता-संग्रह की रचनाओं में उनके इस आस्थावान कवि-व्यक्तित्व को उसकी समस्त आधुनिकता तथा प्रगतिशीलता में देखा जा सकता है। भिन्न तथा अन्तर्विरोधी संवेदनाओं के बावजूद शमशेर बहादुर सिंह की स्थिति भी ऐसी ही है।

प्रगतिवादी कविता के इन प्रतिनिधि कवियों के साथ-साथ इस समूची अवधि में बहुत-से अन्य रचनाकार भी रहे हैं, जिन्होंने अभिव्यक्ति की अपनी सीमाओं में प्रगति के स्वरों का ईमानदारी से संधान किया हैं। 'नया-साहित्य', 'नया पथ', 'हंस' तथ अन्यान्य पत्र-पत्रिकाओं में उनके दर्शन सरलता से किये जा सकते हैं।

× × ×

प्रगतिवाद के उन्मेष काल में कतिपय ऐसे कवि भी प्रगतिवादी चेतना से आकृष्ट हुए थे, जिनके मूल संस्कार यद्यपि व्यक्तिवादी ही थे, परन्तु जिनके मन में छायावादी कविता के विरुद्ध एक प्रतिक्रिया का भाव भी था। सामाजिक अतिचार, वर्जनाएँ तथा युग की कटुता एक ओर थी, और इनका अहंलीन, दुर्बल व्यक्तित्व

दूसरी ओर। एकाकी विरोध की पराजयमयी अनुभूतियों के बीच, समाज तथा जीवन के प्रति अनास्था, कटुता तथा विक्षोभ का भाव लिए, अपने भूखे तन और मन की सारी यन्त्रणाओं से क्षत-विक्षत, परिस्थितियों में डूबते-उतराते ये किसी प्रकार किनारे की चाह कर रहे थे। इन्हें एक ऐसी किरण की अपेक्षा थी, जो अन्धकाराच्छन्न इनके जीवन में प्रकाश की सृष्टि करते हुए उन्हें वस्तुस्थिति से उबार सके। प्रगतिवादी चेतना ने ऐसी ही किरण के रूप में इन्हें रोशनी दी, जिसका प्रमाण बच्चन की 'सतरंगी' तथा 'बंगाल का काल' जैसी कृतियाँ हैं। इस नयी रोशनी को पाकर ये कवि कुछ दूर तक आगे भी बढ़े, परन्तु चूँकि इनमें नये विवेक के साथ पूर्ववर्ती क्षयी संस्कारों की मात्रा कहीं अधिक थी, यही कारण है कि ये कुछ दूर आगे जाकर पुनः अपने परिचित रास्तों पर लौट आये। जितनी देर तक प्रगतिवादी चेतना ने इनके पथ को आलोकित किया, उतनी देर तक भी इन्होंने पूर्ववर्ती संस्कारों के साथ ही प्रगतिवाद के नये विवेक को सँभालने की कोशिश की—परिणाम इस मिलाजुली का यह हुआ कि इनके लक्ष्य में कभी सफ़ाई न आयी और मुक्ति का इनका अभियान अधूरी राहों पर ही समाप्त हो गया। बच्चन तथा नरेन्द्र शर्मा को हम ऐसे ही कवियों के रूप में मान्यता दे सकते हैं। इतना अवश्य है कि नये आलोक को झुठला देने के बावजूद आज भी इनकी कवि-चेतना उससे पूरी तरह रहित नहीं होने पायी है। नरेन्द्र शर्मा के लिए तो विश्वास के साथ यह बात कही जा सकती है। 'अंचल' ने प्रगतिवादी चेतना को सामयिक फ़ैशन के रूप में ग्रहण किया था, फलतः उनका रंग भी अपेक्षाकृत अधिक जल्दी उतर गया। उन्हें रूपासक्ति, प्रकृति तथा प्रणय की परिचित गलियों में ही राहत मिली।

प्रगतिवाद के प्रारम्भिक वर्षों में एक ललक के साथ उसका स्वागत करने वालों में कुछ अन्य कवि-व्यक्तित्व भी थे। कुछ काल पश्चात् इन कवियों ने भी नये पथ ग्रहण किये; परन्तु इनका नया अभियान मुख्यतः शिल्प की नयी भूमिकाओं के सन्दर्भ में ही सामने आया, वैचारिक स्तर तथा सामाजिक आस्थाओं में ये प्रगतिवाद से दूर नहीं जा सके। गिरिजाकुमार माथुर तथा हरिनारायण व्यास की गणना ऐसे ही कवियों में की जा सकती है। शमशेर बहादुरसिंह भी अपनी सारी रूपवादी रुझानों के बावजूद अपनी सामाजिक चिन्तना में प्रगतिशील चेतना की ही व्याप्ति सूचित करते हैं और यही बात एक हद तक नरेश मेहता के बारे में भी कही जा सकती है।

केदारनाथ सिंह तथा मदन वात्स्यायन जैसे कवि उन नये कवियों के प्रतिनिधि हैं, जिनकी काव्य-चेतना मूलतः समाजोन्मुख है, जो अपने सामाजिक परिवेश के प्रति पूर्णतः सजग हैं। यदि अभिव्यक्ति की नयी राहों को वे ग्रहण करते हैं, तो इसे आधुनिक प्रभाव ही मानना चाहिए, जो सर्वथा उचित है। अधिक नये रचनाकारों की एक पीढ़ी भी प्रगतिशील चेतना के आलोक को लिए हुए हिन्दी कविता के मंच पर

आविर्भूत हो चुकी है। यह वह पीढ़ी है, जो अनास्था, एकाकीपन, घुटन तथा मानसिक उच्छृंखलता एवं पराजय के समस्त माहौल के बीच भी नये भावबोध एवं सौन्दर्यबोध को लिए हिन्दी कविता को उन्हीं राहों पर, युग की अनुरूपता में अग्रसर कर रही है, जिन राहों का निर्देश किसी समय प्रगतिवाद ने समूचे ज़ोर के साथ किया था। अरुण कमल, राजेश जोशी, आलोकधन्वा जैसे बाद की पीढ़ी के रचनाकारों के साथ समकालीन रचनाकारों की एक पूरी-की-पूरी पंक्ति कविता को इन राहों पर आस्था के साथ गतिशील करते हुए नयी सदी की दहलीज़ तक लायी है।

हिन्दी-कविता के क्षेत्र में प्रगतिवाद की व्याप्ति कहाँ तक है, इसे स्पष्ट करना ही यहाँ पर हमारा उद्देश्य था। ज़ाहिर है कि कहीं पर प्रगतिवादी चेतना की छाप गहराई से पड़ी है, और कहीं उसके चिह्न उतनी गहराई से नहीं उभर सके हैं। कुछ ने उसके आलोक को अन्त तक जिया है, और कुछ उसे थोड़ा-बहुत महसूस करके ही रह गये हैं। परन्तु इनता निर्विवाद है कि 'प्रगतिवाद' एक ऐसी जीवन्त भूमिका के साथ उभरा था कि उसका प्रभाव कमोबेश सबने अनुभव किया। बहुत-से नाम इस विवेचन में नहीं आ सके, इसे स्थानाभाव ही समझना चाहिए। कविताएँ खुद बोलती हैं, उसके लिए किसी अतिरिक्त विज्ञापन की आवश्यकता नहीं।

[2]

प्रगतिवादी कविता के उद्भव-काल से लेकर आज तक कतिपय 'देशभक्त' बराबर कहते सुनाई देते हैं कि न केवल प्रगतिवादी काव्य बल्कि समूचे प्रगतिवाद की जड़ें देश की मिट्टी के विपरीत विदेश की धरती से ही अपना रस ग्रहण करती हैं। इस कथन की अनर्गलता पर यों तो हम प्रथम अध्याय में ही प्रकाश डाल चुके हैं, यहाँ विशुद्ध रूप से प्रगतिवादी कविता के सन्दर्भ में हम इस प्रश्न को पुनः उठाएँगे। प्रगतिवादी कविता का वस्तुपरक विश्लेषण इस तथ्य को सूचित करेगा कि राष्ट्रीयता तथा देश-प्रेम उसकी वह प्राथमिक विशेषता है, जो जिनी उसके उद्भव-काल में उसके सर्जक कवियों में विद्यमान थी, उतनी ही आज भी है। राष्ट्रीयता तथा देश-प्रेम की यह प्रशस्त तथा सहज अभिव्यक्ति ही है जो प्रगतिवादी काव्य ही नहीं, समूचे प्रगतिवाद को इसी मिट्टी का अभिन्न अंग घोषित करती है।

राष्ट्र-प्रेम का अर्थ केवल देश की जड़ भौगोलिक सीमाओं की ही प्रशस्ति नहीं, जैसा कि पूर्ववर्ती युग के अनेक भावात्मक गीत सूचित करते हैं, वस्तुतः उन भौगोलिक सीमाओं में रहने और साँस लेने वाली कोटि-कोटि जनता की अनुभूतियों, आशाओं, आकांक्षाओं के साथ किसी का वास्तविक तादात्म्य है, जिन आदर्शों के लिए अथवा भविष्य के जिन सुखमय क्षणों के लिए वह श्रम करते हुए, शोषण का लक्ष्य बनते हुए भी सदियों से जीती तथा मरती चली आयी है, उन आदर्शों तथा

भविष्य के उन सुखमय क्षणों से सम्बद्ध उसकी कल्पनाओं तथा संघर्ष के प्रति, उन्हें साकार करने तथा उन्हें वाणी देने में किसी का निष्ठावान योग है, साथ ही उन जीवित तत्त्वों का समूचे संकल्प के साथ पोषण तथा संवर्द्धन है, जिन्होंने देश की संस्कृति को परम्परा से एक स्वस्थ रूप देते हुए उसके सप्राण व्यक्तित्व का निर्माण किया है। देश की भौगोलिक सीमाओं की भावात्मक प्रशस्ति के साथ-साथ प्रगतिवाद काव्य राष्ट्रीय तथा देश-प्रेम की इन सारी आवश्यक तथा वास्तविक शर्तों की पूर्ति करता है। अपनी इस राष्ट्रीयता तथा देश-प्रेम की अभिव्यक्ति उसने कई रूपों में, कई स्तरों पर की है।

पहले सामयिक राष्ट्रीयता को लें, तो अपने जन्म के साथ ही प्रगतिवादी कविता ने उसके स्वर में स्वर मिलाकर देश के कठिन क्षणों में अपनी तथा साहित्य की सार्थकता प्रमाणित की है। प्रगतिवादी कविता में न केवल साम्राज्यवाद और साम्राज्यवादी शोषण के विरुद्ध देश की जनता की भावनाओं को पूरी क्षमता के साथ स्वर दिया गया है, वरन् उसके देशी सहायक पूँजीवाद तथा सामन्तवाद की भी कटु शब्दों में भर्त्सना की गयी है। इस क्रम में यदि एक ओर प्रगतिवादी कवि ने देश की आज़ादी के लिए शहीद हो जाने वाले वीरों को अपनी श्रद्धांजलियाँ प्रदान की हैं, तो दूसरी ओर दुहरे तथा तिहरे शोषण का लक्ष्य बनने वाली भारतीय जनता के दुख-दैन्य आदि के मार्मिक चित्र भी अंकित किये हैं। जनता की अपनी शक्ति तथा निष्ठाओं पर भी उसका पूरा विश्वास रहा है। यही कारण है कि उसने जनता के दुख-दैन्य के साथ-साथ शोषक सत्ताओं को चुनौती देते हुए, उनसे लोहा लेते हुए उसकी क्षमताओं का भी सजीव अंकन किया है। बहुधा उसके स्वर जनता की अपनी आवाज़ बनकर बरसे हैं। वर्ग-विषमता की नंगी तसवीरें पेश करते हुए प्रगतिवादी कवि ने यदि एक ओर शोषण के ठेकेदारों को मुलज़िम के कठघरे में खड़ा करके उनसे इस प्रकार के प्रश्न पूछे हैं—

ठहर जा ज़ालिम महाजन
तनिक तो तू खोल वह मदिरा विघूर्णित आँख अपनी
देख, कहाँ से लाया बता सम्पत्ति, कहाँ से लाया बता साम्राज्य

—रांगेय राघव

तो दूसरी ओर यह विश्वास भी प्रकट किया है कि जनता उनमें अपने अभिशापग्रस्त जीवन को देखे और एक नयी शक्ति लेकर देश का सुख-चैन लूटने वालों के विरुद्ध उबल उठे। क्रान्ति तथा उद्‌बोधन के स्वर प्रगतिवादी काव्य में वस्तुतः इन्हीं सन्दर्भों में उठाये गये हैं, जो तत्कालीन स्थितियों को देखते हुए न केवल समयानुकूल थे, वरन् उचित भी। उद्धरणों की आवश्यकता नहीं, वे प्रगतिवाद के किसी भी कवि के काव्य में सुने जा सकते हैं। साम्प्रदायिकता जैसी भावनाओं का

विरोध, युद्धों के विरोध में शान्ति का समर्थन आदि अन्य बातें हैं, जिन्हें प्रगतिवादी कवि ने अपनी राष्ट्रीयता तथा देशभक्ति के एक अंग के रूप में ही अभिव्यक्ति दी है। समकालीन कविता के जो देशभक्त जब-तब प्रगतिवादी कविता के देश-प्रेम पर अँगुलियाँ उठाया करते हैं, प्रगतिवादी कविता के इस दर्पण में अपनी तथा अपने काव्य की सही शक्ल देख सकते हैं।

अपने देश की धरती तथा जनता के प्रति प्रगतिवादी कवि की आस्था तथा प्रेम उसकी राष्ट्रीयता के अधिक उदात्त स्वरूप का परिचायक है। धरती मात्र से उसे सन्तोष नहीं, वह उसके लिए कठोर श्रम की माँग करता है–

सर्वसहनशीला, अन्नपूर्णा वसुन्धरा,
स्तुति नहीं, श्रम, कठोर श्रम माँगती धरती... **–नागार्जुन**

धरती का यही महत्त्व उसे अभिभूत करते हुए उसके सम्मुख नत कर देता है–

देवि! तुम्हारी वसुन्धरा का बित्ता-बित्ता रत्नाकर है,
जनयुग का यह रिक्त हस्त कवि
देवि! तुम्हारे लिए आज निज शीश झुकाता –भारतमाता **–नागार्जुन**

सिन्ध-प्रवास के दिनों में रह-रहकर नागार्जुन को अपनी मिथिला याद आती है और उनका हृदय कचोट-कचोट उठता है–

यहाँ भी तो हूँ न मैं असहाय,
यहाँ भी हैं व्यक्ति औ' समुदाय
किन्तु जीवन-भर रहूँ फिर भी प्रवासी ही कहेंगे हाय!...

मिथिला के पोखर, ताल, तालमखान, आम तथा लीचियों के बाग, वहाँ के लोग, आकुलता के इन क्षणों में सब उनके नेत्रों के सम्मुख सजीव हो उठते हैं।

धरती के प्रति प्रगतिवादी कवि का यह प्रेम केवल अंचल तक ही सीमित नहीं है, यही प्रेम उसे समूचे देश और अन्ततः धरती-मात्र से एक हो जाने की प्रेरणा देता है। केदार, त्रिलोचन तथा डॉ. रामविलास की कविताएँ भी इसी प्रकार अपने अंचल की मिट्टी की सोंधी गन्ध से आपूरित हैं। उनमें उनके अंचल की सांस्कृतिक छवियाँ मूर्त हुई हैं। इन कविताओं में इन प्रदेशों की प्रकृति अपनी सहज स्वाभाविक सुषमा को लिए, इनके निवासी अपने दैनन्दिन जीवन के हर्ष-विवादों को समेटे दिखाई पड़ते हैं। परन्तु इनकी समाप्ति यहीं नहीं हो जाती। जैसा हमने कहा, इन अंचलों से गुजरते हुए ही ये आगे की ओर बढ़ते हैं। नागार्जुन के बाँदा पहुँचने पर केदार अपनी धरती के प्रेम को सँजोये हुए भी, नागार्जुन के रूप में मिथिला की धरती को मूर्तिमान देखकर उस शस्यश्यामला धरती के प्रति भी किस प्रकार अभिभूत हो उठते हैं, इसे प्रगतिवादी कवि की देशभक्ति पर अँगुली उठाने वाले देखें–

आओ साथी गले लगा लूँ
तुम्हें, तुम्हारी मिथिला की धरती को,

तुममें व्यापे विद्यापति को,
और वहाँ की जनवाणी के छन्द चूम लूँ,
और वहाँ के गढ़ पोखर का पानी छूकर नैन जुड़ा लूँ,
और वहाँ की आबहवा से वह सुख पा लूँ,
जो गीतों में गाया जाकर कभी न चुकता,
जो आँखों में आँजा जाकर कभी न चुकता,
जो ज्वाला में डाला जाकर कभी न जलता,
जो रोटी में खाया जाकर कभी न कमता,
जो गोली से मारा जाकर कभी न मरता...।

ये पंक्तियाँ भी ऊपर से देखने में बहुत मामूली प्रतीत होती हैं, परन्तु इन्हें भी वही लेखनी और वही हृदय जन्म दे सकता है, जिसका रेशा-रेशा इसी धरती का अभिन्न अंग हो। कलि को खरोंचकर पश्चिमी दर्शन की व्याख्याएँ कविता में की जा सकती है, आधुनिकता का दावा पेश करते हुए शिल्प का समारोह भी जुटाया जा सकता है, नयेपन के नाम पर मानसिक ह्रास की सजीव तस्वीरें भी उतारी जा सकती हैं, प्रेम के नाम पर धरती तथा जनता के प्रेम को छोड़कर दर्द और मुहब्बत के बड़े-बड़े किस्से कहे जा सकते हैं, परन्तु गोली से मारा जाकर भी न मरने वाला धरती तथा जनता का प्रेम नहीं उत्पन्न किया जा सकता; और बिना उसके इन पंक्तियों की सृष्टि भी नहीं की जा सकती। कोशिश करने वाले कोशिश करके देख सकते हैं।

अपनी धरती के सौन्दर्य तथा सुषमा का अंकन करते हुए भी रामविलास शर्मा उसके दुख-दर्दों को भी नहीं भूलते। इतनी सुन्दर धरती पर अनवरत श्रम करने वाली जनता को जब वे शोषण, दुख तथा दैन्य की भट्ठी में सुलगते देखते हैं, तो उनकी व्यथा सजीव हो उठती है। तालों में खिलती कोकाबेली जैसे सीला बीनते हुए चमारों तथा कानपुर अथवा कलकत्ते में कपड़े की फेरी करते हुए मज़दूरों की शक्ल में बदल जाती है और यहीं से उनकी लेखनी एक नया मोड़ लेती है।

पन्त भी जब 'भारतमाता' को ग्रामवासिनी के रूप में चित्रित करते हैं, तो भारतमाता की अवसादपूर्ण करुण मूर्ति उनके देश-प्रेम की गहरी संवेदनाओं का ही परिचय देती है। निराला भी जब 'देवी सरस्वती' कविता में जनता की अपनी सरस्वती को किसानों के खेत-खलिहानों में फ़सलों के रूप में मुस्कराते देखते हैं, तो धरती तथा देश की आत्मा को उसके सही सन्दर्भ में प्रस्तुत करते हैं–

ऐसी बाह-बाह की वीणा बजी सुहाई,
पौधों की रागिनी सजीव सजी सुखदाई,
हरी-भरी खेतों की सरस्वती लहराई,
मग्न किसानों के घर उन्मद बजी बधाई॥

गँवई प्रकृति तथा गाँव के दैनन्दिन जीवन की जो रेखाएँ त्रिलोचन, पन्त या उक्त कवियों ने 'धरती', 'ग्राम्य' तथा अपने संग्रहों में उभारी है, देश-प्रेम से उनका कितना सीधा सम्बन्ध है। आचार्य शुक्ल की ये पंक्तियाँ उसका प्रमाण हैं, बशर्ते कि ये पंक्तियाँ लिखने के कारण देश-भक्ति के ठेकेदार आचार्य शुक्ल की देशभक्ति को ही मुलज़िम करार न दे दें:

"यदि किसी को अपने देश से प्रेम है, तो उसे अपने देश के मनुष्य, पशु, पक्षी, लता, गुल्म, पेड़, पत्ते, वन, पर्वत, नदी, निर्झर सबसे प्रेम होगा। ...जो यह भी नहीं झाँकते कि किसानों के झोंपड़ों के भीतर क्या हो रहा है, वे यदि दस बने-ठने मित्रों के बीच प्रत्येक भारतवासी की औसन आमदनी का पता बताकर देश-प्रेम का दावा करें, तो उनसे पूछना चाहिए—भाइयो, बिना परिचय का यह प्रेम कैसा? जिसके सुख-दुख के तुम कभी साथी न हुए, उन्हें तुम सुखी देखना चाहते हो, यह समझते नहीं बनता। ...यदि देश-प्रेम के लिए हृदय में जगह करनी है, तो देश के स्वरूप से परिचित और अभ्यस्त हो जाओ। जो मिलें उनसे दो-दो बातें करो, उनके साथ किसी पेड़ की छाया के नीचे घड़ी-आध घड़ी बैठ जाओ, और समझो कि ये सब हमारे हैं। इस प्रकार जब देश का रूप तुम्हारी आँखों में समा जायेगा, तब तुम्हारे अन्तःकरण में इस इच्छा का उदय होगा कि वह हमसे कभी न छूटे...।"

देश में व्याप्त वर्ग-विषमता के चित्र अंकित करना, पीड़ित तथा दलित जनता के प्रति सहानुभूति प्रदर्शित करना, जनसामान्य की ओर से देश की आत्मा का शोषण करने वालों के उन्मूलन की आवाज़ उठाना, अपने देश की जनता तथा धरती से प्यार करते हुए दूसरे देशों की श्रमरत जनता तथा धरती के प्रति भी वैसा ही भाव रखना, यदि देश-प्रेम का विरोध समझा जाये, तो जरूर निराला और पन्त जैसे कवियों के साथ सारे प्रगतिवादी कवि देशद्रोही समझे जायेंगे; परन्तु यदि राष्ट्रीयता तथा देश-प्रेम की परिभाषा में इन बातों का भी योग है, तो सत्य प्रगतिवादी कवियों के साथ है। आरोपित देश-प्रेम तथा उस देश-प्रेम में बहुत अन्तर है, जो कविता के रेशे-रेशे से स्वतः फूटता दिखाई पड़ता है, जहाँ कविता स्वतः बोलती है। प्रगतिवादी कविता की सच्चाई यही है।

अपने देश की परम्परागत उलब्धियों के प्रति भी प्रगतिवादी कवि आस्थावान रहे हैं। देश के अतीत से भी उनकी उतनी ही सम्पृक्ति है, जितनी वर्तमान तथा भविष्य से। परन्तु परम्परा के नाम पर उन्होंने सदैव ही परम्परा के स्वस्थ तथा सजीव तत्त्वों को ही प्रश्रय दिया है, उन तत्त्वों को नहीं जो समय के साथ-साथ या तो मृत हो गये हैं या अनुपयोगी। परम्परा के प्रति एक वैज्ञानिक दृष्टिकोण प्रगतिवादी काव्य की विशेषता है। परम्परा के प्रति यह सजगता भी प्रगतिवादी कवियों के देश-प्रेम की ही परिचायिका है, जिसे प्रगतिवादी कविताओं में सरलतापूर्वक देखा जा सकता है।

इस प्रगतिवाद के पुरस्कर्ता कवियों में राष्ट्रीयता तथा देश-प्रेम का जो ठोस, जीवित तथा उदात्त स्वरूप दिखाई पड़ता है, वह उनकी विशिष्ट उपलब्धि है। कहा जा सकता है कि अपनी कविताओं में प्रगतिवादी कवि ने देश-प्रेम का एक नया और सारगर्भित अर्थ प्रदान किया है। समूचा प्रगतिवादी काव्य देश, धरती तथा उसके कोटि-कोटि निवासियों के ही अपने सुख-दुख, आशा-आकांक्षाओं का आख्यान है। देश की धरती उसमें अपनी समग्र वास्तविकता तथा भविष्य की सारी रूपरेखाओं के साथ प्रतिबिम्बित हो सकी है। मध्यवर्ग के एक बीमार अंश की कुण्ठाओं पर ही आश्रित प्रयोगवादी कविता में यह धरती कितना रूपायित हो सकती है, इसे हिन्दी का प्रबुद्ध पाठक देखे। देश के उत्तर, दक्षिण, पूर्व तथा पश्चिम की सीमाएँ भी प्रगतिवादियों ने गिनाई हैं, जो उन लोगों को सन्तोष देंगी, जो मात्र इसी में देश-प्रेम की अभिव्यक्ति देखने के आदी हैं–

दक्षिण में नारिकेल पुंगीवन वलयित केरल जनपद
तमिलनाडु की धुनष्कोटि, कन्या कुमारिका
पश्चिम जलनिधि सिंध-कच्छ-सौराष्ट्र और गुर्जर परिशोभित...

–नागार्जुन

परन्तु प्रगतिवादी काव्य की वास्तविक राष्ट्रीय भावना, जैसा हम कह चुके हैं, इसमें नहीं, इन सीमाओं के भीतर रहने वाले प्राणियों के स्पन्दनों, उनके जीवन के बहुरंगी आख्यानों, उनकी प्रकृति की सुषमा तथा उनके मंगलमय भविष्य के लिए किये जाने वाले प्रयत्नों में है।

यह सारा कार्य प्रगतिवादी कवि ने यथार्थ की ठोस धरती पर खड़े होकर ही किया है। प्रगतिवाद के उद्भव-काल में ही काल्पनाजीवी कवियों को सम्बोधित करते हुए कवि पन्त ने कहा था–

ताक रहे हो गगन
मृत्यु-नीलिमा गहन गगन,
देखो भू को, जीव-प्रसू को।

कल्पनाजीवी कवियों को किसी समय उन्हीं के समानधर्मा एक कवि के द्वारा दी गयी यह चेतावनी तथा सलाह युग की बदलती हुई परिस्थितियों में सचमुच बड़ी सार्थक थी। प्रगतिवादी कविता का अपना इतिहास कल्पना की अतिशयताओं के विपरीत यथार्थ की इसी ठोस धरती का इतिहास है। यह यथार्थ भी सामान्य न होकर एक विशिष्ट प्रकार का यथार्थ है, जिसे हम 'सामाजिक यथार्थ' कह सकते हैं। सामाजिक यथार्थ की इसी दृढ़ आधारशिला पर खड़े होकर प्रगतिवादी कवि ने अपने चारों ओर फैले इस नाना रूपात्मक जगत के दर्शन किये हैं और उसकी एक-एक रेखा को अपनी कविता में उतारने का प्रयत्न किया है। इस नयी यथार्थ-दृष्टि ने ही उसे

वस्तुस्थिति को सही रूप में जानने और समझने की शक्ति दी है और इसी ने उसे सतहों को भेदकर समाज की भीतरी परतों में होने वाले स्पन्दनों से परिचित किया है; और इसी ने समाज की सतह पर उतराने वाली अशान्ति, अनाचार, अकेलेपन, आत्मपीड़ा, घुटन, शोषण तथा ऐसी ही तमाम आक्रान्तकारी स्थितियों के बीच उसमें उन उभरती हुई प्रगतिशील शक्तियों का बोध पैदा किया है, जो वस्तुतः नये समाज तथा नये प्रगतिशील भविष्य की वाहिका है।

पन्त का ही उदाहरण लें। किसी समय कल्पना के आकाश में खोई रहने वाली इस कवि की दृष्टि किस प्रकार 'ग्राम्या' की भूमि पर उतरते ही नये रूपों का साक्षात्कार करती है, इसका प्रमाण इस कृति का वह ग्राम्य-दर्शन है, जो दृष्टिकोण की परिवर्तमान स्थिति के कारण ही इतना जीवन्त बन सका है। कवि ने भले ही ग्रामीणों को अपनी 'बौद्धिक सहानुभूति' ही प्रदान की हो, उनके जीवन की कुछ बड़ी ही साफ़ रेखाओं को वह इसी कारण उभार पाया है कि गाँव की सीमा में प्रवेश करते ही वह अपना छायावादी रंगीन चश्मा उतार चुका था। उसके सम्मुख प्रश्न अब सुख-दुख की समस्या को दार्शनिक समाधान देने या मनुष्य के मंगलमय भविष्य को विशुद्ध यूटोपिया में प्रस्तुत करने का नहीं था। उसके सम्मुख एक ओर तो गाँवों की राशि-राशि सुषमा, वहाँ के अपने हर्ष-उल्लास, वहाँ की अपनी सांस्कृतिक निधि पूरे निखार के साथ फैली थी, तो दूसरी ओर था वहाँ का दुख-दैन्य, शोषण, अनाचार, अन्धविश्वास, जर्जर रूढ़ि-रीतियाँ। पुराने दृष्टिकोण को लेकर पन्त यदि गाँवों की भूमि में प्रवेश भी करते तो अधिक-से-अधिक उसके पहले पक्ष का ही अंकन करके शान्त हो जाते; परन्तु यह उनकी नयी सामाजिक यथार्थ-दृष्टि ही थी, जिसने उन्हें गाँवों के इस पक्ष को भी देखने के लिए प्रेरित किया। यही कारण है कि वहाँ उन्हें गाँवों में राशि-राशि बिछी ग्रामश्री, ढोलक की थाप पर नाचते धोबी-कहार, संक्रान्ति-नहान को जातीं सजी-धजी ग्राम-बधुएँ दिखाई पड़ीं, वहीं उन्होंने संध्या के धुँधलके में चिमनी जलाते हुए कस्बे के ऊँघते हुए छोटे-छोटे दुकानदारों को भी देखा; अशिक्षा, रूढ़ि-रीतियों, अन्धविश्वासों तथा पिछड़ेपन के प्रतीक 'ग्राम देवता' भी दिखाई दिए और 'अन्धकार की गुहा-सरीखी' वे आँखें भी, जिनके भीतर पीढ़ी-दर-पीढ़ी के भयानक शोषण, व्यथा तथा वेदना का मार्मिक इतिहास छिपा था–

अन्धकार की गुहा-सरीखीं उन आँखों से डरता है मन,
भरा दूर तक उनमें दारुण दैन्य दुख का नीरव रोदन,
अह, अथाह, नैराश्य विवशता का उनमें भीषण सूनापन,
मानव के पाशव पीड़न का देतीं वे निर्मम विज्ञापन।

सामाजिक यथार्थ की इसी भूमि से उन्होंने पहली बार व्यंग्य लिखे, जो उनकी पहले की बहुत-सी कविताओं से कहीं अधिक सार्थक तथा प्राणवान थे–

राम, राम, हे ग्राम्य देवता! यथा नाम
शिक्षक हो तुम, मैं शिष्य, तुम्हें सविनय प्रणाम।
विजया, महुआ, ताड़ी, गाँजा पी सुबह शाम,
तुम समाधिस्थ नित रहो, तुम्हें जग से न काम।

'ग्रामदेवता' की यह चुभती हुई 'प्रशस्ति' केवल सामाजिक यथार्थ के द्रष्टा पन्त ही कर सकते थे, 'पल्लव' के कल्पनाजीवी पन्त नहीं।

जो बात गाँवों के लिए सत्य है, सामाजिक यथार्थ के सन्दर्भ में वही बात नगरों के लिए भी सत्य है। 'युग की गंगा' के किनारों पर चलते हुए केदार अग्रवाल जब 'सड़े घूर गोबर की बदबू से' बोझिल, रार, क्रोध, तकरार, द्वेष से आक्रान्त 'गाँवों की दुर्बल धरती' को छोड़कर नगरों की सीमा में प्रवेश करते हैं, तो नागरिक जीवन की कुरूपताएँ तथा विषमताएँ एक-एक करके उनकी दृष्टि के सामने स्पष्ट होने लगती हैं। यही नहीं, वे उन कारणों को भी सहज ही पहचान जाते हैं, जिन्होंने नागरिक जीवन को इतना विषाक्त तथा घिनौना बना दिया है–

अन्ध वासना में नर खूब पिए, रंडियों के साथ खोया,
नर्क में डूबा
सत्य, ज्ञान उच्चादर्श गन्दी मल-मूत्र की नालियों में बहते हैं।

और नागरिक वैभव का सज?

घाट, धर्मशाला, अदालतें, विद्यालय, वेश्यालय सारे
श्रमजीवी की उस हड्डी पर टिके हुए हैं,
जिस हड्डी को सभ्य आदमी के समाज ने टेढ़ी करके मोड़ दिया है।

यहाँ तक उनका यथार्थ चित्रण एकांकी कहला सकता था, परन्तु जब सामाजिक यथार्थ का द्रष्टा यह कवि नागरिक जीवन की विषमताओं तथा शोषण के बीच भी 'शिव के नयन की भाँति धमकते हुए कोयले' या श्रमजीवी अथवा शोषित तथा दृढ़ता का प्रतीक पकी हुई 'गुम्मा ईंट' देखता है, तो उसे आस्था और विश्वास की नयी किरणें भी सहज ही प्राप्त हो जाती हैं। यह वह तथाकथित मनोवैज्ञानिक यथार्थ नहीं है, जिसके पुरस्कर्ता वस्तुतः यथार्थ-भीरु होते हैं; जहाँ मन की कुण्ठाएँ अपनी सड़ाँध लिए कविता में उतरती हैं; यह वह सामाजिक यथार्थ है, जो जीवन तथा भविष्य के प्रति कवि तथा जनता को आश्वस्त करता है; नयी शक्ति तथा नये संकल्पों के लिए अगणित द्वार उन्मुक्त करता है। इसी यथार्थ-दृष्टि के सन्दर्भ में मुक्तिबोध की ये पंक्तियाँ भी सार्थक होती हैं–

ओ नागात्मन्!
संक्रमण-काल में धीर धरो,
ईमान न जाने दो!
तुम भटक चलो, इन अन्धकार मैदानों में सरसर करते,

शत उपेक्षिता भूमि में फिंके,
चुपचाप छिपाए गये शुक्र, गुरु, बुध-मंगल
कचरे की परतों ढँके तुम्हें मिल जायेंगे!.!
खोदो जड़ मिट्टी की खोदो!
ओ भू-गर्भ-शास्त्री,
भीतर का, बाहर का व्यापक सर्वेक्षण कर डालो!

प्रगतिवादी कवि की सामाजिक यथार्थ-दृष्टि ही उसे नगरों तथा ग्रामों के उपेक्षित तथा दलित, छोटे कहे जाने वाले व्यक्तियों के पास ले जाती है और उसे उनका सुख-दुख सुनने के लिए प्रेरित करती है। संवेदना का यह वह प्रसार है, जिसे मुक्तिबोध ने इस प्रकार व्यक्त किया है–

मुझे भ्रम होता है, कि प्रत्येक पत्थर में चमकता हीरा है,
हर एक छाती में आत्मा अधीरा है,
प्रत्येक सुस्मित में विमल सदानीरा है
मुझे भ्रम होता है कि प्रत्येक वाणी में, महाकाव्य-पीड़ा है,
पल-भर मैं सबमें से गुजरना चाहता हूँ,
प्रत्येक उर में से तिर आना चाहता हूँ,
इस तरह खुद ही को दिए-दिए फिरता हूँ...।

प्रगतिवादी कवि जब इन सामान्य-से व्यक्तियों को अपनी कविता में उतारता है, तो उन्हीं के माध्यम से उसे गाँवों तथा नगरों के विषय में, वहाँ की जीवनचर्या, आचार-विचार, रहन-सहन आदि के बार में बहुत-सी बातें मालूम हो जाती हैं। सन्ध्या के झुटपुटे में, कस्बे के बाज़ार में घूमते हुए पन्त की दृष्टि उस लाला पर भी पड़ती है जो पल भर में ही आदर्श के लोक से उतरकर कढ़िता से आटा देते-देते आदतन डण्डी मार देता है (सन्ध्या के बाद–ग्राम्या)। 'जूही की कली' के निराला रेढ़े के गाँधीवादी काँग्रेसी की सभा में चुपचाप खड़े-खड़े मँहगू और लुकुआ की बातें सुनते हैं, और उन्हीं के मुँह से सामयिक राजनीति के गहरे-गहरे रहस्यों का ज्ञान प्राप्त करते हैं (मँहगू मँहगा रहा)। केदार यदि चित्रकूट के बौड़म यात्रियों, चन्दू और चैतू के माध्यम से गाँवों की ज़िन्दगी को नज़दीक से देखते हैं, तो त्रिलोचन 'भोरई केवट के घर' जाकर उसके साथ-साथ जैसे समूचे गाँव की व्यवस्था को समझ जाते हैं। झुरई, अलगू, जिबोध का व्यवहार-बोध, तथा 'श्रीराम तिवारी का पक्का घर बनाने का राज' भी उन्हें उन्हीं लोगों के निकट से प्राप्त होता है। नागार्जुन के दुखरन की ज़िन्दगी भी अजीब है। इन्हीं की विरादरी का मुदर्रिस जब प्रेत बनकर यमराज के दरबार में पहुँचाता है, तो देश-दशा के साथ-साथ अपने 'स्वाभिमान', 'सत्यवादिता' तथा 'देशभक्ति' का भी अच्छा-खासा परिचय देता है। तात्पर्य यह कि समाज के ये कोटि-कोटि उपेक्षित प्रगतिवादी कवि में ही अपना सच्चा हमदर्द पाते हैं। आज

के तथाकथित आधुनिकतावादी जहाँ पार्कों, होटलों तथा क्लबों की दुनिया का ही रस लेकर उनकी बस्तियों से कतराकर निकल जाते हैं, वहाँ प्रगतिवादी कवि किसान-मज़दूरों तथा साधारण जनता के ऐसे ही प्रतिनिधियों में अपना सच्चा साथी पाता है। खुली आँखों से इस खुले हुए, भरे-पूरे संसार को देखना ही उसे प्रिय है।

मन की अँधियारी गलियों में भटकना और उन्हीं में खो जाना प्रगतिशील कवि की नियति नहीं है। यदि मन के अँधेरे कमरों में वह जाता भी है, तो मुक्तिबोध की तरह उस अँधेरे का तिलस्म तोड़ने के लिए, उसे बाहर के प्रकाश से आलोकित करने के लिए, यह साबित करने के लिए कि मन के भीतर का यह अँधेरा और उसमें चक्कर लगाती हुई शक्लें अपने में निरपेक्ष कुछ भी नहीं, बाहरी जीवन के इस यथार्थ का ही अक्स हैं। उन्हें बाहरी दुनिया में बखूबी आसानी से पहचाना जा सकता है। तभी मुक्तिबोध रात के सन्नाटे 'अँधेरे में' निकलने वाले बड़े-बड़े नामधारियों के विराट् नंगे जुलूस को देखकर झट इस निर्णय पर पहुँच जाते हैं कि ये तो इसी नगर की गहन प्रेत्मात्माएँ हैं, जो हर रात जुलूस में चलती हैं और दिन में दफ़्तरों, घरों, केन्द्रों तथा कार्यालयों में बैठकर भाँति-भाँति के षड्यन्त्र रचती हैं। इसी प्रकार तन और मन को तोड़कर रख देने वाले सारे भीतरी-बाहरी तनावों को माँग चुकने के बाद गिरिजाकुमार माथुर जब यह निष्कर्ष देते हैं कि 'मन के संघर्षों से बाहर के संघर्ष अधिक बोझिल हैं', तो प्रकारान्तर से अपनी सामाजिक यथार्थ-दृष्टि का खरापन सूचित करते है। यह बोध ही उन्हें मन के अँधियारे में उभरने और मिट जाने वाली आकृतियों के चित्रण का मोह छोड़कर बाहरी दुनिया में चल रहे भयानक-से-भयानक संघर्षों, मनुष्यता का रक्त तक निचोड़ लेने तथा धरती को सदा-सदा के लिए बंजर और वीरान बना देने वाली अतिचारी शक्तियों, शासन तथा समाज-व्यवस्थाओं की असलियत को साफ़-साफ़ रेखांकित कर देने का साहस प्रदान करता है, और तभी वे 'एशिया का जागरण' तथा 'हब्सदेश' जैसी कविता लिख पाते हैं। सामाजिक यथार्थ-दृष्टि का यही आलोक शमशेर को प्रायः रूपवादी ढलानों से ऊपर उठाते हुए युद्ध की कभी छायाओं के बावजूद 'अमन का राग' गाने की शक्ति देता है, उन्हें अपनी कला-क्षमताओं को कामरेड भारद्वार की शहादत तथा जनक्रान्ति जैसे विषयों पर सार्थक करने को प्रेरित करता है। नरेश मेहता की दृष्टि सामाजिक यथार्थ के इसी सन्दर्भ में 'समय देवता' से साक्षात्कार करती है; मनुष्य की उस आकृति को देखती है, जो बावजूद अणुबम, अकाल, भूख, महामारी जैसे युगीन अभिशाप के, नयी समाज-रचना का संकल्प लेकर, युग के सारे जुल्म और शोषण के बीच 'कुतुब-सरीखा' खड़ा है। सामाजिक यथार्थ-दृष्टि के बल पर ही ये कवि मन के भीतरी द्वन्द्वों से जूझ सकने की ओर प्रायः प्रशस्त पथों पर खड़े होकर स्वस्थ स्वरों के उद्घोष की शक्ति पाते हैं।

प्रगतिवादी कवि की यही सामाजिक यथार्थ-दृष्टि जब प्रकृति के क्षेत्र में सक्रिय होती है, तो उसे भी नवीन साज-सज्जा में प्रस्तुत करती है। सामाजिक यथार्थ-दृष्टि की इसी भूमिका पर पंत पहली बार अनुभव करते हैं कि कल्पना के इन्द्रधनुषी आकाश, चाँद, सितारों और नक्षत्रों की दुनिया से धरती का अपना सौन्दर्य कम आकर्षक और प्राणवान नहीं है; और तभी एक समय हिमधवल पर्वत-शिखरों तथा मेघों की सतरंगी क्रीड़ा का अंकन करने वाली उनकी दृष्टि अपने आसपास की प्रकृति पर पड़ती है; और वे उसे पूरी ममता से अपनी कविताओं में उतारते हैं। नये-नये दृश्य, प्रकृति की नयी-नयी भंगिमाएँ—कहीं 'झंझा में नीम', कहीं 'संध्या के झुटपुट में बाँसों का झुरमुट', कहीं राशि-राशि बिछी 'ग्रामश्री', सरसों के पीले खेत, चित्तियाँ पड़े अमरूद, काँसों की झंडी फहराते ईखों के खेत, सरपत छाई तरबूज़ों की खेती, अँगुली की कंघी से कलगी सँवारते बगले, सुरखाब, मगरौठी और न जाने क्या-क्या एक ही दृष्टि में उनके सामने अपने समूचे सौन्दर्य के साथ सजीव हो उठते हैं। 'नर्गिस' कविता में धरती को ही स्वर्ग समझने वाले निराला भी 'सड़क के किनारे-किनारे दुकान है', तथा 'जलाशय के किनारे कुहरी थी' जैसे साफ़-सरल रेखाचित्रों के साथ-साथ 'देवी सरस्वती' कविता में तो धरती की प्रकृति की जैसे समस्त सुन्दरता को ही साकार कर देते हैं—

तुम वर्षा हो, हार बलाकाओं की पाँतें,
वन की शाखाओं की पत्रों से टपकी आँखें,
उतराईं सरिताएँ मोर तटों पर नाचे
गुंजित अलि कलि गंध घोर अवनी के माँचे,
निकले कमल सरों में और करंबुए लहरे
आये खग ऊँचे-ऊँचे पेड़ों पर ठहरे
खेत निराती हैं बालाएँ लिए खुरपियाँ
गातीं बारहमासी, सावन और कजलियाँ....।

केदार अग्रवाल को 'चन्द्रगहना से लौटती बेर' खेतों में फ़सलों का स्वयंवर दिखाई पड़ता है और दिखाई पड़ती है बसंती हवा की मस्ती। फ़सलों के स्वयंवर का यह दृश्य—

एक बीते के बराबर यह हरा ठिगना चना
बाँधे मुरैठा शीश पर छोटे गुलाबी फूल का
सजकर खड़ा है,
और सरसों की न पूछो, हो गयी सबसे सयानी,
हाथ पीले कर लिए हैं, ब्याह मंडप में पधारी
देखता हूँ मैं स्वयंवर हो रहा है...।

और 'बसंती हवा' की मस्ती–

हवा हूँ, हवा हूँ, बसंत हवा हूँ...
चढ़ी पेड़ महुआ, थपाथप मचाया,
गिरी धम्म से फिर, चढ़ी आम ऊपर,
उसे भी झकोरा, किया कान में कू,
उतरकर भगी मैं हरे खेत पहुँची,
वहाँ गेहुओं में लहर खूब मारी...

गँवई प्रकृति के अनेकानेक लुभावने और यथार्थ चित्र त्रिलोचन, रामविलास तथा नागार्जुन की कविताओं में भी प्राप्त होते हैं।

यह सामाजिक यथार्थ-दृष्टि ही प्रगतिवादी कवि में आशा, आस्था तथा विश्वास की नयी किरणें भी जगाती है। यह जानते हुए भी कि वर्तमान जीवन विषमता, दुख तथा दैन्य से आक्रान्त है, प्रगतिवादी कवि इसीलिए विचलित नहीं होता कि इतिहास की वैज्ञानिक समझ उसे भविष्य के प्रति आस्थालु रखती है। वह जीवन की कुरूपताओं से संघर्ष करने के लिए सदैव सन्नद्ध रहता है। वस्तुतः इन कुरूपताओं में गहरे उतरकर ही वह आस्था का कमल प्राप्त करता है–

मेरे इस साँवले चेहरे पर कीचड़ के धब्बे हैं, दाग हैं,
और इस फैली हुई हथेली पर जलती हुई आग है,
अग्नि विवेक की।
नहीं, नहीं, वह–वह तो है ज्वलन्त सरसिज
ज़िंदगी के दलदल कीचड़ में धँसकर
वक्ष तक पानी में फँसकर
मैं वह कमल तोड़ लाया हूँ...। **–मुक्तिबोध**

आशा और आस्था की यह अनुभूति ही उसे समसामयिक तमाम कवियों के विपरीत निराशा, घुटन, पराजय एवं अकेलेपन की अनुभूति के गर्त में गिरने से बचाए रहती है–

हम कहाँ नहीं हैं, हम सब कहीं है... **–मुक्तिबोध**

आस्था की इसी डोर को पकड़कर सन् 1936 में विरूप जीवन की कटु यथार्थताओं के बीच भी प्रगतिवादी कवियों ने नयी दिशाओं की ओर प्रयाण किया था। प्रगतिवादी कवि की यह आस्था इस कारण खण्डित नहीं होती कि वह सदैव समाज तथा जनता को लिए हुए ही आगे बढ़ता है; समय की चेतना का उसे एहसास है। एकाकीपन की अनुभूति यदि उसे उदास भी करती है; तो वह तुरन्त व्यापक सामाजिकता का साक्षात्कार करते हुए अपनी निराशा तथा कड़वाहट को धो डालता है। इसी भूमि पर नागार्जुन सोचते हैं कि 'मैं न अकेला, कोटि-कोटि है मुझ जैसे तो', और इसी भूमि से त्रिलोचन यह कहते हैं–

जिस समाज का तू सपना है
जिस समाज का तू अपना है,
मैं भी उस समाज का जन हूँ,

अकेलेपन की स्थितियाँ प्रगतिवादी कवि के लिए असह्य हैं। अकेलेपन से मुक्ति पाने के लिए नागार्जुन अपने रूठे हुए प्रयोगवादी बन्धु को किस प्रकार आमन्त्रित करते हैं, इसे इन पंक्तियों में देखें—

आओ प्रिय आओ, बहुत दिन हो गये,
आज फिर साथ-साथ बैठें, घड़ी-आध घड़ी
ऐसी भी नफ़रत क्या
इतना अलंघ्य है क्या, विरक्ति का प्राचीर?
आओ प्रिय आओ,
भले ही बोलचाल बंद रहे,
पूछापेखी नदारद
तो भी साथ-साथ बैठें घड़ी-आध घड़ी
बहुत दिन हो गये, आओ साथ-साथ बैठें
भाई का प्यार, बहिन की ममता
मीत के नेह छोह
आओ आज सब-कुछ तुम्हीं पर उड़ेल दूँ।

भयानक-से-भयानक आघातों में भी प्रगतिवादी कवि अपना विवेक, अपना मानसिक सन्तुलन नहीं खोता। इस विवेक के सहारे ही वह तात्कालिक व्यथा पर विजय प्राप्त करता है। अपने अभिन्न कवि-मित्र 'पढ़ीस' की मृत्यु डॉ. रामविलास को झकझोर देती है, परन्तु अपनी व्यथा को व्यक्त करते हुए भी वे यही कहते हैं—

मेरी अंध निराशा का यह गीत नहीं है,
मन बहलाने को मोहक संगीत नहीं है
जीवन की इस मरण-व्यथा को सहना होगा।
अन्तर में यह व्यथा छिपाए रहना होगा
यह मानव का हृदय क्षुद्र इस्पात नहीं है,
भय से सिहर उठे वह तरु का पात नहीं है।

पथ पर मिलने वाला हर आघात प्रगतिवादी कवि को जीवन की राह पर और भी साहस के साथ आगे बढ़ने की प्रेरणा देता है। त्रिलोचन की ये पंक्तियाँ इसी की सूचक हैं—

आभारी हूँ पथ के सारे आघातों का,
मिट्टी जिनसे वज्र बनी उन उत्पातों का।

व्यथा कितनी भी गहरी हो, वेदना कितनी ही कचोटने वाली हो, परिचितों का एक क्षण का साथ उसमें फिर से जैसे नया जीवन फूँक देता है। सूदखोरों की बस्ती में एकाकी जीवन के दिन काटते हुए केदार, रामविलास शर्मा, महादेव साहा और नागार्जुन जैसे कवि-मित्रों का सम्पर्क पाकर जैसे नये सिरे से जीवित हो उठते हैं। सहज स्नेहा तथा पारदर्शी हृदय की यह अभिव्यक्ति क्या प्रयोगवादी कविता में भी मिल सकती है? नागार्जुन को लक्ष्य कर लिखी गयी उनके मित्र केदार की ये पंक्तियाँ–

बन्धु, आज भी वह दिन मुझको नहीं भूलता,
उसकी स्मृति अब भी बेले-सी महक रही है?
सम्भवतः उस दिन मेरा नवजन्म हुआ था,
सम्भवतः उस दिन मैंने हिमगिरी को देखा
गंगा के कूलों की मिट्टी मैंने पायी
उस मिट्टी से उगती फ़सलें मैंने पायी
और उसी के कारण जब तक बाँदा में जीवित रहता हूँ,
और उसी के कारण अब तक कविता की रचना करता हूँ।

आशा, विश्वास, आस्था और दृढ़ता के ये स्वर प्रगतिवादी कविता की उपलब्धि हैं, जिन्हें अनास्था, अकेलेपन तथा विषाद की सारी समसामयिक, बेसुरी रागिनियों के बीच सरलता से सुना जा सकता है। कहाँ तो मृत्यु का भय और मृत्यु की छाया में जीने की विवशता को सूचित करने वाली आज के तमाम कवियों की पराजित अभिव्यक्तियाँ और कहाँ विषमताओं, कटुताओं तथा भयानक यातनाओं से भरे जीवन को भोगते हुए भी मुक्तिबोध की यह आकांक्षा–

घबराए प्रतीक और मुसकाते रूप चित्र
लेकर मैं घर पर जब लौटता
उपमाएँ, द्वार पर आते ही कहती हैं कि,
सौ बरस और तुम्हें, जीना ही चाहिए।

और केदार की यह सहज इच्छा–

प्यार है मनुष्यों में बार-बार जीने का,
बार-बार राग-रूप गंध धूप पीने का,
बार-बार पृथ्वी में नया जन्म पाने का
बार-बार गाने का, गेह के बसाने का।

मृत्यु की सैकड़ों अभिव्यक्तियों की तुलना में यह एक जिजीविषा कहीं अधिक सार्थक तथा मूल्यवान है।

लोक-जीवन की मार्मिक, मधुर छवियाँ भी प्रगतिवादी कविता की अपनी वस्तु है। कहा जा सकता है कि प्रगतिवादी काव्य में ही सदियों बाद हिन्दुस्तान का

लोक-जीवन अपनी समूची विशेषताओं के साथ उभरा है। नगरों तथा ग्रामों की सामान्य जनता भी अपने आचार-विचारों, रीति-रिवाजों, रहन-सहन तथा बोली-बानी को लिए प्रतिवादी कविता में ही उतरी है। ग्राम्य-जीवन की सांस्कृतिक रेखाओं को उभारने में ये कवि विशेष सक्रिय रहे हैं। रामविलास, केदार, नागार्जुन तथा त्रिलोचन शास्त्री के अतिरिक्त पन्त तथा निराला के काव्य में भी हिन्दी जनपद के विविध अंचलों की सांस्कृतिक छवियों को सरलतापूर्वक देखा जा सकता है। केवल इन अंचलों की प्रकृति ही नहीं, इनके भीतर हिलोरें भरता हुआ इनका सारा-का-सारा सांस्कृतिक जीवन इन कविताओं में मूर्त है। अभिजात रुचि वाले इसे इन अंचलों की जनता का पिछड़ापन कहें या अन्धविश्वास, रूढ़िवा—कुछ भी नाम दें—इन अंचलों के निवासी बरसात की रिमझिम में चौपालों में बैठकर ढोलक की थाप पर आल्हा अवश्य सुनेंगे; रामायण का सस्वर पाठ जरूर करेंगे, तिथि-त्यौहारों में उत्सव तथा समारोह अवश्य मनाएँगे तथा कतकी या संक्रान्ति में गोल-के-गोल बाँधकर गंगा नहान को जरूर जायेंगे। साँझ-सवेरे, हथेलियों में धुले-पुँछे जलपात्र रखे कन्याओं तथा गृह-बन्धुओं का मन्दिरों में जल-चढ़ाने जाना तो रोज़ की बात है। दंगल तथा कुश्तियाँ यहाँ की अपनी चीज़ है। वस्तुतः ग्रामीण जीवन के अपने दुख-दैन्य में अर्चना-आराधना, हास-विलास, उत्सव-समारोह के यही क्षण उन्हें जीवित तथा सक्रिय भी रखते हैं। प्रगतिवादी कवि चूँकि इसी सामान्य जनता से अपनी अभिन्नता सूचित करता है, इसीलिए उसकी कविताओं में उसके चित्र भी मिलते हैं।

लोक-जीवन के चित्र प्रगतिवादी कविता की एक महत्त्वपूर्ण विशेषता की ओर इंगित करते हैं। अभिजात-रुचि द्वारा उपेक्षित जनता की अपनी संस्कृति इन्हीं छवियों में विद्यमान है, जिस संस्कृति को अपनी इन कविताओं में प्रगतिवादी कवियों ने वस्तुतः पुनर्जीवित किया है। एक बार पुनः कह दूँ कि अपनी धरती, जनता तथा उसके जीवन से प्रगतिवादी कवि की यह सम्पृक्ति उसके देश-प्रेम का स्थायी स्मारक है। इस प्रकार की व्यापक संवेदना वाले देश की मिट्टी से ही जन्मे और उसी में सराबोर हिन्दी में कितने कवि हैं—

भई साँझ, कदम्ब वृक्ष पास
मन्दिर चबूतरे पर बैठकर
जब कभी देखता हूँ तुझको
मुझे याद आते हैं—
भयभीय आँखों के हंस, व घाव-भरे कबूतर
मुझे याद आते हैं मेरे लोग
उनके सब हृदय रोग,
घुप्प अँधेरे घर,

पीली-पीली चिन्ता के अंगारों जैसे पर,
मुझे याद आती भगवान राम की शबरी
मुझे याद आती है लाल-लाल जलती हुई ढिबरी
मुझे याद आता है मेरा प्यार-प्यारा देश
लाल-लाल सुनहला आवेश...। **–मुक्तिबोध**

व्यापक सामाजिक दुख-दर्द के ये चितेरे अपनी निज की दुनिया की हक़ीकत न पहचानते हों, ऐसी बात नहीं है। समकालीन अन्य प्रेमी कवियों की भाँति ये भी प्रेम करते हैं और अपनी कविताओं में भी इन्होंने अपने इस व्यक्तिगत प्रणय को अभिव्यक्ति दी है। अन्य प्रेमियों की भाँति इन्हें भी प्रेम के पथ पर व्यापार और वेदना से साबका पड़ा है, इस व्यथा और वेदना का इन्होंने भी तन और मन की भीतरी परतों तक अनुभव किया है। सामान्य कवियों से इनकी विशिष्टता इसी बात में है कि प्रेम और उससे सम्बद्ध व्यथा या वेदना कभी भी इनके पैर में बेड़ी बनकर नहीं पड़ी है। व्यक्तिगत जीवन के इन विषादमय क्षणों का सामना करते हुए भी ये सन्तुलित बने रह सके हैं; प्रेम से बड़ी सामाजिक इयत्ता को सदैव पहचानते रहे हैं। प्रेम को इन्होंने अपने जीवन के एक सम्बल के रूप में ग्रहण किया है; उसकी उल्लासमय अनुभूतियों से नयी शक्ति पायी है तथा उसकी व्यथा को व्यापक सामाजिक व्यथा में घुला सकने में सफल हुए हैं। प्रणय-सम्बन्धी कविताओं में प्रगतिवादी कविता का वैशिष्ट्य उन कविताओं में दीख पड़ता है, जिनमें दाम्पत्य-प्रेम की मार्मिक अभिव्यंजना हुई है। दाम्पत्य-प्रेम की स्वच्छ, सहज भूमिका ने प्रगतिशील कविता की प्रणय कविताओं को वैशिष्ट्य प्रदान किया है, जो समसामयिक कविता में चित्रित प्यार की सारी काल्पनिक उड़ानों, उसके दर्द के सारे क़यामत-भरे अफ़सानों से कहीं अधिक जीवन्त तथा मूल्यवान है। दाम्पत्य-प्रेम की स्वस्थ भूमिका से विरहित, प्यार के घुटन-भरे दर्द में ही सुख का अनुभव करने वालों को मदन वात्स्यायन का यह प्रसन्न अवसाद भले प्रभावित न करे, लेकिन जिस मन ने इस प्यार को भरपूर भोगा है, वही इसकी मधुर पीड़ा का भी अनुभव कर सकता है–

आज भी सुलाते हैं मुझे पड़ोसिन के विहाग,
आज भी जगाती है मुझे ऊषा चहकती,
बस रामू को पुकारती एक पतली आवाज़ नहीं है
और कुछ भी नहीं है...।

मधुर दाम्पत्य-प्रेम की यही भूमिका प्रगतिवादी कवि की संवेदना को उस तीसरे प्राणी तक भी पहुँचाती है, जो दम्पती का ही अपना अंग होता है और जिसकी चर्चा वात्सल्य रस के भीतर होती है। प्रवासी नागार्जुन घर लौटते हैं और उन्हें अपने शिशु की वह 'दन्तुरित मुस्कान' बाँध-सा लेती है, जिसे अबोध छोड़कर ही वे परदेस चले गये थे–

धूलि धूसर ये तुम्हारे गात–
छोड़कर तालाब मेरी झोपड़ी में खिल रहे जलजात
×　　　　　×　　　　　×
इस अतिथि से प्रिय तुम्हारा क्या रहा सम्पर्क
उँगलियाँ माँ की कराती रही हैं मधुपर्क,
देखते तुम इधर कनखी मार
और होतीं जब कि आँखें चार
तब तुम्हारी दन्तुरित मुस्कान
मुझे लगती बड़ी छविमान।

प्रणय के शालीन, स्वस्थ तथा कुण्ठाहीन चित्रों के अतिरिक्त दाम्पत्य-प्रणय तथा वात्सल्य की ये अभिव्यक्तियाँ प्रगतिवादी कविता की प्रशस्त संवेदना-भूमियों का परिचय देती हैं, जिनका प्रसार व्यक्ति से लेकर परिवार, अंचल, देश और फिर समूची धरती तक है।

प्रगतिवादी कविता ने अस्पष्टताओं के घटाटोप में घिरी मानववाद की व्याख्याओं को भी नये आधार और नये सन्दर्भ दिये हैं। मानववाद के नाम पर घोर व्यक्तिवाद का नजारा दिखाने वाली तथा मानव-मूल्यों के नाम पर अराजकता का प्रचार करने वाली विचारणाओं की असलियत स्पष्ट करते हुए प्रगतिवादी कविता ने सिद्ध किया है कि मानववाद कोई लेबुल नहीं है कि हर कोई उसे अपनी छाती पर चिपकाए विज्ञापन करता फिरे। उसका सम्बन्ध दृष्टिकोण की आन्तरिकता से है, जो विज्ञापन या प्रचार की मुहताज नहीं। प्रगतिशील कविता इस कारण सही और सच्ची मानववादी कविता है कि वह मनुष्य के सचेतन व्यक्तित्व को प्रधानता देती है। उसके केन्द्र में अपने समूचे सुख-दुख को लिए एक सामाजिक मानव की ही मूर्ति प्रतिष्ठित है। उसका सारा प्रयास इसी सामाजिक मनुष्य की सम्पूर्ण आकृति को रूपायित करते हुए उसकी वास्तवकि मुक्ति है। एक नये और स्वस्थ मानव-मन का निर्माण उसका लक्ष्य है, जिसे हरिनारायण व्यास ने 'इस पुरानी जिन्दगी की जेल में जन्म लेता है नया मन' कहकर अभिव्यक्ति दी है। प्रगतिशील कविता में केवल शोषण से जर्जर मनुष्य का ही चित्र नहीं है, उस शोषण के खिलाफ़ आवाज उठाती हुई उसकी संकल्प-दीप्त प्रतिभा भी मूर्त है। प्रगतिशील कवि मनुष्य में उसकी शक्ति का अहसास पैदा कर उसमें नया आत्मविश्वास भरता है। वह स्वयं उन परिस्थितियों के लिए संघर्ष करता है, जिनमें मानव-व्यक्तित्व अपनी सहजता में सम्पूर्णतः विकसित हो सके। उदात्त मानव-मूल्यों की जिस भित्ति पर प्रगतिवादी कविता की इमारत खड़ी हुई है, उन मूल्यों को सम्भव बनाने के लिए वह मनुष्य की इसी आकृति का आकांक्षी है। यह वह क्रान्तिकारी मानववाद है, जिसका सन्दर्भ 'लघु मानव' नहीं धरती के कोटि-कोटि

संघर्षरत मानव हैं और यही प्रगतिवादी कविता के नायक भी हैं।

अन्तर्राष्ट्रीय क्षेत्र तक पहुँचने वाली संवेदनाएँ भी प्रथम बार प्रगतिवादी कविता में ही दिखाई पड़ती हैं। संवेदनाओं के इस व्यापक प्रसार का श्रेय प्रगतिवाद के उस जीवन-दर्शन को है, जो प्रगतिवादी कवि को अपनी धरती के साथ, अपनी जनता के साथ धरती मात्र तथा जनता मात्र से जुड़ जाने को प्रेरित करता है। मनुष्यता यहाँ भी दलित और पीड़ित है, प्रगतिवादी कवि की संवेदनाएँ वहाँ तक विस्तृत हैं, कला संस्कृति तथा स्वस्थ जीवन के आदर्श जहाँ भी जीवित हैं, प्रगतिवादी कवि की आस्था वहाँ तक फैली है। शोषण का जाल छिन्न-भिन्न कर जनता जहाँ भी विजयी हुई है; प्रगतिवादी कवि का अभिनन्दन वहाँ तक सक्रिय है। सोवियत रूस हो अथवा लेटिन अमरीका, अफ्रीका हो या वियतनाम—जनता के संघर्षों तथा अभियानों में हिन्दी के प्रगतिवादी कवियों ने पूरी आस्था के साथ अपनी आवाज उच्चरित की है। लुमुम्बा की हत्या पर जनकवि नागार्जुन का यह रोष उतना ही सात्त्विक है, जितना महात्मा गाँधी की मृत्यु पर उनकी व्यथा थी—

मैं सुनता हूँ अफ्रीका की आत्मा का आक्रोश,
मैं सुनता हूँ काली धरती के कण-कण का रोष...।

गिरिजाकुमार माथुर की 'हब्सदेश' कविता भी अफ्रीका की काली धरती के संघर्ष, बलिदान तथा शौर्य का जीवित इतिहास प्रस्तुत करती है। 'एशिया का जागरण' कविता में वे सामन्तवाद, साम्राज्यवाद तथा पूँजीवाद के आतंक से ग्रस्त एशिया की व्यथा को इन पंक्तियों में साकार करते हैं—

मेरी मानवता पर रक्खा गिरी-सा सत्ता का सिंहासन,
मेरी आत्मा पर बैठा है, विषधर-सा सामंती शासन
मेरी छाती पर रखा हुआ साम्राज्यवाद का रक्त-कलश
मेरी धरती पर फैला है मन्वन्तर बनकर मृत्यु-दिवस...।

परन्तु उन्हें यह भी विश्वास है कि—

पर परिवर्तन का तेज-चक्र बढ़ता आगे,
है धार काटती नागपाश
बस इसीलिए होगा विनाश
मानव का मानव पर दुखदोहन अनाचार
इसलिए कि रुकता नहीं कभी गति का पहिया
अविरल चलता विकास का क्रम
वह पास लिए आता है मनुज समाज नया
जब दुख की सत्ता मर जायेगी पीले बासी फूलों-सी।

प्रगतिवादी कवि चूँकि मनुष्यता से प्यार करता है, उसकी अब तक की

प्रगतिशील सांस्कृतिक विरासत के प्रति निष्ठावान है, इसीलिए वह युद्धों का विरोध और शान्ति का समर्थन करता है। पराधीनता के विरुद्ध छेड़े गये जनता के संग्राम का वह भागीदार है, परन्तु युद्ध-संस्कृति अथवा युद्ध को एक दर्शन मानने का हिमायती वह नहीं है। अपनी अनेक कविताओं में प्रगतिशील कवियों ने युद्ध की बर्बरता का नग्न चित्र अंकित करते हुए उसके खिलाफ जनमत को उभारा है। 'समय देवता' को नरेश मेहता कितना भी नकारें, जिस प्रगतिशील बोध ने उनसे ये पंक्तियाँ लिखवाई हैं, उसे नहीं नकार सकते–

हिरोशिमा में मनुज मर गया,
दौड़ रही हैं गंधक और फासफोरस की पीली लपटें
जिसमें उस जापान देश का सदियों का संगीत जल गया,
महल, फ़ैक्टरी सभी बुझ गये
झुलसी हुई पलक नारी की, मेघभरी वे भावहीन जापानी आँख,
शिशु के हाथों में हड्डी की गुड़िया।

युद्ध का तीव्र विरोध शान्ति का उतना ही प्रबल समर्थन प्रगतिवादी कविता का चारित्र्य है। शमशेर की 'अमन का राग' शीर्षक कविता व्यापक अन्तर्राष्ट्रीय बोध के सन्दर्भ में प्रगतिवादी कविता की इसी शान्तिप्रियता का प्रमाण है। यह वह ज़मीन है, जहाँ धरती मात्र है– पूर्व और पश्चिम के भेद से सर्वथा रहित–

ये पूरब-पच्छिम मेरी आत्मा के ताने-बाने हैं
मैंने एशिया की सतरंगी किरनों को अपनी दिशाओं के गिर्द लपेट लिया
और मैं यूरोप और अमरीका की नरम आँच की धूप-छाँव पर
बहुत हौले-हौले नाच रहा हूँ।
सब संस्कृतियाँ मेरे सरगम में विभोर हैं,
क्योंकि मैं हृदय की सच्ची सुख-शान्ति का राग हूँ।

× × ×

पच्छिम में काले और सफ़ेद फूल हैं, और पूरब में पीले और लाल,
उत्तर में नीले कई रंग के, और हमारे यहाँ चम्पई साँवले,
और दुनिया में हरियाली कहाँ नहीं...।

प्रगतिवादी कवि का यह अन्तर्राष्ट्रीय बोध उसकी एक प्रमुख विशेषता तो है ही, उसने आधुनिक कविता तथा कला-सृजन को एक नया मोड़ भी दिया है। परन्तु संवेदनाओं का यह प्रसार उसी कवि की हक़ीक़त बन सकता है, जिसने सच्चे हृदय से मनुष्य को, मनुष्य और उसके हर्ष-विषाद को अपना हर्ष-विषाद समझता हो।

सामाजिक यथार्थ-दृष्टि का ही एक पक्ष प्रगतिवादी कवि के व्यंग्य निर्मित करते हैं। भारतेन्दु-युग की इस विरासत को सर्वप्रथम निराला नये रूप में विकसित

करते हैं। 'कुकुरमुत्ता' तथा 'नये पत्ते' की अनेक कविताओं में इन व्यंग्यों की तीखी धार को परखा जा सकता है। व्यंग्य को यथार्थ के एक अत्यन्त सशक्त माध्यम के रूप में स्वीकार किया गया है, परन्तु इस माध्यम में जितनी ही धार होती है, प्रयोक्ता को इसके सन्दर्भ में उतनी ही सतर्कता भी बरतनी पड़ती है। कमज़ोर हाथों में यह अस्त्र न केवल निष्प्रभ तथा गोठिल हो जाता है, विपरीत परिणाम भी देता है। ज़रा-सा भी असंयम व्यंग्य को निरी गाली-गलौज में बदल देता है और उसकी सप्राणता मारी जाती है। जहाँ तक निराला का प्रश्न है उन्होंने कतिपय अपवादों को छोड़कर अधिकतर उसका कुशल प्रयोग ही किया है। 'कुकुरमुत्ता' को उनकी व्यंग्य-क्षमता का प्रतिमान कहा जा सकता है, जिसके माध्यम से उन्होंने नकारामक दृष्टि की अपेक्षा एक रचनात्मक निर्देश दिया है। जैसा कि आचार्य वाजपेयी ने स्पष्ट किया है, निराला न कुकुरमुत्ता को आदर्श मानते हैं, न पुरानी सामन्ती संस्कृति के प्रतीक गुलाब को। वे इस गुलाब के स्थान पर शिक्षा-संस्कृति के नये गुलाब की ही प्रतिष्ठा चाहते हैं। वाजपेयीजी के अनुसार 'कुकुरमुत्ता' कविता का मूल निर्देश यही है। गुलाब को पूँजीपति वर्ग का तथा कुकुरमुत्ता को सर्वहारा वर्ग का प्रतीक मानना उपयुक्त नहीं है। वाजपेयीजी का यह कथन 'कुकुरमुत्ता' के व्यंग्य को एक नया अर्थ देता है। निराला के अन्य व्यंग्यों में समसामयिक राजनीति, अर्थव्यवस्था, समाज-व्यवस्था तथा शासकीय नीतियों की जमकर धज्जियाँ उड़ाई गयी हैं। ये वे व्यंग्य हैं, जो बने-ठने बहुरूपियों तथा शोषक वर्गों की कलई खोलते हैं। देश तथा जनता के दुश्मन इनमें बखूबी अपनी शक्लें पहचान सकते हैं। पन्त ने भी 'ग्राम्या' में कुछ व्यंग्य लिखे हैं; और जैसा हम कह चुके हैं, पन्त के ये व्यंग्य उनकी तमाम कल्पनाजीवी कल्पनाओं से कहीं अधिक सार्थक तथा सप्राण है। निराला तथा पन्त की इस परम्परा को प्रगतिवादी कवि और भी विकसित करते हैं। नागार्जुन, केदार तथा मुक्तिबोध में इन्हें एक नया उत्कर्ष प्राप्त हुआ है। जिस आधुनिक समाज-व्यवस्था में जीवित मनुष्य कीड़ों-मकोड़ों के रूप में मरते हैं तथा पत्थरों की पूजा होती है, उस व्यवस्था से विक्षुब्ध यदि एक गर्भवती ईश्वर से यह प्रार्थना करती है कि उसकी कोख से शिशु की जगह पत्थर ही पैदा हो तो क्या आश्चर्य–

वैभव की विशाल छत्रछाया में
स्वर्ण-सिंहासन पर
रक्खी देख मन्दिरों में पत्थर की मूर्तियाँ
क्षुब्ध हो गर्भवती
ईश्वर से माँगती है वरदान,
केवल पाषाण हों
कोख की मेरी भी सन्तान।

केदार अपने व्यंग्यों में बड़ी सहजता से लक्ष्य पर चोट करते हैं। अकर्मण्यों अर्थात् निकम्मों पर की गयी उनकी यह चोट क्या कम सार्थक है—

धोबी गया घाट पर, राही गया बाट पर,
मैं न गया घाट और बाट पर
बैठा रहा टाट पर
जीता रहा ओस चाट-चाट कर।

नागार्जुन तो व्यंग्यों के शिल्पी हैं। उनके कृतित्व में व्यंग्य के सभी प्रकार सहज ही प्राप्त हो जाते हैं। जहाँ कतिपय व्यंग्य-रचनाओं में उन्होंने सतह की वास्तविकता की ही जन-रुचि का ख्याल रखते हुए तीखे किन्तु बहुत खुले हुए ढंग से उभारा है, वहाँ कुछ सतह के भीतर की सड़ाँध को बड़ी सफाई के साथ सामने लाए हैं। राजनीतिक नेताओं, सरकारी-गैरसरकारी भ्रष्टाचार, घूसखोरी, बेईमानी, रईसों की आरामतलवी; मन्त्रियों, मठाधीशों की ऐयाशी और खोखलापन; कुछ भी नहीं बचा है, जिसकी धज्जियाँ उन्होंने न उड़ाई हों। उनके व्यंग्यों की पीड़ा का वही अनुभव कर सकते हैं जो उनका लक्ष्य बने हैं। देश, जनता तथा समाज के दुश्मनों की ऐसी साफ़ तस्वीरें इस जनकवि ने उभारी हैं कि भीड़ में भी आसानी से उन्हें पहचाना जा सकता है। 'पैसा चहक रहा है', 'जयति नखरंजिनी', 'बजट वार्तिक' आदि-आदि उनके हल्के-फुल्के तथा व्यंग्यों की प्रतिनिधि रचनाएँ हैं, जबकि 'दुखरन झा', 'प्रेत का बयान', 'तालाब की मछलियाँ', 'वे और तुम', 'विजयी के वंशधर' जैसी रचनाओं में उन्होंने गहरे पैठकर अपनी सामाजिक यथार्थ-दृष्टि को सक्रिय किया है। प्राइमरी पाठशाला के मुदर्रिस दुखरन झा, उनकी शाला तथा उनके शिष्यों का यह चित्र स्वतन्त्र भारत के सन्दर्भ में देखें—

घुन खाए शहतीरों पर की बारहखड़ी विधाता बाँचे,
फटी भीत है, छत चूती है, आले पर बिसतुइया नाचे,
लगा-लगा बेबस बच्चों पर मिनट-मिनट में पाँच तमाचे
इसी तरह से दुखरन मास्टर गढ़ता है आदम के साँचे।

इन्हीं दुखरन के समानधर्मा दूसरे मुदर्रिस अपनी सत्यवादिता से यमराज को भी निरुत्तर कर देते हैं। भूख से मरकर भी स्वाधीन भारत का यह मास्टर यमराज के सामने यही कहता है—

तनिक भी पीर नहीं, दुख नहीं दुविधा नहीं
सरलतापूर्वक निकले थे प्राण
सह न सकी आँत जब पेचिश का हमला।

करमों की पत्तियाँ खा ली थीं न बेचारे ने! परन्तु जब अपने बहुत-से आधुनिक कवि-मित्रों की लोकप्रियता का स्मरण कवि करता है, तो उसके व्यंग्य का स्वर कुछ बदल जाता है—

वे लोहा पीट रहे हैं, तुम मन को पीट रहे हो,
वे पत्थर जोड़ रहे हैं, तुम सपने जोड़ रहे हो,
उनकी घुटन ठहाकों में घुलती है
और तुम्हारी घुटन उनींदी घड़ियों में चुरती है,
वे हुलसित हैं, अपनी ही फ़सलों में डूब गये हैं
तुम हुलसित हो, चितकबरी चाँदनियों में खोए हो,
उनको दुख है नये आम की मंजरियों को पाला मार गया है,
तुमको दुख है, काव्य-संकलन दीमक चाट गये हैं।

नागार्जुन के व्यंग्यों की यह एक हल्की-सी झलक है। उनके काव्य में वस्तुतः व्यंग्यों का एक अम्बार है, जिस पर एक पूरा-का-पूरा अध्याय ही लिखा जा सकता है। रामविलास शर्मा तथा त्रिलोचन के अतिरिक्त सार्थक तथा मर्मवेधी व्यंग्यों की सृष्टि में मुक्तिबोध की उपलब्धि भी कम महत्त्वपूर्ण नहीं है। मुक्तिबोध की व्यंग्य-रचनाओं की विशिष्टता इस बात में है कि वे सीधे ही चोट करती हैं और एक अजीब तीखापन उनमें होता है। 'चाँद का मुँह टेढ़ा है' संग्रह की सबसे लम्बी कविता 'अँधेरे में' के कई स्थल सहज ही उदाहरण के रूप में प्रस्तुत किये जा सकते हैं। रात के सन्नाटे अँधियारे में निकलनेवाला प्रोसेशन, उस प्रोसेशन में चलने वाले बड़े-बड़े नामी-गिरामी लोगों के साथ शहर का कुख्यात हत्यारा डोमाजी उस्ताद, इन महानुभावों के क्रिया-कलाप सब व्यंग्य की तेज़ धार में ही गुज़ारे गये हैं। वस्तुतः आधुनिक समाज-व्यवस्था के प्रति अपनी तीखी विरक्ति को ही कवि ने इस माध्यम का आश्रय लेकर प्रकट किया है। इन व्यंग्यपूर्ण स्थलों में नागार्जुन के बहुत-से व्यंग्यों की भाँति हास्य का सन्दर्भ नहीं, ये पाठक की संवेदना को जगाते हुए उसी स्तर पर उसके हृदय में आलम्बन के प्रति एक विक्षोभ ही उत्पन्न करते हैं।

यह कहा जा सकता है कि निराला के बाद व्यंग्यों की भूमिका प्रगतिवादी कविता में सुदृढ़ हुई है। व्यंग्यों की भूमि केवल नकारात्मक ही नहीं होती, जैसा कहा जा चुका है, यथार्थ के एक सशक्त माध्यम के रूप में वह समाज की गन्दगी को उभारती है; बहुत-से गुमराहों को सही राह पर लाती है; बहुत-से बहुरूपियों का पर्दाफ़ाश करती है और अन्ततः एक नयी समाज-रचना में अपना महत्त्वपूर्ण योग देती है। प्रगतिवादी कवियों ने अपनी व्यंग्य-रचनाओं द्वारा अधिकांशतः इन उद्देश्यों की पूर्ति की है।

प्रगतिवादी कविता के कलापक्ष पर बहुधा आलोचकों द्वारा उँगलियाँ उठाई गयी हैं। ऐसे बहुत-से समीक्षक हैं, जिनके अनुसार प्रगतिवादी कविता शिल्प की दृष्टि से बेडौल, रूखी, सपाट और सर्वथा अनगढ़ है। न तो उसमें भाषा का माधुर्य है और न कल्पना का औदात्य, ताज़गी या रंगीनी। छन्द की दृष्टि से वह उखड़ी हुई, गद्यात्मक,

लयहीन तथा प्रतीकों में तो लगभग शून्य है। इस प्रकार की आलोचनाओं में से कुछ का सम्बन्ध तो उन समीक्षकों से है, जो हिन्दी समीक्षा-जगत में मान्य हैं, परन्तु अधिकांश का सम्बनध पूर्वाग्रही व्यक्तियों से है, जो या तो स्वयं किसी समसामयिक काव्यान्दोलन या काव्यधारा से सम्बद्ध हैं और अपने कृतित्व की विशिष्टता ज्ञापित करने के लिए अपने से भिन्न दूसरे के कवित्व को जानबूझकर हलका या कमज़ोर बताते हैं; या फिर कुछ खास किस्म के नारों के आधार पर सब प्रकार की समीक्षा न केवल पूर्वाग्रह-ग्रस्त है, उसकी प्रेरणाएँ भी साहित्य का नाम लेते हुए बहुधा साहित्येतर हैं। विशुद्ध काव्य या विशुद्ध कला का नारा उठाते हुए वे ऐसी संस्थाओं की आवाज़ मुखर करते हैं, जिनका काम ही देश-विदेश की प्रगतिशील साहित्यिक उपलब्धियों की जड़ खोदना, वहाँ के कला-साहित्य को बेजान बताना तथा कला और साहित्य की नक़ली स्वतन्त्रता का नारा बुलन्द करना है। साहित्यिक भूमि पर मतभेदों की सदैव गुंजाइश रहती है; परन्तु यदि मतभेद स्वस्थ भूमिका पर नहीं हैं, तो उनकी उपेक्षा भी की जा सकती है। प्रगतिवादी कविता की बहुत-सी आलोचना, उसके कला और शिल्प पर लगाए गये काफ़ी आरोप प्रवृत्तिमूलक हैं; वस्तुगत सत्य से जिनका बहुत दूर का सम्बन्ध है। परन्तु चूँकि प्रगतिवादी कविता के कला-शिल्प पर मान्य समीक्षकों ने भी कुछ प्रश्न चिहृन लगाए हैं, अतः उनके सन्दर्भ में प्रगतिवादी काव्य के अभिव्यंजना पक्ष पर कुछ विचार आवश्यक हो जाता है।

काव्य अथवा साहित्य के वस्तु और शिल्प-पक्ष पर प्रगतिवादी कवियों तथा विचारकों की अपनी स्पष्ट धाराएँ रही हैं। वस्तु तथा शिल्प को 'गिरा अरथ जल बीचि सम' मानते हुए भी व्यावहारिक भूमिका पर उनका स्पष्ट झुकाव वस्तु-पक्ष की ओर रहा है। उन कट्टरतावादियों को छोड़ दिया जाये, जिन्होंने शिल्प-पक्ष की सर्वथा उपेक्षा की है, तो उस प्रश्न पर अधिकांश मत यही है। प्रगतिवाद के कुछ कवि यदा-कदा कट्टरतावादी भूमि पर पहुँचकर विभ्रान्ति के शिकर हुए हैं; परन्तु संयमित भूमिका पर कार्य करने वालों ने कोशिश की है कि उनके साहित्य में वस्तु के अनुरूप ही शिल्प की स्थिति हो।

जिन लोगों के कृतित्व में यह संयम नहीं आ पाया, उनकी कविताएँ उतनी ही दूर तक नीरस, निष्प्रभ तथा बेजान बन गयी हैं। ऐसी कविताओं की आलोचना भी कम नहीं हुई और आज तो इस प्रकार की अधिकांश कविताएँ लोगों द्वारा भुला भी दी गयी हैं। परन्तु समूचे प्रगतिवादी काव्य को शिल्प की दृष्टि से अनगढ़ घोषित करना भी एक प्रकार का अतिवाद है, जिसका समर्थन नहीं किया जा सकता। कलावादियों की-सी पच्चीकारी अथवा तराश, प्रगतिवादी कविताओं में अवश्य नहीं हैं, श्लेष तथा यमक का समारोह भी उनमें नहीं दीख पड़ता; परन्तु शिल्प की वह स्थिति अवश्य दीख पड़ती है, जो किसी कविता के भाव को आकर्षक तथा प्रभावशाली ढंग से

व्यक्त करने की क्षमता रखती है। कोरे कलावादी चिढ़ें तो चिढ़ें, नागार्जुन का यह व्यंग्य उनके ऊपर सटीक बैठता है—

नहीं, नहीं, अभी तो सिरिफ श्रीगणेश है,
अपने पदों को बार-बार माँजो
माँजो, और माँजो, माँजते जाओ।....
नैतिक, अनैतिक, सामाजिक, असामाजिक,
भला या बुरा कुछ भी क्यों न हो,
तलकर, घोलकर, बघारकर कहो।
वस्तु है भूसी, रूप है चमत्कार,
ध्वनि और व्यंग्य पर मरता है संसार,
वाच्य या आशय पर कौन देता ध्यान,
तर्ज औ' तरन्नुम है, शायरी की जान। आदि-आदि।

इस भूमिका पर सर्वप्रथम हम प्रगतिवादी कवियों द्वारा प्रयुक्त भाषा पर दृष्टिपात करेंगे। अपनी कविताओं में प्रगतिवादियों ने भाषा-सम्बन्धी अपनी नयी और बदली हुई दृष्टि का परिचय दिया है। यह बदली हुई दृष्टि और कुछ नहीं, भाषा का वह सरल, सीधा और व्यावहारिक रूप ही है, जिसे इन कवियों ने अपने पाठक-वर्ग से सीधा सम्बन्ध स्थापित करने के उद्देश्य से ही अपनाया है। भाषा के स्वरूप से अधिक महत्त्व प्रगतिवादी कवि के लिए भावों तथा विचारों का है। भावों को प्रभावशाली ढंग से अभिव्यक्त कर सकने वाली किसी भी प्रकार की भाषा से उसे परहेज नहीं। भाषा का स्वरूप सरल और सुबोध अवश्य होना चाहिए। भाषा का न तो रीतिकालीन आदर्श ही उसे मान्य है और न रोमांटिक; परन्तु दोनों की तुलना में वह रोमांटिक कवियों को अधिक महत्त्व देता है। भावों के अनुकल भाषा पर ही उसका विश्वास है। लफ्फ़ाज़ी तथा जान-बूझकर भाषा को वैयक्तिक तथा सीमित बनाने की प्रवृत्ति इस कारण निंद्य है कि भाषा अंततः एक सामाजिक वस्तु है। प्रत्येक व्यक्ति यदि अपनी निजी भाषा का निर्माण करने लगे, तो प्रयोगवादी काव्य-सा वह भाषा-वैभव अवश्य सामने आ सकता है, जिसका कोई अर्थ न होगा, जन-सामान्य तक भावों तथा विचारों के प्रेषण की बात तो दूर की होगी। भाषा-सम्बन्धी अपने इन आदर्शों की पूर्ति प्रगतिवादी कवियों ने दूर तक की है। उन्होंने न तो कोमल और मधुर, श्रुतिसुखद शब्दों का भण्डार अपनी कविता में जुटाया है और न छायावादी पंत की रलमल, टलमल जैसी शब्दावली; न तो उनकी भाषा में महादेवी जैसी अपूर्व सांकेतिकता तथा लाक्षणिकता है और न गिरिजाकुमार जैसा 'छुवन-कसकन वाला इन्द्रियबोध'; अज्ञेय की भाँति न तो उनकी भाषा प्रतीक-बोझिल, वाक्य दूरान्वय दोष के परिवृत्ति, परिप्रेक्ष्य वाले नितान्त निजी है और न ही नयी कवितावादियों

के परिवृत्ति, परिप्रेक्ष्यवाले अंशों से उसका कोई लगाव है। वस्तुतः जिस भाषा का प्रयोग परम्परा से होता आ रहा है, उसी से सरल, सीधे अर्थगर्भ शब्दों को लेकर उन्होंने अपनी भाषा का निर्माण किया है। जनपदीय शब्दावली ने यदि उनकी भाषा को अतिरिक्त संवेदनीयता प्रदान की है, तो जहाँ तक वर्तमान जीवन का प्रसार है, उन सभी क्षेत्रों से शब्दों को ग्रहण कर उन्होंने अपने शब्द-भण्डार को व्यापक तथा भाषा को आधुनिक रूप दिया है।

सरल, स्पष्ट, व्यावहारिक भाषा के साथ कथ्य के अनुरूप अन्य प्रकार की भाषा के उदाहरण प्रगतिवादी कविता में प्रचुर मात्रा में मिलते हैं। संस्कृत की समासगर्भित पदावली का सौन्दर्य 'अमल धवल गिरि के शिखरों पर बादल को घिरते देखा हैं' जैसी नागार्जुन की तमाम कविताओं में द्रष्टव्य है और यही बात रांगेय राघव के 'मेधावी', 'रूपछाया' तथा 'पांचाली' काव्यों के लिए भी सत्य है। रामविलास, त्रिलोचन तथा सुमन के भाषा-प्रयोगों में दूर तक रोमांटिक संस्कार दिखायी देते हैं और लोक-जीवन से सम्बन्धित कविताओं को छोड़ यह बात केदार की कविताओं के लिए भी कही जा सकती है। व्यंग्य कविताएँ प्रगतिवादी काव्यों की भाषा के नये रूप को सामने लाती है। ऐसी कविताओं में शब्द अधिक अर्थगर्भ, तीखे तथा तेज धारवाले हो गये हैं। भाषा भी दूर तक जन-रुचि का साथ देने लगी है। लोक-जीवन अथवा गँवई प्रकृति से सम्बन्धित कविताओं में जनपदीय शब्दावली का माधुर्य दीख पड़ता है। वस्तुतः प्रगतिवादी काव्य-भाषा की सबसे बड़ी विशेषता अत्यन्त सरल, सहज शब्दों को लेकर गहरे-से-गहरे अर्थों की अभिव्यक्ति है। त्रिलोचन की कविताएँ इसी सादगी का प्रमाण हैं। कथ्य के अनुसार भाषा का प्रयोग करते हुए, प्रगतिवादी कवियों ने दूर तक अपने उद्देश्यों की पूर्ति की है, इस तथ्य को अस्वीकार नहीं किया जा सकता। भाषा-प्रयोगों के उदाहरण स्थानाभाव के कारण जान-बूझकर नहीं दिये गये, प्रगतिवादी कविता के अब तक के विवेचन में उन्हें सरलता से देखा जा सकता है। भाषागत असंयम, उसका लचरपन, नीरसता, भदेसपन, शब्दों की फ़िजूलखर्ची, निरी गद्यमयता, रूखापन जैसी कमज़ोरियाँ भी प्रगतिवादी काव्यभाषा की अपनी सम्पत्ति हैं; भाषागत फूहड़पन भी उनकी कविताओं में उतनी ही दूर तक विद्यमान है। इस प्रकार के उदाहरण भी प्रगतिवादी कविताओं पर एक सामान्य नजर डालते ही उपलब्ध हो जायेंगे।

रूप-विधान के क्षेत्र में प्रगतिवादी काव्य को नयी सौन्दर्य-दृष्टि का अग्रदूत माना जायेगा। बावजूद इस सत्य के कि प्रगतिवाद के अधिकांश कवि छायावादी पगडण्डियों से होकर ही प्रगतिशील कविता की भूमि पर आये हैं, फलतः उनका सौन्दर्य-बोध भी अनेक स्थलों पर रोमांटिक कल्पना का ही ऋणी है, यह भी सत्य है कि प्रगतिवादी काव्य-भूमि से ही हमें पहली बार नवयुग के बदले हुए भाव-बोध से

प्रेरित नयी सौन्दर्य-दृष्टि का आभास मिलता है। यही वह समय था, जब आकाश की ओर से दृष्टि हटाकर कवि धरती के सहज-सौन्दर्य की ओर उन्मुख हुआ था और इसी के परिणामस्वरूप हमें प्रगतिवादी कविता में सूक्ष्म और अमूर्त कल्पना-चित्रों के स्थान पर मूर्त उपादान दिखायी पड़ते हैं। प्रकृति के वे उपकरण, जो परम्परा से सौन्दर्य-जनित आकर्षण के प्रतिमान मान जाते रहे हैं, प्रथम बार प्रगतिवादी कविता में सामान्य तथा साधारण के लिए स्थान रिक्त करते हैं। किसी समय विद्युत, मेघ, इन्द्रधनुष, चाँदनी, निर्झर तथा हिममंडित पर्वत-शिखरों में ही सौन्दर्य देखने वाली दृष्टि इस नये युग में पेड़ों के पीले पत्तों, सूखी-भूरी झाड़ियों , कोयले की खदानों, किसानों के खेत-खलिहानों, मिल की चिमनियों तथा गँवई प्रकृति की नाना भंगिमाओं में भी सौन्दर्य की राशि खोज लेती है। तात्पर्य यह कि संवेदनाओं का प्रसार दृष्टि-बिन्दु में भी परिवर्तन का द्योतक बनता है और यह दृष्टि बिन्दु नये सन्दर्भों में कवि के सम्मुख सौन्दर्य की नयी परिभाषा और नये रहस्य खोलता है। इसी के परिणामस्वरूप सौन्दर्य के नये प्रतिमान स्पष्ट होते हैं। प्रगतिवादी सौन्दर्य-दृष्टि द्वारा प्रस्तुत इन चित्रों में कल्पना का वह वैभव अवश्य नहीं है, जो छायावादी रूप-विधान का प्राण है; परन्तु इनमें वह सादगी तथा ताजापन अवश्य है, जो दृष्टि को आकर्षित कर मन को प्रसन्न करता है। छायावादी चित्रों को देखकर अन्ततः एकरसता के कारण ऊब उठने वाली दृष्टि को ये किसी समय नये भी लगे थे। कल्पना के वैभव से रहित होने के बावजूद चूँकि इनमें जन-जीवन के हर्ष-विषाद, सुख-दुख आदि प्रतिबिम्बित हैं, ये हमें अपनी संवेदनाओं के अधिक निकट मालूम होते हैं। रोमांटिक कल्पना के अभावा की पूर्ति इनमें निहित व्यापक अनुभवों के माध्यम से हो जाती है। जहाँ कल्पना का सन्तुलित योग इन्हें प्राप्त हुआ है, वहाँ ये रोमांटिक काव्य-बिम्बों की भाँति आकर्षक भी बन पड़े हैं।

डॉ. रामविलास शर्मा जब नागरिक जीवन की कड़वाहट, विषमता तथा श्रमजीवी की हड्डी पर टिकी उसकी समूची शानो-शौकत को 'लहू की बूँदों से जलते हैं बिजली के बल्ब सूनी सड़कों पर लाल लाल'—इस चित्र के माध्यम से व्यक्त करते हैं, या जब वे निरन्तर होने वाले शोषण के कारण अस्थिशेष खेतिहर मजदूरों का यह चित्र प्रस्तुत करते हैं—

इस धरती पर जो अठवासे श्रम करते हैं,
उनके तन की पर्तों पर अब सूख गया है रक्त,
रेत पर गिरी हुई जल की बूँदों-सा।

तो जैसे उनकी बात सीधे मर्म तक पहुँच जाती है। नागार्जुन, केदार तथा त्रिलोचन की ऐसी अनेक कविताएँ हैं, जिनमें जन-जीवन की व्यथा को मूर्त करने वाले ऐसे ही अनेक चित्र सहज ही प्राप्त हो जाते हैं। इन कवियों की कल्पना ने प्रायः छायावादी

बिम्बों से होड़ करने वाले चित्रों की भी सृष्टि की है; परन्तु चूँकि उन चित्रों को लाने वाली कल्पना प्रधानतः रोमांटिक कल्पना ही है, अतः ऐसे चित्रों का उदाहरण हम जान-बूझकर नहीं दे रहे। इनकी कविताओं के पाठक को इस प्रकार के बिम्ब भी उन कविताओं पर मात्र एक दृष्टि डालते ही दिखायी पड़ जायेंगे। डॉ. रामविलास की भाँति जब रांगेय राघव तिमिर का बोझ ढोती हुई रात को कोयले की खान की मजदूरनी के रूप में सामने लाते हैं, तो वातावरण की सजीवता के साथ-साथ उनकी कल्पना का नयापन भी प्रत्यक्ष हो जाता है। प्रगतिवादी कवियों के अतिरिक्त पंत की 'ग्राम देवता', 'वे आँखें' तथा 'संध्या के बाद' जैसी कविताओं एवं निराला के 'सड़क के किनारे दुकान है' तथा 'जलाशय के किनारे कुहरी थी' जैसे रेखाचित्रों में भी जन-जीवन की बड़ी साफ तथा यथार्थ छवियाँ उभरी हैं। ये कविताएँ वस्तुतः वस्तुप्रधान बिम्बों को लेकर ही सामने आयी हैं, परन्तु ये बिम्ब भी अपनी यथार्थ भूमिका में पाठक की संवेदना को सहज ही जाग्रत कर देते हैं। नागार्जुन की बहुत-सी कविताएँ वस्तुप्रधान बिम्बों की इसी भूमि से पाठक को युग के यथार्थ से परिचित कराती हैं, जहाँ किसी यथार्थ दृश्य को उसकी सम्पूर्ण मार्मिकता तथा वस्तुपरकता में कवि ज्यों-का-त्यों पाठक के सम्मुख प्रत्यक्ष कर देता है।

प्रगतिवादी कवियों—विशेषकर नागार्जुन, मुक्तिबोध तथा केदार अग्रवाल—की नयी कविताएँ अपने प्रगल्भ भाव तथा सौन्दर्य-बोध में विशेष आकर्षक बन पड़ी हैं। ये कविताएँ प्रगतिवादी काव्य पर लगाये जाने वाले रूखेपन, अनगढ़ता, अकाव्यात्मकता जैसे सारे आरोपों का जवाब हैं। ये सिद्ध करती हैं कि प्रगतिवादी कवि न केवल अपने भाव-बोध में प्रशस्त तथा उदात्त भूमियों का परिचय देता है, अपितु अपने सौन्दर्य बोध में भी वह उतना ही सजग तथा आधुनिक है। नागार्जुन तथा केदार की कविताएँ एक ओर तथा मुक्तिबोध की कविताएँ दूसरी ओर इस कथन को प्रमाणित करती हैं। वर्तमान वैज्ञानिक युग में जीवन की सम्पूर्ण जटिलता को मुक्तिबोध ने अपने काव्य-बिम्बों में मूर्त किया है। जहाँ तक आज के जीवन का प्रसार है, वहाँ से उनकी कल्पना ने अनुरूप चित्रों का चयन किया है। लघु चित्रों से लेकर अपनी बाँहों में आकाश को साधने वाले युग-मानव के विराट् चित्रों तक उनकी कविता और कल्पना का प्रसार है। उन्होंने यथार्थ को अभिव्यक्ति और सजीव अभिव्यक्ति देने के लिए नाना रूप और गुणवाली फेंटेसियों का निर्माण किया है। ये फेंटेसियाँ मुक्तिबोध के शब्दों में अनुभव की कन्याएँ हैं। अनुभव-प्रसूत होने के कारण ही ये सामान्य कल्पनाजीवी कवियों से भिन्न यथार्थ को युग के जटिल यथार्थ को—अभिव्यक्त कर सकने का माध्यम बन सकी हैं। मुक्तिबोध की कविताओं में ये फेंटेसियाँ प्याज के छिलकों की तरह एक के बाद एक सामने आती रहती हैं, और युग-जीवन के यथार्थ के चित्र भी इसी क्रम से स्पष्ट होते रहते हैं। वस्तुतः मुक्तिबोध के इस

विशिष्ट शिल्प का अध्ययन एक पूरे निबन्ध की माँग करता है, जो यहाँ सम्भव नहीं है। प्रगतिवादी कवि की दृष्टि किन कार्यों में आधुनिक और खरी आधुनिक है, या हो सकती है, मुक्तिबोध की कविताएँ उसका जीवित प्रमाण हैं। फेंटेसी, रूपक, प्रतीक—सभी दृष्टियों से उनका काव्य सम्पन्न है और इस सम्पन्नता का आधार उनकी प्रगतिशील चेतना अथवा प्रगतिशील आधुनिक बोध है। गाढ़े साँवले रंग, जलती हुई मशालों, सुनसान अँधियारों, घने बरगदों, कमलों से भरे सरोवरों, खोहों, चट्टानों, सुरंगों, बावलियों तथा सूने रास्तों का प्रेमी यह कवि प्रगतिवादी कविता की नव्यतम उपलब्धियों का प्रतीक है।

नागार्जुन तथा केदार के भाव तथा सौन्दर्य-बोध का नया धरातल मुक्तिबोध की तरह आधुनिक नहीं है; सहज रोमांटिक संस्कारों के साथ धरती के सौन्दर्य तथा यथार्थ को अभिव्यक्त करने का प्रयास इन कवियों की ऐसी कविताओं में है। यथार्थ के प्रेमी होते हुए भी ये कवि अत्यधिक भाव-प्रवण हैं। भाव-प्रवणता की इस स्थिति में ही वसंत बीत जाने के बाद अचानक सुनाई पड़ जाने वाली कोयल की आवाज़ नागार्जुन की अभिव्यक्ति को इस रूप में अनायास सामने ला देती है—

अबके, इस मौसम में कोयल आज बोली है
पहली बार,
अलसी को फूले कई दिन हो गये,
बौरों को महके कई दिन हो गये,
टूसों को उमगे कई दिन हो गये
टेसू को सुलगे कई दिन हो गये,
झपटी पछिया, दरक गये केले के पात
लेते ही करवट, तेजाब की फुहारें
छिड़कने लगा सूरज,
मुँह बा दिया कलियों ने,
देखती रह गयीं निठुराई के खेल
चुपचाप कलमुँही
भर गया जी, जोरों से कूक पड़ी
अबके इस मौसम में कोयल आज बोली है
पहली बार!

नागार्जुन के नये काव्य में उनके स्वस्थ, प्रसन्न, सौन्दर्य-बोध की सूचक ऐसी ही अन्यान्य कविताओं की भी स्थिति है। उनके काव्य को सूखा और बेडौल समझने वाले लक्ष्मीकान्त वर्मा एक बार इन कविताओं की ओर देखें और कवि होने के नाते ऐसी एक भी कविता लिखकर अपने कवित्व का सही प्रमाण प्रस्तुत करें। आज के प्रबुद्ध पाठक को तभी उनकी बातें प्रभावित करेंगी;

फ़सलों के स्वयंवर तथा 'वसन्ती हवा' की अठखेलियाँ तो केदार 'युग की गंगा' में ही दिखा चुके थे; 'फूल नहीं रंग बोलते हैं' संग्रह की उनकी अनेक नयी और लघु कविताएँ उनके नये और ताज़े सौन्दर्य-बोध की मिसाल है। यथार्थ के कटु-से-कटु तथा मार्मिक-से-मार्मिक चित्रों का अंकन करने वाले केदार जब लघु कविताओं की सीमा में एक भाव-सत्य को और उसके फलस्वरूप प्राप्त सौन्दर्य की अपनी अनुभूति को सफलतापूर्वक प्रस्तुत कर रहे हैं, तो उनके सजग सौन्दर्य-बोध की सराहना करनी ही पड़ती है। संग्रह का शीर्षक जिस कविता के नाम पर है, उसी को देखें—

फूल नहीं, रंग बोलते हैं,
पंखुरियों से,
समुद्र के अन्तस्तल के,
नील, श्वेत और गुलाबी
शंख बोलते हैं बल्लरियों से।
फूल अखंड मौन हैं
रंग अमन्द नाद है
अखंड मौन, अमन्द नाद
एक ही वृन्त पर प्रतिष्ठित
धैर्य और उन्माद हैं।

'अखंड मौन' और 'अमन्द नाद' को एक ही वृन्त पर प्रतिष्ठित देखने वाले इस कवि की दृष्टि को उसकी समग्रता में वही जाँच और परख सकते हैं जिन्होंने रंगों की इस भाषा को सच्चे मन से समझा और पढ़ा हो। इस भाषा की पहचान उन्हें नहीं हो सकती, जो पूर्णमासी के चन्द्रमा को गोल रोटी से उपमित करते हुए अपने 'नये' सौन्दर्य-बोध से पाठकों को चौंकाना-भर जानते हैं। स्वस्थ सौन्दर्य-बोध की ही मिसाल केदार की इस दूसरी कविता में भी इसी सहजता के साथ दिखाई देती है—

मैंने जब देखा था
सावन था, बादल थे,
इससे कम देखा था!
अब तो यह फागुन है,
फूलों में देखा है,
रंगों से, गंधों से
बाँधे तन देखा है!
इससे अब देखा है।

सावन के धुँधले आकाश में कवि जो न देख सका, उसे फागुन के चमकते रंगों और महकती गन्धों में सहज ही ढूँढ़ लेता है।

रूप-विधान के इस संक्षिप्त विवेचन का उद्देश्य प्रगतिवादी कविता के इस पक्ष का एक सामान्य उद्घाटन ही था। प्रगतिवादी कविता रूप-विधान के क्षेत्र में असफल वहीं हुई है, जहाँ बिम्बों को कवि की संवेदनाओं का ताप नहीं मिला; अथवा जिनके मूल में उसकी अनुभूतियाँ सक्रिय नहीं रहीं। ऐसे नीरस और निष्प्रभ व्यंग्यों की संख्या प्रगतिवादी कविता में कम नहीं है। फिर भी परम्परागत सौन्दर्य-बोध के प्रशस्त धरातलों की रक्षा करते हुए प्रगतिवादी कवि ने अपनी जिस नयी सौन्दर्य-दृष्टि का परिचय अपने काव्य में दिया है, नये सौन्दर्य-बोध की वास्तविक भूमिका वस्तुतः वहीं से निर्मित होती है।

छन्द-विधान के क्षेत्र में परम्परागत तथा मुक्त-छन्द दोनों को ही प्रगतिवादी कवियों ने प्रश्रय दिया है। कतिपय सामान्यतः सफल प्रयासों को छोड़ दिया जाय तो मुक्त-छन्द के उनके प्रयोगों में कोई विशेष उपलब्धि नहीं दिखाई देती। युग की माँग तथा प्रचलन के जोर से ही उन्होंने भी इसे सहज अपना लिया है। रामविलास शर्मा ने अपने कवि-जीवन के प्रारम्भ में छन्दों के कुछ नवीन प्रयोग अवश्य किये थे, जो उनके 'रूप तरंग' संग्रह की कविताओं में विद्यमान हैं, परन्तु उनके अतिरिक्त अन्य किसी कवि की इस ओर सक्रिय रुचि नहीं दिखाई पड़ी। मुक्तिबोध ने अपनी लम्बी कविताओं में अवश्य एक नया फ़ार्म विकसित किया है, जो अलग से अध्ययन का विषय है। प्रगतिशील भाव-धारा से प्रभावित अधिक नये कवियों में से भी कुछ ने छन्दों की भूमिका पर प्रयोग किये हैं, परन्तु अभी वे अपनी विशिष्टता में उल्लेखनीय नहीं बन सके हैं। वस्तुतः अपने कथ्य को प्रभावशाली ढंग से प्रस्तुत करना ही प्रगतिवादी कवि का लक्ष्य रहा है; और उसके लिए उन्होंने छन्द के जिस ढाँचे को उपयुक्त समझा है, ग्रहण कर लिया है। लोक लयों पर आधारित कुछ गीत अवश्य प्रगतिवादी कवियों ने रचे हैं, जो विशेष सुन्दर बन पड़े हैं। लय की नयी उठान के साथ-साथ अभिव्यक्ति की ताज़गी भी उनमें है। केदार के 'माँझी न बजाओ बंशी, मेरा मन डोलता' तथा 'नाव मेरी पुरइन के पात की' जैसे गीत इसी भूमिका के हैं। गीतों के ही कुछ सफल प्रयोग केदारनाथ सिंह तथा मदन वात्स्यायन जैसे नये कवियों में भी दिखाई पड़ते हैं; यद्यपि ये लोग अब गीतों की भूमि को लगभग छोड़ ही चुके हैं।

काव्य-रूपों की विविधता भी प्रगतिवादी काव्य में द्रष्टव्य है। छन्दबद्ध कविताओं से लेकर अतुकान्त छन्द, मुक्त छन्द, गीत, ग़ज़ल, सानेट, रुबाई, प्रबन्ध-काव्य, खण्ड-काव्य एवं जनगीत सब-कुछ उन्होंने समान अधिकार के साथ लिखे हैं। काव्य-रूपों की इस विविधता को लेकर नये युग में सामने आने वाली प्रगतिवादी कविता वस्तुतः अकेली ही है।

प्रगतिवादी कविता के इस संक्षिप्त विवेचन का उद्देश्य उसकी अधिकारिक रेखाओं का स्पष्टीकरण ही था। कोशिश यही रही है कि ये रेखाएँ प्रगतिवाद

के प्रतिनिधि कवियों के माध्यम से ही सामने आयें। वस्तुतः अपने अब तक के विकास-क्रम में प्रगतिवादी कविता को अनेक टेढ़ी-सीधी पगडंडियों से होकर गुजरना पड़ा हैं। बहुत बड़े दायित्व को लेकर आगे बढ़ने का उनका साहसपूर्ण प्रयत्न सर्वथा सफल रहा हो, ऐसी बात नहीं है। ऐसे अनेक स्थल हैं, जहाँ उनके रचयिताओं के पैर या तो डगमगा गये हैं, या वे पूरी तरह कविता तथा कला के प्रति अपने दायित्व का वहन नहीं कर पाये हैं। प्रगतिवाद के प्रारम्भिक उत्थान के आवेश, असन्तुलन या असंयम की मात्रा अधिक रही है। शनैः-शनैः कवियों के दृष्टिकोण में भी सन्तुलन आया है, उनकी अनुभूतियाँ भी निखरी हैं। फलतः उनकी कविता भी अधिक सजीव हुई है। कला और शिल्प के प्रति कुछ कवियों की प्रारम्भिक उदासीनता भी बाद तक दूर हो गयी है और उनकी कविताओं में कला और शिल्प का मार्जन भी दिखाई देने लगा है। कुछ कवि प्रारम्भ से ही सन्तुलित भूमि पर आगे बढ़े हैं, उन्होंने अपने शेष सहयोगियों को प्रेरणा भी दी है। प्रगतिवादी कविता का द्वितीय और तृतीय उत्थान इन्हीं सब कारणों से अधिक व्यापक और स्थायी उपलब्धियों का पुरस्कर्ता बन सका है। प्रथम उत्थान की भाँति न तो उसमें प्रचार का प्राधान्य रहा है और न राजनीतिक अतिवाद का। कविताओं का शिल्प भी निरन्तर निखरता ही रहा है। लोक-रुचि के सन्दर्भ में प्रगतिवादी कवि की इन नयी दिशाओं ने उनकी कविता को आज के युग में भी सप्राण और सतेज बना रखा है। प्रगतिवादी कविता उपलब्धि की नयी दिशाओं की ओर आज भी सक्रिय है। समाज तथा साहित्य को जनता की आशाओं और आकांक्षाओं के अनुरूप एक जीवित प्रतिभा के रूप में ढालने के लिए कला, सौन्दर्य तथा जीवन के महत्तम आदर्शों की प्राप्ति के लिए उसे अभी अपने को और भी नये-नये रूपों में सामने लाना है। प्रगतिवादी कविता का नव्यतम उत्थान इसी ओर इंगित कर रहा है। निराला तथा मुक्तिबोध के काव्य के आलोक में सन् 1960 के बाद की प्रगतिशील नयी पीढ़ी आस्था तथा विश्वास के साथ इस ओर बढ़ रही है।

कथा-साहित्य (उपन्यास)

[1]

कथा-साहित्य के क्षेत्र में भी प्रगतिवाद अपनी समस्त आधारभूत मान्यताओं को लेकर उतरा। सामाजिक यथार्थ के जिस आग्रह को लेकर उसने कविता के क्षेत्र में कोरे कल्पनाजीवियों, रहस्यवादियों तथा वैयक्तिक सीमाओं में घिरे कवियों से संकीर्ण और अपरिचित-अनजाने क्षेत्रों का मोह छोड़कर बाह्य जगत् की वास्तविकताओं के ईमानदार और तलस्पर्शी चित्रण की माँग की थी, कथाकारों से भी उसका आग्रह रोमांच, तिलिस्म तथा सस्ती और निरुद्देश्य प्रणय-भावुकता को छोड़कर वस्तुगत यथार्थ को ही पूरी समग्रता से उभारने का रहा। उसने कथाकारों से प्रेमचन्द की उस परम्परा को नयी समृद्धि देने का आग्रह किया, जीवन तथा साहित्य के तत्कालीन सन्दर्भों में जो नयी पीढ़ी के लिए सबसे जिन्दा मिसाल मानी जा सकती थी। प्रेमचन्द हिन्दी के पहले कथाकार थे, जिन्होंने उपन्यास को कोरे मनबहलाव तथा सतही नीतिवादी धरातल से ऊपर उठाकर एक सार्थक सोद्देश्य साहित्य विधा के रूप में प्रतिष्ठा दी, सही मानों में उसे कलाकृति होने का गौरव प्रदान किया। घटना-प्रधानता तथा रहस्य, रोमांस और चमत्कारों की दुनिया से उसे उबारकर 'मानव-चरित्र का चित्र' बन सकने के योग्य बनाया; उसे न केवल युगीन सन्दर्भों से जोड़ा, युगपत स्पन्दनों का सक्रिय वाहक बनकर उनके बीच एक निर्णायक भूमिका अदा कर सकने वाली शक्ति के रूप में सँवारा। तत्कालीन साहित्यिक तथा सामाजिक सन्दर्भों से परिचित कोई भी पाठक सरलता से इस निष्कर्ष पर पहुँच सकता है कि यह प्रेमचन्द के कृतित्व की कितनी बड़ी उपलब्धि थी। परन्तु इन बातों तथा ऐसी ही महत्त्वपूर्ण कतिपय अन्य बातों के बावजूद उपन्यास-रचना के सन्दर्भ में उनकी सबसे बड़ी देन वह यथार्थवाद है, जिसकी सृष्टि उन्होंने अपने उपन्यासों में की है और जो उनकी पैनी निरीक्षण-शक्ति, व्यापक सामाजिक ज्ञान और गहन जीवानुभवों के बल पर ही एक कृति से दूसरी कृति में निरन्तर निखरता हुआ आगामी पीढ़ी के लिए उनका सबसे बड़ा प्रदेय सिद्ध हुआ है। भारतेन्दु, बालकृष्ण भट्ट तथा राधाचरण गोस्वामी जैसे लेखकों द्वारा प्राप्त एक टिमटिमाती किरण मात्र को अपनी कृतियों में एक ज्वलन्त

प्राकश-पुंज के रूप में बदल देना प्रेमचन्द के ही बूते की बात थी। अपने कृतित्व में उन्होंने समाज के दलित और उपेक्षित वर्गों—किसान, मजदूर, नारी, अछूत—आदि को प्रधानता देते हुए सामाजिक अन्याय तथा अतिचारों के विरुद्ध जो अदम्य स्वर उच्चरित किया था, वह भी किसी से छिपा न था। हिन्दी के सामान्य पाठकों से लेकर मान्य समालोचकों तक ने इस तथ्य को स्वीकार किया था कि इस प्रकार उपन्यास के चित्रपट को विस्तार देने के साथ-साथ, उसमें व्यापक तथा गहरी मानवीय संवेदनाओं की स्थिति को सम्भव बनाकर उन्होंने हिन्दी उपन्यास के क्षेत्र में एक नये युग का प्रवर्तन किया है। किसान, मजदूर तथा सामान्य जनता अपने दैनंदिन जीवन तथा हर्ष-विषाद को लेकर कविता के क्षेत्र में भले ही बाद को उतर सकी हो, कथा-साहित्य के क्षेत्र में उसका अवतरण प्रेमचन्द बहुत पहले 'प्रेमाश्रम', 'रंगभूमि' तथा 'गबन' जैसे उपन्यासों में ही करा चुके थे; युगों से शोषित तथा त्रस्त भारतीय नारी भी प्रथम बार अपने शोषण-चक्र की एक-एक बारीकी को समाज के सम्मुख प्रदर्शित करते हुए, गहरी व्यथा के साथ अपने अधिकारों की भी आवाज उठाते हुए उनकी 'निर्मला', 'सेवासदन' तथा अन्यान्य कृतियों में प्रवेश कर चुकी थी। देश के सामाजिक-राजनीतिक क्षेत्रों में होने वाली उथल-पुथल भले ही कवियों के लिए किसी समय कोई सीधा अर्थ न रखती हो, भारतीय सामन्तवाद, पूँजीवाद तथा ब्रिटिश साम्राज्यवाद और इनके तिहरे शोषण का लक्ष्य बनते हुए भारतीय समाज का बहुत साफ़ तथा जीवित चित्र भी वे बड़ी विशदता से अपनी कृतियों में प्रस्तुत कर चुके थे। सन् 1936 तक आते-आते उनका 'गोदान' भी प्रकाशित हो चुका था और कुछ समय बाद ही 'महाजनी सभ्यता' शीर्षक वह महत्त्वपूर्ण लेख भी, जिसे अमृतराय ने नयी पीढ़ी को मुंशीजी की वसीयत कहकर सही मान्यता दी है। ऐसी स्थिति में सन् 1935-36 के लगभग आविर्भूत होने वाले प्रगतिवादी युग को हिन्दी कविता के क्षेत्र में भले ही नयी लीकों की स्थापना करते हुए, नये प्रवर्तक के लिए पथ प्रशस्त करना पड़ा हो, कथा-साहित्य के क्षेत्र में तात्कालिक प्रश्न यही था कि लेखकों को इस प्रकार उद्‌बुद्ध किया जाये कि प्रेमचन्द की यह परम्परा और भी पुष्ट रूप में आगे बढ़ती रहे। सन् 1936 में 'प्रगतिशील लेखक संघ' के प्रथम अधिवेशन में अध्यक्ष पद से भाषण देते हुए प्रेमचन्द ने स्वयं नयी पीढ़ी के लेखकों से कहा था—

"हमने जिस युग को अभी पार किया है, उसे जीवन से कोई मतलब न था। हमारे साहित्यकार कल्पना की एक सृष्टि खड़ी करके उसमें मनमाने तिलस्म बाँधा करते थे। कहीं 'फ़िसानये-अजायब' की दास्तान थी, कहीं 'बोस्ताने ख़याल' की और कहीं 'चन्द्रकान्ता संतति' की। इन आख्यानों का उद्देश्य केवल मनोरंजन था और हमारे अद्‌भुतरस-प्रेम की तृप्ति; साहित्य का जीवन से कोई लगाव है, यह कल्पनातीत था। कहानी कहानी है, जीवन जीवन। दोनों परस्पर-विरोधी वस्तुएँ समझी

जाती थीं। कवियों पर भी व्यक्तिवाद का रंग चढ़ा था। ...हमारे लिए कविता के वे भाव निरर्थक हैं, जिनसे संसार की नश्वरता का आधिपत्य हमारे हृदय पर और दृढ़ हो जाये, जिनसे हमारे हृदयों में नैराश्य छा जाये। वे प्रेम-कहानियाँ, जिनसे हमारे मासिक पत्रों के पृष्ठ भरे रहते हैं, हमारे लिए अर्थहीन हैं, अगर वे हममें हरकत और गरमी नहीं पैदा करतीं। ...अब तो हमें उस कला की आवश्यकता है, जिसमें कर्म का सन्देश हो। ...अतः हमारे पथ में अहंवाद तथा अपने व्यक्तित्व दृष्टिकोण को प्रधानता देना वह वस्तु है, जो हमें जड़ता, पतन और लापरवाही की ओर ले जाती है; और ऐसी कला हमारे लिए न व्यक्तिरूप में उपयोगी है, और न समुदाय रूप में।''

प्रेमचन्द के इस दृष्टिकोण के सन्दर्भ में यदि 'प्रगतिवाद' ने नये कथाकारों से प्रेमचन्द की प्रगतिशील विरासत को सँभालकर आगे बढ़ने की बात की, तो यह सर्वथा उचित ही था। एक तो उपन्यास विधा का जन्म ही साहित्य में यथार्थवाद के जन्म के साथ हुआ, दूसरे चूँकि प्रेमचन्द कथा साहित्य के क्षेत्र में बहुत पहले ही यथार्थ चित्रण की नींव डाल चुके थे; अतः 'प्रगतिवाद' के उद्भव के साथ जितना शोरगुल, हलचल तथा सक्रियता कविता-कामिनी के रंगमहल में दिखायी दी, कथा-साहित्य के क्षेत्र में नहीं। ऐसे अनेक कथाकार सामने आये, जिन्होंने उपन्यास को सामाजिक यथार्थ-चित्रण के एक सशक्त माध्यम के रूप में स्वीकार करते हुए उनकी रचना की। ऐसे कथाकारों में प्रगतिवादी चेतना से सीधे प्रेरणा लेने वालों में यशपाल, नागार्जुन, भैरवप्रसाद गुप्त, रांगेय राघव, अमृतराय, भीष्म साहनी आदि के नाम विशेष उल्लेखनीय हैं।

वस्तुतः प्रेमचन्दोत्तर कथा साहित्य का विकास साक्षी है कि अज्ञेय, जैनेन्द्र और उन जैसी मनोभूमि वाले कुछ कथाकारों को छोड़कर अन्य कथाकारों ने प्रायः सामाजिक यथार्थ की केन्द्रीयता में ही अपने अनुभव संवेदनों को कथा का रूप प्रदान किया है। रही प्रगतिवादी चेतना की बात, तो उसकी अपनी विशिष्ट मनोभूमि में भी बराबर उसकी दस्तकें होती रहती हैं।

इन लेखकों को जो बात प्रेमचन्द और उनकी परम्परा से घनिष्ठ रूप में जोड़ती है, तमाम अन्य बातों के साथ वह एक बात, उनका प्रेमचन्द के ही मार्ग पर चलकर उपन्यास को यथार्थ जीवन की अभिव्यक्ति के सबसे सशक्त माध्यम के रूप में मान्यता देना और अपनी कृतियों द्वारा उसे प्रमाणित करना है। इन्हीं में से वे लेखक भी हैं, जिन्होंने यथार्थवाद को केवल ग्रहण की नहीं किया, एक जीवन्त विचार-दर्शन के सन्दर्भ में उसे सम्पन्नता तथा समृद्धि की नयी दिशाओं तक पहुँचाया है। यही इनका वैशिष्ट्य है। इस प्रकार ये यदि एक ओर प्रेमचन्द की परम्परा के अनुवर्ती हैं, तो दूसरी ओर एक नयी परम्परा के सर्जक भी। प्रेमचन्द की परम्परा के समर्थ दावेदार तथा एक नयी परम्परा के उतने ही समर्थ सर्जक के रूप में ही हम अगली

पंक्तियों में उनके कृतित्व के वैशिष्ट्य का निरूपण करेंगे।

जैसा कि सर्वविदित है, इन लेखकों का साहित्य न केवल गुण में वरन् परिमाण में भी विपुल है। पुस्तक की निर्धारित सीमा के भीतर न तो व्यक्तिगत रूप से इन लेखकों के कृतित्व की विस्तृत चर्चा हो सकती है और न उसके धारावाहिक विकास-क्रम के ब्योरों पर ही जाया जा सकता है। सम्प्रति हमारा उद्देश्य इन कथाकारों के कृतित्व की उन विशिष्ट-प्रवृत्तियों की चर्चा करना ही होगा, जो प्रगतिवादी चेतना के आलोक में ही इनकी कृतियों में उभर सकी हैं, दूसरे शब्दों में हिन्दी कथा-साहित्य को जो प्रगतिवादी चेतना की विशिष्ट देन मानी जा सकती है।

हिन्दी कथा-साहित्य को प्रेमचन्द की सबसे महान देन यथार्थवाद है। प्रेमचन्दोत्तर प्रगतिशील कथा साहित्य के युगगत यथार्थ के प्रति लेखकों की सजग पैनी दृष्टि सम्पूर्ण विविधता तथा तलस्पर्शिता से किये गये अपने भरे-पूरे यथार्थ-चित्रण के साथ दिखाई पड़ती है। जैसा कहा गया, प्रेमचन्द की इस परम्परा को प्रगतिशील जीवन-दृष्टि से प्रभावित कथाकार न केवल आगे बढ़ाते हैं, समसामयिक अनेक कथाकारों के विपरीत प्रयत्नों से उसकी रक्षा करते हुए उसे पुष्ट भी करते हैं।

प्रेमचन्द के उपन्यासों के लिए कहा जाता है कि उनमें उनके समय का सम्पूर्ण समाज अपनी सारी भास्वर रेखाओं के साथ उभरा है। दूसरे शब्दों में कह सकते हैं कि समसामयिकता का तीखा बोध प्रेमचन्द की सबसे बड़ी विशेषता है। समसामयिकता के इस सजग बोध के अभाव में कोई प्रगतिशील कथाकार सही मानी में जी ही नहीं सकता। प्रगतिशील कथाकारों का भी वैशिष्ट्य इसी बात में है कि उन्होंने भी समसामयिकता का इसी स्तर पर अनुभव करते हुए अपने कृतित्व में उतारा है। समसामयिकता के बोध के साथ-साथ उनकी कृतियाँ आधुनिक प्रगतिशील बोध से भी उतनी ही सम्पन्न हैं। इन कथाकारों ने युग-जीवन को एक तटस्थ द्रष्टा के रूप में केवल देखा ही नहीं, एक निष्क्रिय भोक्ता के रूप में केवल भोगा ही नहीं, तीखी प्रतिक्रियाओं तथा घनीभूत संवेदनाओं के साथ उसे दोनों हाथों से उठाकर सबको दिखाया भी है, उसे बदलने की बात भी की है, उनकी भावी दिशाओं का निर्देश भी किया है। समय, इतिहास तथा समाज की गतिविधि को उसके सम्पूर्ण प्रसार में समेटना और उसे एक कलात्मक इकाई के रूप में नियोजित करना आसान बात नहीं है। कमरे की दीवारों में बन्दी होकर व्यक्ति के मानस-कूप में गोते लगाने वाले या प्रेम-त्रिकोण की गुत्थियाँ सुलझाने वाले बहुत हो सकते हैं, व्यापक सामाजिक परिदृश्य, इतिहास की प्रवहमानता तथा युग-जीवन के कटुतम यथार्थ से आँखें मिलाने का साहस कोई यथार्थ-द्रष्टा, प्रगतिशील कथाकार ही कर सकता है और इन कथाकारों ने ऐसा ही किया है। समसामयिक जीवन को प्रभावित करने वाली कोई भी महत्त्वपूर्ण घटना, स्थिति अथवा अनुभव इनसे छूटा नहीं। इन्होंने

अत्यन्त पैनी कलम तथा हृदय और मस्तिष्क के पूरे फैलाव के साथ उसे ग्रहण और चित्रित किया है। इन उपन्यासकारों की कृतियाँ वर्तमान पूँजीवादी युग का, सामन्तवादी व्यवस्था से आवृत्त देश की राशि-राशि धरती का और इन व्यवस्थाओं से संघर्ष करते हुए जन-समाज का सच्चा चित्र प्रस्तुत करती हैं। अपनी पराधीनता के खिलाफ़ आवाज़ उठाती भारतीय जनता, पूँजीवाद-सामन्तवाद से टक्कर लेते मज़दूर-किसान, युग तथा समाज की कटुताओं के दुर्वह बोझ में दबता-सिसकता मध्यवर्गीय जीवन, सामन्ती-पूँजीवादी मनोवृत्ति का शिकार भारतीय नारी, वर्णाश्रम धर्म की अतिशयताओं से कराहते और उसे विच्छिन्न कर देने के लिए आतुर अछूत, सब अपने संघर्ष तथा अपनी-अपनी आशा-आकांक्षाओं को लिए इन कृतियों द्वारा सामने आये हैं। वर्ग-विषमता की इतनी हृदय-द्रावक, साफ़ तथा सच्ची तसवीरें इनके उपन्यासों में उतरी हैं; शहरों तथा ग्रामों की समाज-व्यवस्था में घुटता जनसामान्य का जीवन साम्राज्यवाद, पूँजीवाद तथा सामन्तवाद के तिहरे शोषण के परिवेश में इस प्रकार मूर्त हुआ है कि ये उपन्यास अपने समय और समाज के सच्चे प्रतिनिधि बन गये हैं। तत्कालीन राजनीति की सारी ऊहापोह यशपाल के उपन्यासों में वर्णित है। जनता के अपने आन्दोलन, सन् 1942 की क्रान्ति, बंगाल का अकाल, नाविक विद्रोह, आजाद हिन्द फौज, मजदूरों की ऐतिहासिक हड़तालें तथा उनके नेतृत्व को सँभालने के लिए आतुर कांग्रेस, समाजवादी तथा साम्यवादी दलों की टक्करें, किसानों के जागृत अभियान, भारत-विभाजन, पूँजीपति-वर्ग का विलासपूर्ण अनैतिक जीवन, सबके सब व्यापक सामाजिक जीवन के एक अंग के रूप में सारी सजीवता के साथ प्रगतिशील कथाकारों की कृतियों में विद्यमान है। यशपाल की कृति 'झूठा सच' में तो तत्कालीन युग-जीवन जैसे एकत्र रूप में मूर्त हो उठा है। विभाजन के पहले से लेकर उसके बाद तक के देश के जीवन को यह कृति अत्यन्त व्यापक चित्रपट पर यथार्थ की समस्त जीवन छवियों के साथ मूर्त करती है। यों तो यशपाल की अन्य कृतियाँ भी युगीन यथार्थ को इसी सजीवता के साथ चित्रित करती हैं, परन्तु यह कृति जैसे उनकी सारी उपन्यास-सृष्टि का प्रतीक बनकर सामने आती है। यथार्थ की जो पकड़ प्रेमचन्द की अपनी विशेषता थी, यशपाल की इस कृति में वह और भी क्षमतावान् बनकर सामने आयी है। विभाजन के पूर्व की राजनीतिक-सामाजिक ऊहापोह, दंगों के मार्मिक चित्र, दंगों के समय का देश का जीवन, स्वतन्त्रता के तथाकथित उल्लासमय वातावरण के बीच आदर्शों का भयानक विघटन, मान्यताओं का स्खलन, राजनीतिक दाँवपेंच, समाज-सुधारकों के हथकंडे, नंगी नारियों के जुलूस, इंसानी शक्तियों को दबाने के लिए आतुर हैवानियत के क्रूर पंजे, मेहनतकश जनता का आत्मबलिदान, अपनी जन्मभूमि छोड़कर एक अनिश्चित भविष्य की ओर लाखों नर-नारियों का सामूहिक प्रयाण—सब कुछ इस उपन्यास में एक समर्थ यथार्थवादी

कलाकार की सधी तूलिका से अंकित हुआ है। कदाचित यह हिन्दी का पहला उपन्यास है, जिसमें युगों तक चलने वाली ढुलमुल राजनीतिक गतिविधियों की परिणति का सद्यःप्राप्त स्वतन्त्रता की पृष्ठभूमि में आँख खोल देने वाला यह जीता जागता चित्र प्रस्तुत हुआ है। बावजूद कतिपय सीमाओं के, अपने सशक्त यथार्थ-अंकन में यह कृति यशपाल की कला का शीर्ष बिन्दु सूचित करती है और सम्पूर्ण हिन्दी कथा साहित्य के बीच अपनी विशिष्टता को ज्ञापित करती है। एक उदाहरण पर्याप्त होगा–

"तारा फिर आँखें मूँदे, एक हाथ से नाक दबाये, दूसरे हाथ से मक्खियों को चेहरे पर न बैठने देने के लिए हिलाती जा रही थी। कानों को बहरा बनाये हुए मोटरों के इंजिनों की गुर्राहट में भी नगाड़ों की तरह कनस्तरों के पीटे जाने की भड़भड़ाहट सुनाई दे रही थी। परन्तु तारा आँखें मूँदे थी। उसका मस्तिष्क जन्म के देश को छोड़कर दूसरे देश में प्रवेश की सिहरन से स्पंदित था।

"दुर् फिटे मुँह" (लानत है)

बहुत ऊँचे स्वर में ड्राइवर की फटकार सुनकर तारा की आँखें खुल गयीं। सभी स्त्रियों की दृष्टि दायीं ओर कनस्तर बजाकर नट का तमाशा करते हुए कुछ लोगों की ओर चली गयी।

स्त्रियों की गरदनें झुक गयीं। शरीरों पर भय से सिरहन दौड़ गयी।

एक आदमी खेल करते नटों की तरह बाँस को ऊँचा उठाये था; उसके साथ चलते लोग कनस्तरों को नगाड़ों की तरह बजा रहे थे...बाँस के सिरे पर एक स्त्री का नंगा शरीर था। स्त्री बाँस के सिरे पर टाँगें फैलाये अटकी हुई थी; दोनों टाँगों पर बहता ताज़ा खून क्षितिज तक पहुँचे सूर्य की किरणों में चमक रहा था। स्त्री की गर्दन और बाँहें निर्जीव, शिथिल लटकी हुई थीं।

बाँस उठाये आदमी के सामने भी हाथों से चेहरे छिपाये चार-पाँच स्त्रियाँ ढकेली जा रही थीं। ये लोग बार-बार काफ़िले को सम्बोधन कर घृणित गालियों से ललकार रहे थे...।"

इन्सानी शक्तियों पर हैवानियत की विजय का इससे बड़ा सबूत और क्या हो सकता है, जिसे यशपाल ने 'झूठा-सच' में अपनी सारी हिक़ारत और सारी मानवीय संवेदना के साथ प्रस्तुत किया है।

रांगेय राघव के उपन्यास युग की वर्ग-विषमता को एक क़दम आगे जाकर मूर्त करते हैं। उनका 'विषाद मठ' उपन्यास, जो बंगाल के अकाल की हृदय-द्रावक पृष्ठभूमि में लिखा गया है, यथार्थ के अत्यन्त सशक्त, प्राणवान तथा मार्मिक चित्रों से पूर्ण है। अकाल की आग में जलते गाँव-के-गाँव, भूख से मृत नर-कंकालों की हड्डियों के अम्बार, धरती के गर्भ तथा सतह पर सड़ती-उतराती उनकी लाशें, मुट्ठी-भर चावल के लिए अपनी लज्जा को बेचती नारियाँ और इस सारे माहौल में

जमींदारों, पूँजीपतियों तथा महाजनों के अपने हास-विलास उस व्यवस्था, उस शासन तथा उन व्यक्तियों के प्रति एक तीखी प्रतिक्रिया को जन्म देते हैं, जो इस समस्त अमानुषिकता के लिए उत्तरदायी थे। अमृतलाल नागर का 'महाकाल' उपन्यास भी अकाल की इसी पृष्ठभूमि में साम्राज्यवादी-सामन्तवादी हथकंडों का पर्दाफ़ाश करता है, जिन्होंने अपने वैयक्तिक स्वार्थों के लिए बंगाल की शस्यश्यामला भूमि पर चालीस लाख प्राणों का यह नरमेध रचाया था। रांगेय राघव के अन्य उपन्यास भी अपने यथार्थ-चित्रण में 'विषाद मठ' की-सी ईमानदारी का ही परिचय देते हैं। मध्यवर्गीय जीवन के चित्र हों अथवा 'कब तक पुकारूँ' जैसा गूजरों, नटों या समाज के उपेक्षित अन्य वर्गों का जीवन, उनकी लेखनी ने यथार्थ-चित्रण में वही महारत प्रदर्शित की है। उनका 'हुजूर' नामक एक प्रारम्भिक किन्तु विशिष्ट उपन्यास है। यह उपन्यास चलचित्र की भाँति समाज के सभी वर्गों की जीवन-चर्याओं को यथार्थ की मजबूत पकड़ के साथ प्रस्तुत करता है। बहुत-सी नामी-गिरामी शक्लें अपने चेहरे की नक़ाब हटाते हुए पाठक के सामने से गुज़रती जाती हैं और पाठक उन्हें पहचानता चलता है। यह एक विलायती कुत्ते की जबानी कही हुई कथा है, जो सभी वर्गों के जीवन को नज़दीक से देखता-परखता है और अपने अनुभव व्यक्त करता है। अन्ततः सड़क के किनारे एक भिखारिन की बग़ल में बैठकर ही उसे सुख तथा सन्तोष प्राप्त होता है। उपन्यास के इस स्थल पर लेखक ने उसके सम्पूर्ण अनुभवों को एकत्र रूप में प्रस्तुत कर दिया है—

"एकाएक मैं चौंक उठा। कुछ विलायती अफ़सर भारत आये थे। उनका सरकारी इन्तजाम था। मेरी ओर जे. ओ. कोहन के साथ मटरूमल और एम. एल.ए. चमन मोटर में ताज देखने जा रहे थे। उनके पीछे मोटर में वही थानेदार था, जो साहब के यहाँ आता था। वह अब डी. एस. पी. हो गया था, क्योंकि अंग्रेजों ने उसके कारनामों की बड़ी तारीफ़ की थी। इसी मोटर में बिगड़े रईस रमेशसिंह भी खुशामद में बैठे थे। नवाब तो पाकिस्तान चले गये थे, पर उनके कांग्रेसी भाई भी थे। थोड़ी देर बाद एक खूबसूरत तवायफ़ को लिए मटरूमल का बेटा उसी सड़क से सिकन्दरे की तरफ़ मोटर में गया। वह भी नेता था। तवायफ़ ऐसी बनी-ठनी थी जैसे उच्च वर्ग की स्त्री हो। मैं देखता रहा। शाम को सुखराम भैया, बिशन और हरवंश को साइकिलों पर दफ़्तरों से बबुआई बजाकर लौटते देखा। उनके कटोरदान साइकिल पर रखे थे। वे हारे-थके हुए थे। सालिग रिक्शा खींच रहा था; वह और गरीब हो गया था; मरियल हो गया था। मैंने देखा कि उस रिक्शे पर घबराया-सा लेखक था और वही पादरी उसके सामने हाथ फैलाकर खड़ा हुआ। लेखक ने पैसे उसके हाथ में डाल दिये। रिक्शा चला गया। पादरी झुका हुआ-सा धीरे-धीरे चला गया।...मैं हँसा। न जाने क्यों और केसे मैं हँसा? मोटर में सामने देखा कि मटरूमल की वही

बीबी डेढ़ मन घी का दीपक जलवाकर निकली थी।...पुण्य कमाने का तरीका सीधा ही था।'' यथार्थ का यह एक ग्रैफ़िक चित्र है। बहुत-से पात्र, अपने-अपने वर्गीय सम्बन्धों तथा चरित्रों के साथ यहाँ एकत्र कर दिये गये हैं; और अपनी ओर से कुछ न कहते हुए भी लेखक ने सबके बारे में बहुत-कुछ कह दिया है। रांगेय राघव की कला की सफलता यही है। उनका 'घरौंदे' उपन्यास मध्यवर्गीय परिवेश में मुख्यतः शिक्षा-संस्थानों में पनपने वाले भ्रष्टाचार पर चोट करता है।

'अश्क' के उपन्यासों में मध्यवर्गीय जीवन अपनी सारी कुण्ठाओं, सारी कमजोरियों तथा सारे खोखले आदर्शों के साथ विद्यमान हैं। 'अश्क' का इस वर्ग की ज़िन्दगी से घनिष्ठ परिचय है। यही कारण है कि वे निम्न-मध्यवर्गीय जीवन की कतिपय बड़ी सजीव झाँकियाँ अपनी कृतियों में दे सके हैं। मध्यवर्गीय जीवन के यथार्थ चित्र यशपाल, नागर, अमृतराय, राजेन्द्र यादव, मोहन राकेश, अमरकांत आदि के उपन्यासों में भी मिलते हैं। वस्तुतः ये सारे लेखक मध्यवर्गीय लेखक हैं और इन सबने इसी वर्ग के जीवन को नज़दीक से देखा-परखा तथा भोगा है। प्रेमचन्द के बाद हिन्दी कथा साहित्य में इसी वर्ग के चित्र प्रधान बनकर आये हैं। इसे इन लेखकों की लेखकीय ईमानदारी का ही प्रमाण मानना चाहिए कि इन्होंने अपने जाने-बूझे समाज तक ही अपने को केन्द्रित रखा है; और तभी उसकी एक-एक रेखा तथा एक-एक परत को सच्चाई के साथ सामने प्रस्तुत कर सके हैं। प्रगतिशील दृष्टि की सार्थकता यहाँ पर यही है कि इन लेखकों में से अधिकांश ने, इस वर्ग से सम्बद्ध होने के बावजूद, इसकी कमजोरियों तथा विकृतियों को ढँकने या गौरवान्वित करने का प्रयास नहीं किया है; व्यापक सामाजिक जीवन के भीतर उसकी अपनी असलियत को ही उभार है। कुछ के अपने मध्यवर्गीय संस्कार भी यत्र-तत्र भास्वर होकर सामने आये हैं; परन्तु समग्रतः, चित्रण की भूमिका में, वे ईमानदार, तटस्थ तथा प्रबुद्ध ही रहे हैं। चित्रणगत इस ईमानदारी के कारण ही उनके वर्णनों में पर्याप्त सजीवता भी है।

नागार्जुन के उपन्यासों का चित्रपट बहुत व्यापक नहीं है; परन्तु प्रेमचन्द के बाद वे पहले कथाकार हैं, जिन्होंने अपनी कृतियों में ग्रामीण जीवन को विशदता से अंकित किया है। जितनी गहराई में जाकर उनकी दृष्टि ग्रामीण जीवन के यथार्थ को, मिथिला की हरी-भरी भूमि पर चलने वाले वर्ग-संघर्ष को, सतह पर उतराती हुई वर्ग-विषमता को मूर्त करती है; उसका समसामयिक कृतियों में प्रायः अभाव-सा है। 'बलचनमा', 'रतिनाथ की चाची', 'बाबा बटेसरनाथ', 'नयी पौध', 'वरुण के बेटे'— सबका सम्बन्ध इसी मिथिला की धरती और उसके यथार्थ से है। यहाँ गाँवों के जीवन के काल्पनिक तथा अतिरंजित चित्र नहीं, बल्कि उस प्रकार के चित्र हैं, जो ग्रामीण जीवन के परिवेश में ही जिन्दगी का एक बड़ा हिस्सा गुजारने वाले लेखक की तूलिका से रचित है। नागार्जुन के उपन्यासों में घटनाएँ स्वयं बोलती हैं, मिथिला

की मिट्टी स्वयं अपनी कथा कहती है। ज़मींदारों की शान-शौकत, जन-सामान्य का दुख-दैन्य, अपने अधिकारों के लिए लड़ने वाले किसान-मछुवाहे, अभिशप्त नारी वर्ग, कोसी मैया के उदर में विलीन होते गाँव-के-गाँव, महामारियों का प्रकोप, नेता-वर्ग के कारनामे, नवयुवकों के आन्दोलन, सब-के-सब एक नये प्रकार के सशक्त यथार्थ का अंग बनकर उनके उपन्यासों में चित्रित हुए हैं। उनके यहाँ केवल सतह पर उतराती हुई वास्तविकता का ही अंकन नहीं है और न ही यथार्थ के विरूप तथा विद्रूप पक्षों को ही विशेषता देते हुए प्रस्तुत किया गया है। ऐसा होता तो उनकी कृतियाँ भी सामन्तवादी शोषण की चक्की में पिसते ग्रामीण जीवन के करुण चित्रों को ही देकर समाप्त हो जातीं। परन्तु नागार्जुन की दृष्टि ने गाँवों के जीवन में इसके अलावा कुछ और भी देखा-परखा है। गाँवों की सामन्ती व्यवस्था में उन्हें केवल दम तोड़ते किसान ही नज़र नहीं आये हैं, उनसे लोहा लेने के लिए आतुर, जमींदारी आतंक तथा अतिचारों का साहसपूर्ण सामना करने के लिए जनशक्ति का नेतृत्व करते हुए व्यक्ति भी दिखायी पड़े हैं; वे प्रगतिशील शक्तियाँ भी दिखाई पड़ी हैं, जो गाँवों की वर्तमान सिसकती जिन्दगी का अन्त करके एक नये जीवन का प्रारम्भ करेंगी। मिथिला के सन्तप्त, सामन्ती बेड़ियों में जकड़े नारी-वर्ग के बीच उनकी नयी यथार्थ-दृष्टि ने ही उन्हें नये यथार्थ का आगे बढ़कर स्वागत करने वाले नारी-पात्र भी प्रदान किये हैं। लोक-जीवन के मार्मिक, मधुर चित्र नागार्जुन के उपन्यासों की एक अन्य प्रधान विशेषता है। 'वरुण के बेटे' कृति में महाजाल डालने का दृश्य, महाकाव्योचित गरिमा के साथ, लोक-जीवन की यथार्थ पृष्ठभूमि में इस प्रकार उभरा है कि उसकी स्मृति दीर्घ काल तक मन में बनी रहती है। किसी दृश्य को उसकी सजीवता में, सम्पूर्ण वैशिष्ट्य के साथ अंकित कर देने की कला में नागार्जुन अपने किसी भी समानधर्मा से पीछे नहीं हैं, इसका प्रमाण महाजाल डालने का यह प्रसंग है–

"जेठ तीन-चार दिन बीता। बैसाख के आरम्भ में आँधी आयी थी, साथ हस्ब-मामूल बूँदा-बाँदी भी। इधर तो गर्मी खूब ही पड़ रही थी। गढ़पोखर में फिर भी पन्द्रह-सोलह फुट पानी था।"

महाजाल दक्खिन की तरफ़ से किनारे-किनारे फैला दिया गया। बीच में दो डोंगियाँ, पाँच घरनई, केलों के आठ-दस थम्भ हेला दिये गये थे। महाजाल का एक छोर पूरब की ओर था, दूसरा पश्चिम की ओर। छोर वाले रस्से बाँहों में और कमर से उछलकर मछुए महाजाल को उत्तर की दिशा में खींचने लगे।...

मछुए महाजाल को खींचकर काफ़ी दूर ले जा चुके थे। रह-रहकर खाली गलों की सीटियाँ और पानी-भरे मुँहों की भारी गलगलाहटें निशा की नीरवता को झकझोर देती थीं। बीच-बीच में बड़ी-बड़ी मछलियों के कूदने-फाँदने की भी आवाज़ें उठती थीं।...

महाजाल अब बीचोंबीच आ चुका था। गंगा सहनी बाएँ हाथ का पूरा पंजा

कान पर रखे, दाहिने हाथ को सामने फैलाये मस्त होकर अपनी जाति के महान् पूर्वज सेनापति जयसिंह का चरित्र गा रहा था—

बउआ खइयउने!

आवने खइयउ बउआ जैसिंह मोतीचूर मिठाई ह ओ!...

महाजाल अब उत्तरी कछारों के करीब आ लगा था। डोंगियाँ पहले ही किनारे कर ली गयीं। घरनइयों को बाहर निकाल लिया गया। झुटपुटी चाँदनी में महाजाल की तूँबियाँ-ही-तूँबियाँ अब पानी पर नजर आ रही थीं। मछलियों को लिए-दिये अब महाजाल पानी के किनारे पहुँच रहा था। मछुए अब आखिरी दफ़ा मानो दस गुना जोर लगा रहे थे। काम खात्मे पर था, इसीलिए समूह की वह विराट् भ्रम-शक्ति आशा ओर उमंग की उद्दीप्त स्वर-लहरी वज़नी शब्दों के विजय-सूचक गोले दागने लगी। महाजाल कछारों की तरफ़ बढ़ता जाता और आवाज में जोश बढ़ता जाता—

ऊपर तान हुइयो!

पीछे हट के हुइयो!

जाल सँभाल हुइयो!

हो ो ो शि या ा ा ा र...!

महाजाल का बिचला हिस्सा कमर-भर पानी में आ पहुँचा। दोनों छोर उत्तरी किनारे पर यों आ लगे कि बीच का जल-स्थल वाला अंश उस बड़े जाल के अन्दर पंचमी के बंक्रिम चन्द्र का मध्यवर्ती भाग-सा दीख रहा था। उतने थोड़े पानी में बड़ी-मँझोली मछलियाँ सैंकड़ों की तादाद में जगमगा उठीं। उस जगमगाहट की तरफ़ नज़र गयी, तो मछुओं के स्वर में और जोश भर गया—

रेहू ब्वारी, हुइयो!

उजला सोना हुइयो!

कोसी मइया हुइयो!

भारथ माता हुइयो!

बाह गरोखर हुइयो!

रात थोड़ी ही रह गयी थी। भुरुगुवा निकल आया था। चुहचुहिया की महीन-मीठी आवाज़ निशा-शेष की स्पष्ट सूचना थी। गढ़-पोखर की उत्तरी कछारों में उल्लास मुखरित हो रहा था।"

नागार्जुन की यह परम्परा भैरवप्रसाद गुप्त अपने 'गंगा मैया' उपन्यास में पकड़ते हैं, जहाँ बलिया के संघर्ष-रत ग्रामीण सदियों के शोषण-जाल को छिन्न-भिन्न करने के लिए आतुर दिखाये गये हैं। यह पूर्वी उत्तर प्रदेश की सिसकती मिट्टी का नया आख्यान है, जिसे गंगा के पुत्र प्रस्तुत करते हैं। उनका 'सत्ती मैया का चौरा।' उपन्यास भी ग्रामीण जीवन की कतिपय सजीव रेखाओं को पाठकों के समक्ष प्रस्तुत करता है।

राजेन्द्र यादव के 'प्रेत बोलते हैं' तथा 'उखड़े हुए लोग', मोहन राकेश का 'अँधेरे बन्द कमरे', शानी का 'पत्थरों में बंद आवाज', अमृतराय का 'बीज', अमरकान्त का 'सूखा पत्ता' जैसे उपन्यास नागरिक जीवन के सन्दर्भ में मध्यवर्ग की जिन्दगी और उसकी असंगतियों को लेकर सामने आते हैं। इन उपन्यासों में यद्यपि मध्यवर्गीय जीवन का चित्रण है, परन्तु इस चित्र को पूर्णता देने के लिए अन्य वर्गों के जीवन स्तरों का भी स्पर्श किया गया है। इनमें मध्यवर्ग की घुटन, पराजय तथा मायूसी ही नहीं, इस घुटन तथा बेबसी से मुक्ति पाने की बलवती आकांक्षा भी आत्मीयता से उभारी गयी है; उन शक्तियों का भी उद्घाटन किया गया है, जो एक ओर इस वर्ग की जिन्दगी को तोड़ रही हैं, दूसरी ओर इस जिन्दगी के भोक्ताओं को नये जीवन की ओर अग्रसर भी कर रही हैं। जैसा हम कह चुके हैं, इन उपन्यासकारों ने अपनी वर्गीय सीमाओं का अतिक्रमण भी किया है। यह वह भूमि है, जहाँ से उन्होंने स्वयं अपने ही वर्ग के खोखले आदर्शों तथा विश्वासों की धज्जियाँ उड़ाई हैं। यही इनकी प्रगतिशील दृष्टि की सार्थकता है। अमृतलाल नागर का 'बूँद और समुद्र' उपन्यास यशपाल के 'झूठा-सच' की भाँति व्यापक चित्रपटी पर एक ओर दम तोड़ती हुई सामंती व्यवस्था की सड़ाँध को कुरेदता है, दूसरी ओर पूँजीवादी विष को प्रत्यक्ष करते हुए साधारण-सामान्य पात्रों में भी गहरी मानवीय संवदेनाओं तथा आस्था की जीवन्त किरणों को मूर्त करता है। लखनऊ के चौक महल्ले में ही केन्द्रित रहते हुए लेखक ने सम्पूर्ण नागरिक जीवन तथा उसके मूलभूत आदर्शों की निरर्थकता तथा खोखलेपन को स्पष्ट किया है। कहने का तात्पर्य यह कि शहरी जीवन हो या ग्राम्य जीवन, मध्यवर्ग हो या किसान-मजदूर पूँजीपति जमींदार वर्गों की जीवन-चर्याएँ, साम्राज्यवादी शासकों के अत्याचार हों या राजनीतिज्ञों की कूटनीति तथा समाज-सुधारकों के हथकण्डे, युग के सम्पूर्ण चित्र को इन उपन्यासकारों ने प्रेमचन्द की ही परम्परा में यथार्थ की सशक्त रेखाओं के साथ उभारा है। इनकी कृतियों में चित्रित यथार्थ जीवन को पाठक अपनी रोजमर्रा की जिन्दगी में आसानी से देख सकता है। मनोवैज्ञानिक सन्दर्भों में यहाँ यथार्थ को विकृत करने के प्रयत्न नहीं हैं और न ही यहाँ यथार्थ का आकलन लेखक की अपनी व्यक्तिपरक सीमित दृष्टि का अपेक्षी रहा है। यह वस्तुपरक दृष्टि से, खुली आँखों द्वारा देखा तथा एक सन्तुलित मस्तिष्क द्वारा ग्रहण किया गया यथार्थ है, जिसे इनकी लेखनी ने सजीवता से प्रस्तुत किया है। यह हमारे चारों ओर फैले हुए जीवन का यथार्थ है, भरा-पूरा यथार्थ नागार्जुन जैसे कथाकारों ने इसी यथार्थ को अपनी वैज्ञानिक प्रगतिशील दृष्टि के सन्दर्भ में नये आयाम दिये हैं, उसे समाजवादी यथार्थ के स्तर तक पहुँचाते हुए, प्रेमचन्द की परम्परा में नये तथा महत्त्वपूर्ण अध्याय की वृद्धि की है।

यथार्थ के प्रति प्रगतिशील कथाकारों की यह अभिरुचि केवल वर्तमान युग

तक ही सीमित नहीं रही है। वह उन कथानकों में भी उतनी ही जीवित तथा सक्रिय है, जिन्हें उन्होंने प्राचीन इतिहास के बिखरे पृष्ठों में ढूँढ़ा है। प्राचीन इतिहास के राजपथों में पहुँचते ही प्रायः लेखकों का दृष्टिकोण रूमानी हो उठता है, जिसका प्रधान कारण वर्तमान युग की विषमताएँ तथा उन्हें भुलाने के लिए अतीत के स्वर्गीय युग में कुछ देर घूम-फिर आने की अधिकांश लेखक-वर्ग की स्वाभाविक ललक है। परन्तु प्रगतिशील दृष्टि वाले कथाकारों का सत्य कुछ दूसरा ही है। ये वर्तमान जीवन-स्थितियों को स्वीकार करने वाले और उन्हें बदलने के लिए सतत प्रयत्न करने वाले कथाकार हैं। पलायन वृत्ति का इनसे दूर का भी सम्बन्ध नहीं है। अतीत युग में पहुँचकर भी उनकी यथार्थ-चेतना पूरी तरह जागृत रही है। समाज-विकास तथा इतिहास की गतियों के विषय में उनकी वैज्ञानिक समझ ने उन्हें एक क्षण के लिए भी वैभव की चमक-दमक में सत्य से विमुख और यथार्थ से उदासीन नहीं होने दिया है। इतिहास के प्रति उनकी इसी वैज्ञानिक समझ ने उन्हें उस इतिहास को उसकी सारी वस्तुपरकता में चित्रित करने की प्रेरणा दी है। यही कारण है कि ऐतिहासिक यथार्थ की भूमि पर भी वे कुछ महत्त्वपूर्ण कृतियाँ देने में समर्थ हुए हैं। यशपाल की 'दिव्या' तथा 'अमिता', राहुल सांकृत्यायन की 'सिंह सेनापति' तथा 'जय यौधेय' एवं रांगेय राघव की 'मुर्दों का टीला' ऐसी ही कृतियाँ हैं, जिनमें ऐतिहासिक यथार्थ तथा इतिहास के प्रति इन लेखकों की वैज्ञानिक समझ को अपनी सारी सजीवता में देखा जा सकता है। ऐतिहासिक उपन्यासों के इस प्रसंग में यशपाल की 'दिव्या' कृति को लेकर हम विशेष चर्चा करना चाहेंगे, कारण कि प्रगतिशील दृष्टि के सन्दर्भ में पुराने इतिहास को प्रस्तुत करने वाली यह इस युग की अत्यन्त समर्थ कृति है। 'दिव्या' बौद्धकालीन अस्त-व्यस्त भारतीय समाज के उस कटु यथार्थ को प्रस्तुत करती है, जबकि वर्ण-व्यवस्था के बन्धन लगभग शिथिल पड़ गये थे; परम्परागत सामाजिक नियमों तथा रीति-रिवाजों में विलक्षण गतिरोध की स्थितियाँ उत्पन्न हो गयी थीं; दास-प्रथा अपनी भयानक परिणतियों के साथ विद्यमान थी और कुलीन और अकुलीन वर्गों का पार्थक्य अपनी सारी विकृतियों के साथ समाज की सतह पर उतराने लगा था। इस युग-सत्य का इतना विशद, यथार्थ और मार्मिक चित्र, इस कृति में दिव्या नाम की एक अभिजात कुलीन ब्राह्मण-कन्या को केन्द्र में रखकर प्रस्तुत किया गया है कि प्राचीन इतिहास के प्रति आज के पाठक की मोहाकुल धारणा लगभग टूट-सी जाती है। अभिजात वर्गीय कुलों का पारस्परिक मानापमान, कुलीन वर्गों का दुख-दैन्य, सुविधाभोगी शक्ति-सम्पन्न वर्गों की विलासिता, दास के रूप में बिकने वाली मानव-आकृतियों का करुण आख्यान, सामन्ती आदर्शों के जुए के भार को अपने दुर्बल कन्धों पर ढोती नारी—सब इस ऐतिहासिक यथार्थ का सजीव अंग बनकर प्रस्तुत हुए हैं। घटनाएँ तथा पात्र अवश्य कल्पित हैं, परन्तु तत्कालीन

युग अपने समूचे परिवेश में यथार्थ के प्रति उस ईमानदारी को लेकर उभरा है, जो उस युग की सम्पूर्ण समाज-व्यवस्था पर एक कठोर प्रश्न चिन्ह लगाती है। मिट्टी के मोल बिकती, एक से दूसरे हाथों में जाती निराश्रित नारी की करुणा उपन्यास की केन्द्रीय संवेदना-भूमि का निर्माण करती है। बौद्ध धर्म, जिसने किसी समय तथागत के रूप में अम्बपाली को शरण देकर, तत्कालीन समाज-व्यवस्था पर चोट करते हुए, जनसामान्य में एक नयी चेतना फूँकी थी, बदलती हुई परिस्थितियों के सन्दर्भ में किस प्रकार उसी विकृत समाज-व्यवस्था के अनुशासन में बँध गया था, इसका उदाहरण उस समय प्राप्त होता है, जब अभिजात कुल की, धर्म, समाज तथा न्याय की नजरों से गिरी उसी की एक कन्या सब ओर से निराश होकर, दासता के कठोर अभिशापों से ग्रस्त, अपने दुधमुँहे अवैध शिशु को लिए, उसी के द्वार पर शरण की याचना करती है, अपने सामाजिक रीति-रिवाजों की आड़ लेते हुए विहार के कपाट बन्द कर दिए जाते हैं–

"विहार के विशाल सिंह-द्वार के पट मुँदे थे। मुँदे पटों के दूसरी ओर करुणा और शरण का स्थान था। दारा ने सिंह-द्वार में लटके विशाल घंटे को हिला दिया। ग्रीष्म की दोपहर का स्तब्ध वातारण गम्भीर नाद से गूँज उठा। उस गुंजन से कृपा के कण बरस रहे थे।

विशाल द्वार के पटों में एक छिद्र खुला। छिद्र से एक तरुण भिक्षु ने निद्रालसित प्रश्नात्मक दृष्टि से दारा की ओर देखा। दारा अकुला उठी–भन्ते, शरण चाहती हूँ। बुद्ध की शरण, धर्म की शरण, संघ की शरण चाहती हूँ। तरुण भिक्षु के नेत्र अदृश्य हो गये। कुछ क्षण पश्चात् द्वार के पट का एक भाग खुला। एक करुणमूर्ति प्रौढ़-स्थविर प्रकट हुए। कम्पित तन और कम्पित स्वर से दारा पुकार उठी–शरण, दयामय, धर्मपिता! शरण!

पिता! दासी कुछ इच्छा नहीं रखती, केवल अत्याचार से शरण माँगती है। कृपासागर तथागत की शरण में दासी केवल अपनी सन्तान को पा सके।

स्थविर की अद्रवित शान्त मुद्रा की ओर कुछ क्षण निष्पलक देखती रहकर दारा ने शाकुल को स्थविर के चरणों के समीप रख अपना मस्तक चौतरे पर टिककर फिर याचना की–देव! इस असहाय के लिए दासी धर्म की शरण चाहती है। दासी धर्म का पालन करती हुई मोह-मुक्त होकर चेरी-धर्म ग्रहण करेगी।

निद्रागत बालक कठोर पत्थर के स्पर्श से मुख खोलकर चीत्कार कर उठा। उस विरूपता से नेत्र मूँदकर स्थविर ने आदेश दिया–देवि! बालक को अंक में ग्रहण करो।

क्या तुम्हारे चेरी-धर्म ग्रहण करने में तुम्हारे पति की अनुमति है?

नहीं देव! पति नहीं है।

यदि तुम्हारे पति नहीं है, तो क्या तुम्हारे पिता की अनुमति तुम्हारे चेरी-धर्म ग्रहण करने में है?

नहीं देव! पति भी नहीं है, पिता भी नहीं हैं।

यदि पति और पिता नहीं हैं, तो क्या तुम्हारे पुत्र की अनुमति तुम्हारे चेरी-धर्म ग्रहण करने में है?

देव! दासी का पुत्र अनुमति देने योग्य नहीं है।

यदि तुम दासी हो तो क्या अपने स्वामी की अनुमति से चेरी-धर्म ग्रहण करने की इच्छा करती हो?

नहीं देव! दासी शरण के लिए प्रार्थना करती है।

स्थविर ने अपने झुके हुए नेत्र ऊपर उठाए। दारा की ओर देखकर वे बोले— देवी! धर्म के नियमानुसार स्त्री के अभिभावक की अनुमति के बिना संघ स्त्री को शरण नहीं दे सकता।

परन्तु देव! भगवान् तथागत ने तो वेश्या अम्बपाली को भी संघ में शरण दी थी।

वेश्या स्वतन्त्र नारी है देवी! स्थविर ने आसन से उठते हुए उत्तर दिया।

द्वार के पट मुँद गये। ताप से हू-हू करती सन्तप्त वायु अश्वत्थ वृक्ष के पत्तों में आश्रय खोजती रही। दारा उसी प्रकार मुक्त-ओष्ठ शाकुल को लिए चौंतरे पर बैठी रही। उसका जड़ मस्तिष्क कुछ भी सोचने-समझने में असमर्थ था। उसे केवल सुनाई दे रहा था—'वेश्या स्वतन्त्र नारी है, देवी!'

तत्कालीन समाज-व्यवस्था में नारी की अपनी असहाय स्थिति का इससे अधिक मार्मिक विवरण और क्या हो सकता है? उस समाज-व्यवस्था के ही एक अंग धर्म के ऊपर भी क्या इसके सटीक कोई और भी टिप्पणी हो सकती है?

अभिजात वर्गीय इस समाज-व्यवस्था का विकृत रूप उस समय और भी स्पष्ट होता है, जब यही दारा (दिव्या) प्रसिद्ध नर्तकी अंशुमाला के रूप में ख्याति प्राप्त करती है और वही कुलीन समाज, जिसने किसी समय उसे ठुकराया था, उसके कृपा-कटाक्ष को लालायित उस पर सर्वस्व वार देने को चौखट पर सिर रगड़ता है। यह वह समाज व्यवस्था है, जिसमें नारी को अपनी इच्छा से विवाह करने की अनुमति नहीं, वेश्या के रूप में समाज की परम सम्मानित सदस्य बनने की अवश्य पूरी छूट तथा सुविधा है। समाज से ठुकराई उस नारी को स्वीकार करता है मारिश, जो स्वयं समाज से अरक्षित, तिरस्कृत तथा उपेक्षित है और इसलिए 'दिव्या' भी उसी के संरक्षण का वरण करती है। इस उपन्यास का अंतिम अंश भी सारी कथा का समाहार कर देता है, जब एक ओर दिव्या के कुलीन-वर्ग प्रेमी उसे महारानी या कुलदेवी के आसन पर बिठाने की बात करते हैं, भिक्षु पृथुसेन निर्वाण का पथ सुझाता है, परन्तु वह किसी के साथ न आकर उस मारिश का साथ देती है, जिसके पास न तो वैभव-विलास का आकर्षण था, और न उसे कुलदेवी या महारानी बनाने की सुविधा। उसके पास केवल उसका पुरुषत्व था जिसे अपने नारीत्व की सार्थकता समझते हुए दिव्या उसके पास आ जाती है—

"उपस्थित जन-समूह की स्तब्धता से अवसर पाकर पूर्व देश से आये पथिक ने भिक्षु के समीप आकर पुकारा—मैं मारिश, देवी के सामीप्य के लिए ही मथुरापुरी से सागल आया हूँ।.....धूमिल धूसरित पथिक बोला—मारिश देवी को राजप्रासाद में महादेवी का आसन अर्पण नहीं कर सकता, मारिश देवी को निर्वाण के मिथ्या चिरंतन सुख का आश्वासन नहीं दे सकता, वह संसार के सुख-दुख अनुभव करता है....उस अनुभूति का आदान-प्रदान वह देवी से कर सकता है। वह संसार के धूलि-धूसरित मार्ग का पथिक है। उस मार्ग में देवी के नारीत्व की कामना में वह अपना पुरुषत्व अर्पण करता है। वह आश्रय का आदान-प्रदान चाहता है। वह नश्वर जीवन में संतोष की अनुभूति दे सकता है।

पल-भर सोचकर मारिश ने कहा—सन्तति की परम्परा के रूप में मानव की अमरता दे सकता है।

भूमि पर बैठी दिव्या अनेक क्षण विचार में ग्रीवा झुकाए रही। फिर उसने सहसा भित्ति का आश्रय छोड़ दोनों बाहु फैला दिए। उसका स्वर आर्द्र हो गया—"आश्रय दो आर्य!"

यह कथा तत्कालीन इतिहास के प्रति पाठक की मोहाकुल रुचि को एक झटके में तोड़ देती है। एक निराश्रित, पददलित, अभिजात वर्गीय मान्यताओं का शिकार नारी की वेदना को इस कृति में जितनी गहन मानवीय संवेदना के साथ प्रस्तुत किया गया है, वह समसामयिक कृतियों में विरल है। यह उस नारी की कथा है, जो प्रारम्भ से लेकर आज तक शक्ति-सम्पन्न, सुविधाभोगी पुरुष-वर्ग द्वारा गढ़े हुए समाज के कठोर नियमों तथा आदर्शों द्वारा शोषित तथा पीड़ित, आश्रय की खोज में दर-ब-दर भटकती रही है। सभी युगों में यह नारी अपने दर्शन देती रही है और सभी युगों में उसके ऊपर पराधीनता तथा परमुखापेक्षिता का भार टँगा रहा है। वह दिव्या, दारा, अंशुमाला के रूप में अपने दर्शन देकर बौद्धकालीन समाज-व्यवस्था का पर्दाफाश करे या रतिनाथ की चाची के रूप में आज के समय का अतिचार ज्ञापित करे, वह 'मनुष्य के रूप' की सीमा की भाँति समाज के भद्र कहे जाने वाले लोगों के मुख से नकाबें उठाते हुए अपने अस्तित्व के लिए संघर्ष करे या 'उग्रतारा' की उगनी बनकर जन्म ले, उसका अस्तित्व सब युगों में बराबर रहा है। कभी नयी चेतना की किरणें सारे शोषण के बावजूद उसके निराश मन को भेदते हुए 'उग्रतारा' की उगनी की भाँति उसे नये जीवन की अगवानी कर सकने का साहस प्रदान कर देती और कभी 'गिरती दीवारें' की नीला की भाँति वह अपनी सारी आशा-आकांक्षाओं को पैरों तले मसलते हुए एक अधेड़ व्यक्ति की परिणीता बनकर कसाई के पीछे चलने वाली गाय की भाँति सब कुछ नियति का खेल समझकर चुप रह जाती है। यह उसी नारी का आख्यान है, जो युग-युगों से चलता आया है और जिसे यशपाल

की सजग दृष्टि तथा समर्थ लेखनी ने प्राचीन युग के बीच से नये युग की भूमिका में प्रस्तुत किया है। नारी का यह प्रश्न अपने साथ धर्म, दर्शन, राजनीति, समाज सबसे सम्बन्धित जाने कितने अन्य प्रश्नों को भी उठाता है, परन्तु अपने विचार दर्शन की भूमिका में उन्होंने तथा अन्य प्रगतिशील कथाकारों ने उनके समुचित उत्तर भी दिए है। इतिहास का यह यथार्थ तथा सधा चित्र प्रगतिशील जीवन-दृष्टि की अपनी विशेषता है।

राहुल इस क्षेत्र में यशपाल की तुलना में उतने सफल नहीं हैं। राहुल की इस अपेक्षाकृत कम सफलता का सम्बन्ध विचार-दृष्टि अथवा दृष्टिकोण की भूमिका से नहीं, उपन्यास शिल्प से है। कथानक निर्माण, उसकी सुव्यवस्थित योजना, चरित्र-निर्माण तथा शैली, सभी दृष्टियों से राहुल यशपाल की तुलना में कलाकार कम हैं। दृष्टिकोण के स्तर पर वे यशपाल से कहीं अधिक साफ हैं और उनके उपन्यासों का अपेक्षाकृत वैशिष्ट्य इसी भूमि पर है। इतिहास के प्रति मार्क्सवादी दृष्टि का आधार लेकर ही उन्होंने 'सिंह-सेनापति' तथा 'जय-यौधेय' जैसे उपन्यास लिखे हैं। इन उपन्यासों में दृष्टिकोण की प्रधानता के साथ ही तत्कालीन युग-सत्य को यथार्थ का आधार लेकर व्यक्त किया गया है। गणतन्त्रों के उस प्राचीन युग में उन्होंने आदिम साम्यवादी व्यवस्था की ओर इंगित करते हुए बौद्ध धर्म तथा दर्शन की मार्क्सवादी जीवन-दृष्टि से अनुरूपता सूचित की है। राहुल के उपन्यासों में कलाकार की कला का यह अभाव ही है कि उद्देश्य बहुत उभरकर उपन्यासों की सतह पर उतराने लगा है, फलतः बौद्ध दर्शन तथा मार्क्सवाद का समन्वय भी चेष्टित प्रतीत होता है। यशपाल के उपन्यासों की भाँति उनके कतिपय पात्र भी लेखक के विचारों के प्रवक्ता हैं, परन्तु जहाँ यशपाल के पात्रों का व्यक्तित्व इतिहास में पूरी तरह घुलकर ही सामने आया है, वहाँ राहुल के पात्र इतिहास की भूमिका से विच्छिन्न साफ-साफ नये युग के राहुल बहुत ध्यान नहीं दे सके हैं। यही कारण है कि उनके नायक, चाहे वे सिंह हों, चाहे जय, सशक्त व्यक्तित्व लेकर सामने नहीं आ सके हैं। फिर भी अपने गहन अध्ययन, प्रकाण्ड ऐतिहासिक ज्ञान तथा मर्मभेदी यथार्थ दृष्टि के बल पर वे इन उपन्यासों में उस नये आलोक को अवश्य फेंक सके हैं, जो उनके विचार-दर्शन की पूरी संगति में है। प्राचीन गणतन्त्रों की समाज व्यवस्था अपने सारे ऐतिहासिक यथार्थ के साथ उनके उपन्यासों में मूर्त है। इतिहास के इस युग को यथार्थवादी भूमि पर केवल राहुल की ही प्रतिभा प्रस्तुत कर सकती थी।

रांगेय राघव का 'मुर्दों का टीला' उपन्यास मोहनजोदड़ो की प्रसिद्ध सभ्यता की पृष्ठभूमि में इतिहास के एक ऐसे युग में आलोक फेंकता है, जिसका बहुत-कुछ आज भी अज्ञात है। रांगेय राघव की दृष्टि ने द्रविड़ सभ्यता के इस स्वर्ण-युग और उसके मिटते वैभव की कहानी आर्य-द्रविड़ संघर्ष के सन्दर्भ में इस कृति में प्रस्तुत

की है। सजीव चरित्रों की सृष्टि द्वारा लेखक ने उपन्यास के कलात्मक आधार को बनाए रखा है। राहुल की भाँति रांगेय राघव का दृष्टिकोण भी कृति में मुखर है, परन्तु सजीव कथानक के कारण उस सीमा तक नहीं आ सका है।

वृन्दावनलाल वर्मा के ऐतिहासिक उपन्यासों की चर्चा के बिना इतिहास के प्रति प्रगतिशील यथार्थ-दृष्टि का यह विवरण अधूरा ही रहेगा। वर्माजी ने इतिहास के मध्यकालीन सामन्तीय युग को अपने उपन्यासों का विषय बनाया है। सामन्तीय युग का सारा परिवेश सजीव पात्रों तथा रोचक कथावस्तु के माध्यम से उनके उपन्यासों में मूर्त है। लेखक की विशिष्टता यह है कि मध्यकालीन सामन्तीय वैभव-विलास के आकर्षक चित्र देते हुए भी उसकी अपनी आत्मीयता तथा सहानुभूति जन-सामान्य के साथ ही रही है, न कि सामन्त वर्गों के साथ। इन्हीं उपन्यासों के बीच लेखक ने बुन्देलखण्ड के लोक-जीवन को भी उसके सारे आकर्षण के साथ प्रस्तुत किया है। लेखक की आस्थाएँ वे जनवादी आस्थाएँ हैं, जो सामन्त-युग के क्रिया-कलापों को सच्ची यथार्थ-दृष्टि से मूर्त करते हुए सामन्ती अत्याचारों की चक्की में पिसते हुए जन-सामान्य को न केवल अपनी मानवोचित करुणा दे सकी हैं, सामन्ती अभिशापों तथा अनाचारों से लोहा लेते हुए उसी जन-सामान्य के बीच से कतिपय सजीव, सशक्त चरित्रों को भी सारी क्षमताओं के साथ प्रस्तुत कर सकी है। वर्मा जी की इस प्रगतिशील दृष्टि को आद्यंत उनकी ऐतिहासिक उपन्यास कृतियों में देखा जा सकता है।

अपनी उपन्यास-सृष्टि के क्रम में प्रगतिशील कथाकारों ने युग के समूचे यथार्थ को व्यक्त करने वाले अनेकरूपी पात्रों की भी सृष्टि की है। ये पात्र समाज के सभी वर्गों से लिए गये हैं; और इन उपन्यासों में अपने वर्गीय चरित्रों को लिए हुए सामने आये हैं। इनमें व्यक्ति भी हैं और 'टाइप' अर्थात् प्रतिनिधि पात्र भी। अधिकतर वे 'टाइप' ही हैं, यद्यपि उनकी वैयक्तिक विशेषताएँ भी सफ़ाई से उभारी गयी हैं। इनमें बलचनमा (बलचनमा) तथा मटरू (गंगा मैया) जैसे किसान तथा श्रमजीवी हैं, जो युगों के शोषण-चक्र से उकताकर अपने अधिकारों के लिए शोषक सत्ता के विरुद्ध सारी शक्ति के साथ सक्रिय होते हैं। सदियों का शोषण उनकी उभरती हुई क्रांतिकारी चेतना को ढँक नहीं पाता। नागार्जुन का बलचनमा छुटपन से ही जमींदारों के घर रहते हुए उनके अनैतिक जीवन के एक-एक पक्ष को बारीकी से देखता है। दर-दर भटकने पर भी उसकी विद्रोही चेतना न तो मर पाती है और न ही कुंठित हो पाती है। सभाओं तथा जुलूसों का वातावरण उसकी इस चेतना पर एक नयी सान चढ़ाता है; और अवसर आने पर वह जन-समाज (किसानों) का नेतृत्व करते हुए, सारे भूमिहीन, शोषित किसानों के ज्वलंत विद्रोह का प्रतीक बनकर साहस के साथ अपने अधिकारों की माँग करते हुए सबसे आगे आ जाता है। वस्तुतः वह 'गोदान' के

उस गोबर का विकसित रूप है, जो शहरों की सभाओं में जाते-जाते सामंती-पूँजीवादी शोषण का अर्थ तो समझ गया था, परन्तु किस प्रकार सक्रिय होकर उस शोषण के खिलाफ़ बग़ावत की जा सकती है, इसे न समझ पाया था। गोबर की इस कमी की पूर्ति 'बलचनमा' में होती है, नागार्जुन के ही 'वरुण के बेटे' के उन मछुवाहों में होती है, जो 'गढ़ पोखर हमारा है', 'गढ़ पोखर नहीं देंगे' की गगनभेदी आवाज उठाते हुए संगठित, आत्मबल से दीप्त, अपने अधिकारों के प्रति सचेष्ट, भविष्य की उभरती आस्थाओं से युक्त अपना अधिकार छीनने वालों के सम्मुख सीना तानकर खड़े हो जाते हैं। नागार्जुन के 'बाबा बटेसरनाथ' रुपउली गाम के पीढ़ी-दर-पीढ़ी होने वाले शोषण की कथा जैकिसुन को सुनाकर उसकी आँखें खोल देते हैं, और नयी चेतना से अनुप्राणित जैकिसुन अपने साथियों को एकत्र कर जमींदारी आतंक के विरुद्ध जिहाद छेड़ देता है। भैरवप्रसाद के विद्रोही किसान भी आत्मबलिदान से नहीं डरते। युग-युग से शोषण का जो जुआ उनके गले से बाँध दिया गया है, उसे एक झटके के साथ अलग फेंक देने को आतुर हैं। ये पात्र भी प्रगतिशील यथार्थ की उपज हैं—उस यथार्थ की, जो लेखक की दृष्टि को नयी दीप्ति देकर उसे जन-सामान्य में ही भावी प्रगति तथा आस्था की किरणें खोज पाने के योग्य बनाता है। ये चरित्र 'पाज़िटिव' चरित्र हैं, जो नये जीवन की आस्थाएँ लेकर संघर्ष का वरण करते हैं और उसमें विजयी भी होते हैं। उनकी पराजय भी उन्हें निष्प्रभ नहीं होने देती, वरन् अधिक आस्था तथा बल के साथ दोबारा सक्रिय होने की बलवती प्रेरणा देती है। संघर्षों में कन्धा डाल देने वाले कमज़ोर, शोषण के बावजूद स्वामिभक्त किसान-मजदूर भी उनकी कृतियों में आये हैं; परन्तु वे भी ग्रामीण तथा नागरिक जीवन के यथार्थ का एक अंग हैं। इन कथाकारों की सहानुभूति तथा समर्थन स्वाभाविक रूप से प्रथम प्रकार के श्रमजीवी पात्र ही पा सके हैं।

उच्च वर्गों के ज़मींदार तथा पूँजीपति चरित्र भी निम्नवर्गीय चरित्रों के सन्दर्भ में इन कथाकरों की कृतियों में आये हैं। ये वे चरित्र हैं, जो लाखों का शोषण करते हुए भी वैभव तथा विलास की ज़िन्दगी बिताने में विश्वास रखते हैं। उनका यह जीवन सिवाय इसके कि उनके वर्गीय स्वार्थों तथा चरित्र को सामाजिक यथार्थ के एक अंग के रूप में पाठकों के सामने लाए और कृति में चित्रित यथार्थ को पूर्णता दे, और कुछ नहीं करता। वस्तुतः इसी उद्देश्य से उसके चित्र भी इन कृतियों में अंकित किये गये हैं। 'महाकाल', 'विषादमठ' तथा नागार्जुन की कृतियाँ ज़मींदारों के क्रिया-कलापों का लेखा-जोखा देती हैं, जबकि रांगेय राघव का ही 'हुज़ूर' उच्चवर्ग के कतिपय अन्य भद्र व्यक्तियों के भी चेहरों की नक़ाबें उलटता है। ऐसी ही एक नक़ाब राजेन्द्र यादव के 'उखड़े हुए लोग' के देशबंधुजी अर्थात् नेता भैया भी लगाये हुए हैं। वस्तुतः वे मिल-मालिक हैं, पूँजीपति हैं, परन्तु नक़ाब है देशभक्ति की,

नेताशाही की, पार्लियामेंट की मेम्बरी की। आज की पूँजीवादी व्यवस्था में पूँजी के बल पर देश-सेवा, समाज-सुधार आदि के सर्टिफ़िकेट कितने सुलभ हैं। नेता भैया का जीवन इसका प्रमाण है। एक ओर खद्दर पहनकर देश-सेवा का ढोंग, पार्लियामेंट में राष्ट्रोद्धार तथा समाज-सुधार पर लम्बे-लम्बे व्याख्यान, दूसरी ओर लाखों मजदूरों का शोषण और उस शोषण पर आधारित उनका वैभव और विलासपूर्ण जीवन; रखैल मायादेवी तो मायादेवी, उसकी पुत्री तक को अपनी वासना-तृप्ति के लिए उपयोग करने का उनका प्रयत्न, उनके जीवन की सारी असंगतियों को स्पष्ट करते हुए उनके असली रूप को पाठकों के समक्ष उद्‌घाटित कर देता है। 'मनुष्य के रूप' उपन्यास में यशपाल ने प्रोड्यूशर सुतलीवाला के रूप में कम्पनियों में चलने वाले भ्रष्टाचार तथा अनैतिकता के पोषक करोड़पतियों का यथार्थ चित्र प्रस्तुत किया है। ये वे प्रोड्यूसर हैं, जो ख्याति प्राप्त करने की आकांक्षा रखने वाली नारियों को ख्याति के उत्कर्ष-बिन्दु तक पहुँचाने के पूर्व उनके भोग को अपना जन्म-सिद्ध अधिकार समझते हैं। ऐसे ही अन्य अनेक पात्र भी इन कृतियों में बहुधा दिखाई पड़ जाते हैं।

मध्यवर्गीय पात्रों का भी एक अच्छा-खासा जमघट इन कथाकारों की कृतियों में दिखाई पड़ता है। जैसा हम कह चुके हैं, इन उपन्यासकारों में से अधिकांश की कृतियाँ मध्यवर्गीय जीवन से ही सम्बन्धित हैं। यही कारण है कि मध्यवर्ग के सभी स्तरों का प्रतिनिधित्व करने वाले पात्र इनमें अपनी स्थिति सूचित करते हैं। निम्नवर्ग के प्रतिनिधि चरित्र यों तो यशपाल, रांगेय राघव, अमृतराय, राजेन्द्र यादव, अमरकांत तथा मोहन राकेश—सभी की कृतियों में मिल जायेंगे; परन्तु 'अश्क' के उपन्यास उन्हें बहुत ही सजीव रूप में प्रस्तुत करते हैं। उनके अधिकांश उपन्यासों का सम्बन्ध इसी वर्ग के जीवन से है। आर्थिक तथा कामजन्य भाँति-भाँति की कुण्ठाओं से आक्रान्त, अपने ही द्वारा निर्मित रूढ़ियों तथा रीतियों के शिकंजे में बुरी तरह जकड़ा हुआ, भाँति-भाँति की वर्जनाओं से बोझिल, कदम-कदम पर जीवन की असंगतियों का शिकार और जिन्दगी से समझौते का आकांक्षी, पराजय, विक्षोभ तथा निराशा की गहरी-से-गहरी ठोकरों के बावजूद अपनी खोखली आदर्शवादिता तथा अहं की सूचना देने वाला यह 'अश्क' का अपना वर्ग है, जिसे यथार्थ की सजीव रेखाओं में 'अश्क' के उपन्यास एक अधिकार के साथ पेश करते हैं। 'गिरती दीवारें' का चेतन उनका सर्वाधिक ख्यात चरित्र है। उसका सारा परिवेश जिस प्रकार के पात्र निर्मित करता है, चाहे वे उसके पिता पं. शादीलाल हों, चाहे उसके दंतसाज बड़े भाई या हुन साहब, सम्पादक महोदय, संगीत-शिक्षक या अन्य, सब इसी वर्ग की आकृतियाँ हैं, जो उपन्यास को निम्न-मध्यवर्ग के जीवन का भाष्य बनाते हैं। यशपाल के उपन्यासों के हरीश (दादा कामरेड), बद्री बाबू, खन्ना (देशद्रोही), बैरिस्टर जगदीश (मनुष्य के रूप), नैयर, पुरी (झूठा-सच); रांगेय राघव के प्रो. मिश्रा (घरौंदे), शिवसिंह

(हुज़ूर), राजेन्द्र यादव के समर, शरद (प्रेत बोलते हैं, उखड़े हुए लोग), नागर के कर्नल (बूँद और समुद्र) इसी मध्यवर्ग के निचले तथा उपरले स्तर के प्रतिनिधि हैं। इनके अतिरिक्त छोटे-मोटे अन्य प्रकार के पात्र भी इन कृतियों में आये हैं—छोटे-मोटे दुकानदार, व्यवसायी, दफ़्तर के बाबू आदि—जो इस वर्ग के सारे कोणों को उभार देते हैं। किसी के सम्मुख प्रेम और विवाह का प्रश्न है, कोई संस्कार तथा विवेक की कश्मकश से जूझ रहा है, कुछ आर्थिक अभावों से संत्रस्त पारिवारिक अशान्ति का दुर्वह बोझ ढोने के लिए विवश हैं, किसी के सम्मुख संयुक्त परिवार-व्यवस्था की अपनी सीमाएँ हैं, कोई सीमाओं को अतिक्रांत करना चाहकर भी संस्कारजन्य कमजोरियों के कारण घुट रहा है—तात्पर्य यह कि सभी अपनी वर्गीय सीमाओं से बँधे, असंगतियों से पीड़ित किसी-न-किसी रूप में विक्षुब्ध तथा व्यथित हैं, समझौतों के आधार पर जीवन की गाड़ी कब तक चल सकती है, नये-नये समझौते कब तक मन को टूटने से बचाये रख सकते हैं? दरारें पड़ती जाती हैं, विश्वास खण्डित होते जाते हैं और उन पर नये-नये आवरण डालते वे जिन्दगी की टेढ़ी-सँकरी गलियों पर चलते रहते हैं। इनमें से अधिकांश अपनी वर्गीय सीमाओं से परिचित भी हैं; परन्तु उन्हें तोड़ पाने में विवश हैं। न तो खोखले आदर्शों का मोह छोड़ा जाता है और न किसी भी प्रशस्त नयी भूमिका में दुर्बल मानस से पहुँचा ही जा सकता है; फलतः जो जहाँ तक आगे बढ़ गया, उसी को अपने जीवन की इतिकर्तव्यता मानकर शान्त हो जाता है। जो नहीं बढ़ सका वह अपने को झुठलाता हुआ फिर उसी बने-बनाए यन्त्र का पुर्जा बनकर अपनी वही जिन्दगी शुरू कर देता है। कोल्हू के बैल की नियति उसकी अपनी नियति बन जाती है। मध्यवर्ग के कुछ ऐसे पात्र भी इन कृतियों में उभरे हैं, जो उखड़ती हुई ज़िन्दगी को छोड़कर आगे की भूमिकाओं में काफ़ी दूर तक पहुँच जाते हैं। 'बूँद और समुद्र' का कर्नल ऐसा ही पात्र है। 'झूठा-सच' का नैयर भी आगे बढ़ा हुआ व्यक्ति हैं। यही पात्र लेखक के अपने विचारों के वाहक बनकर स्वयं अपने ही वर्ग की कमज़ोरियों की व्याख्या करते हुए, मोहाच्छन्न, दुर्बल पात्रों के मन में भी नयी चेतना की किरणें विकीर्ण करते हैं। कुल मिलाकर ये पात्र आधुनिक जीवन-व्यवस्था में मध्यवर्ग की विशेषताओं तथा दुर्बलताओं का सजीव चित्र इन उपन्यासों में प्रस्तुत करते हैं। ढुलमुल यकीन, उखड़े हुए लोगों से भरा हुआ मध्यवर्ग का यह चारित्र्य ही है, जो यथार्थ के प्रति ईमानदार इन उपन्यासकारों को इस वर्ग से कोई भी पाजिटिव चरित्र नहीं प्रदान कर सका। निम्न वर्ग ने उन्हें सक्रिय, जीवन तथा सशक्त चरित्र दिये हैं, जबकि मध्यवर्ग—प्रेत-रूप मध्यवर्ग, राजेन्द्र यादव, अरमकान्त जैसे लेखकों के माध्यम से ही नयी ज़िन्दगी के लिए आतुर अपनी आंतरिक व्यथा तथा आकांक्षा को व्यक्त कर सका है। मध्यवर्ग का सच्चा यथार्थ यही है, जिसे बिना अतिरंजनाओं में डूबे, सीमाओं के बावजूद, इन उपन्यासकारों ने कुशलता से चित्रित किया है।

नारी पात्रों की बहुरंगी सृष्टि इन उपन्यासों की एक विशेषता है। इनमें निम्न वर्गों की भी नारियाँ हैं, जो अभिशापग्रस्त जीवन का भार ढोते हुए कभी-कभी 'वरुण के बेटे' की मधुरी की भाँति जन-चेतना को किरणों से दीप्त होकर अन्याय का सक्रिय प्रतिरोध करती हैं। अपने संघर्षशील पतियों के साथ कन्धे-से-कन्धा भिड़ाकर जीवन के सुख-दुख सहना उनकी प्रकृति है। अन्याय के विरुद्ध वे स्वयं उन्हें उत्साहित करती हैं। उन्हीं उपन्यासों में गौरी के रूप में रतिनाथ की चाची है, जो सारे, जीवन की असह्य यन्त्रणाओं, तिरस्कार तथा अपमान को सहते हुए एक ओर तो भारतीय विधवा तथा भारतीय नारी के रूप में पाठकों की संवेदना प्राप्त करती है, दूसरी ओर मृत्यु-शैय्या पर भी नये जीवन का स्वागत करने के कारण उनका सम्मान भी। भारतीय विधवा का ही एक ऐसा करुण चित्र भैरवप्रसाद गुप्त की 'गंगा मैया' में उभरा है। 'मनुष्य के रूप' की सोमा तथा 'दिव्या' की दिव्या वे नारियाँ हैं, जो परिस्थितियों के बदलते हुए क्रम में अपने विकासशील चरित्र को लिए, आत्म-सम्मान के साथ जीने की आकांक्षा रखते हुए पुरुष-वर्ग के न जाने कितने रूपों का पर्दाफ़ाश करती हैं और नये युग की विकृत समाज-व्यवस्था का रूप उद्घाटित करती हैं। आर्थिक पराधीनता नारी-जीवन का कितना बड़ा अभिशाप है, इसे सोमा का चरित्र स्पष्ट करता है तथा पुरुष-वर्ग के अनुशासन में चलती हुई समाज-व्यवस्था में नारी कितनी असहाय है, इसे दिव्या का चरित्र उद्घाटित करता है। नागार्जुन का ही एक नारी पात्र उग्रतारा या उगनी है। यह नारी विवश स्थितियों में एक अनचाही स्थिति को ढोती है, अनचाहे ही एक प्रौढ़ के गले में बाँध दी जाकर गर्भवती बनती है, परन्तु ये स्थितियाँ उसके मन को कलुषित नहीं कर पातीं। मन से उज्ज्वल तथा पवित्र, भविष्य के प्रति आस्थालु अन्त में यही नारी साहस के साथ इन सारे अनचाहे बन्धनों को झटकते हुए, आकांक्षित पथ और आकांक्षित भविष्य के पथ पर कदम रख देती है। दूसरे के गर्भ को ढोने वाली इस नारी को नयी चेतना का युवक कामेश्वर सहर्ष स्वीकार करता है, उसे अपनी परिणीता बनाता है। यह कामेश्वर भी एक नारी द्वारा ही गढ़ा हुआ नवयुवक है और भाभी के रूप में इस तेजोद्दीप्त नारी चरित्र को भी नागार्जुन ने अपनी सारी क्षमताओं के साथ प्रस्तुत किया है।

मध्यवर्गीय नारी पात्र इन उपन्यासों में सर्वाधिक मुखर हैं। एक ओर वे नारियाँ हैं, जो परम्परागत रूढ़ियों के मोहजाल को ओढ़े, अत्याचारों से आहत तन और मन के बावजूद पति परमेश्वर की दासता करते हुए मर जाने में ही अपने जीवन की सार्थकता समझती हैं; दूसरी ओर वे, जो यातनाओं के प्रति सजग होते हुए भी सामाजिक लोकलाज, नियमों तथा मर्यादाओं के अंकुश के कारण घुट-घुटकर अपने जीवन को निःशेष कर देती हैं। सामाजिक बन्धन उनके लिए इतने कठोर हैं, नियमों का जाल इतना पेचीदा है कि पुरुष-वर्ग की सारी अनैतिकता को लक्ष्य करते हुए

भी उसके संरक्षण का तिरस्कार वे इसी कारण नहीं कर पातीं कि अन्ततः उन्हें उसी समाज में जीना और मरना है, जिसने नारी की नियति को युग-युग से पुरुष धर्म-स्वेच्छाचारों तथा न्याय आदि के खूँटे से बाँध दिया है। यशपाल के 'देशद्रोही' की चन्दा निष्कलुष होते हुए भी खन्ना के साथ अपने सम्बन्धों की सफ़ाई अपने पति को देने में असमर्थ है। शंकालु पति की नज़रों में वह अन्त तक व्यभिचारिणी ही रहती है। 'बूँद और समुद्र' की ताई जैसी बाँझ, रायबहादुरों की परित्यक्ता पत्नियाँ भी इन उपन्यासों में हैं। पुरुष-वर्ग के अत्याचारों ने बाहर से उन्हें इतना जड़, कठोर और ईर्ष्यालु बना दिया है कि लगता है कि उनके नारीत्व का मूल स्रोत ही सूख गया है। परन्तु यही बाँझ ताई सूने घर के घुपचुप वातावरण में नयी ब्याई हुई बिल्ली के बच्चों पर अपना सारा नारी-सुलभ वात्सल्य उँड़ेल देती है, अवैध सन्तान को जन्म देनेवाली, सब ओर से ठुकराई गयी तारा जैसी असहाय नारी को सामाजिक कोप का लक्ष्य बनते हुए भी न केवल संरक्षण देती है, वरन् उस नयी जिन्दगी को बाहर लाने के लिए भी अपनी सारी मानवीय करुणा तथा वात्सल्य के साथ छटपटा उठती है, जो अवैध बनकर तारा के गर्भ में कसमसा रही थी। मध्यवर्गीय यौन-विकृतियों से पूर्ण 'मनुष्य के रूप' की मनोरमा जैसे नारी-चरित्र भी इन उपन्यासों में हैं, जो जीवन में स्वच्छ, सन्तुलित राह ढूँढ़ने में असमर्थ सँकरी-से-सँकरी गलियों में भटकते जाते हैं। प्रेम और विवाह का प्रश्न भी इन शिक्षित मध्यवर्ग की नारियों के लिए एक बहुत बड़ी समस्या है। सब अपने वैयक्तिक ढंग से इस प्रश्न को सुलझाना चाहती हैं। कुछ को यह समाधान प्रेम और विवाह के दो जीवन अलग-अलग बिताते रहने में ही दिखाई पड़ता है; और कुछ निरन्तर आत्मदान के लिए प्रस्तुत रहती हैं। यशपाल के उपन्यासों की कुछ नारियाँ इसी प्रकार की हैं, जिनके लिए विवाह की कोई सार्थकता नहीं। कुछ नारी-पात्र ऐसे भी हैं, जो अपनी क्षमताओं के कारण साफ़ रास्ता ढूँढ़ने में सफल हो जाते हैं; परन्तु अधिकांश का व्यक्तित्व पीड़ा, घुटन, आत्मग्लानि, पश्चात्ताप आदि में ही ग़र्क हो जाता है। इस प्रकार के नारी-पात्रों के लिए यशपाल के उपन्यासों की ओर हम इशारा कर चुके हैं। राजेन्द्र यादव, अमृतराय, मोहन राकेश आदि के उपन्यासों में भी मध्यवर्ग के कुछ सजीव नारी-चरित्र उभरे हैं। कुछेक अपवादों को छोड़कर इन उपन्यासों में अधिकतर मध्यवर्गीय नारी की वह मानसिक संक्रान्ति ही परिलक्षित है, जो अर्थ तथा काम की परिधि में घिरी, सामाजिक पराधीनता तथा वैयक्तिक स्वातन्त्र्य की गहरी कश्मकश के बीच नारी के स्वतन्त्र स्वस्थ व्यक्तित्व को एक समस्या ही बनाए हुए हैं। 'बूँद और समुद्र' की ताई, बड़ी, वनमाला, 'दादा कॉमरेड' की शैल, 'देशद्रोही' की राज, चन्दा, यमुना, 'मनुष्य के रूप' की मनोरमा, 'झूठा-सच' की तारा, शीलो, 'उखड़े हुए लोग' की जया, 'बीज' की राजेश्वरी आदि मध्यवर्ग की ही नारियों के विविध रूपों की प्रतिनिधि हैं। मध्यवर्गीय कथा-तत्त्व

वाले इन उपन्यासों के नारी-पात्र भी इसी कारण सक्रिय चरित्रों के स्तर तक नहीं पहुँच सके हैं कि यह इस वर्ग का अपना चारित्र्य ही है। कतिपय लेखकों के अपने मध्यवर्गीय संस्कार भी इन चरित्रों के सन्दर्भ में आड़े आये हैं। नारी-पात्रों में भी सक्रिय चरित्र निम्न वर्ग द्वारा ही सामने आ सके हैं। उखड़ते हुए मध्यवर्ग में नारी बहुधा अपनी स्थिति-रक्षा और अपने अस्तित्व को सँभालने में ही अधिक सजग रही है। कुल मिलाकर, ये उपन्यास मध्यवर्गीय नारी की नाना समस्याओं को जीवित चरित्रों के सन्दर्भ में सफलतापूर्वक अंकित और प्रस्तुत कर सके हैं।

समाज के विभिन्न वर्गों के प्रतिनिधि पुरुष तथा नारी-पात्रों के चित्रण में इन कथाकारों ने यथार्थ के आग्रह को एक पल के लिए भी नहीं छोड़ा है। यथार्थ के अभाव में ये इतनी सजीव आकृतियों में अपने वर्गगत चरित्रों को लिए हुए उभर ही नहीं सकते थे! यथार्थ की सन्तुलित रेखाओं के कारण ही इन पात्रों की अपनी वैयक्तिक विशेषताएँ भी सहज ही स्पष्ट हो सकी हैं। कुछेक अपवादों को छोड़ दिया जाये, जहाँ कतिपय पात्र परिस्थितियों के प्रवाह में या लेखक के अपने आग्रह के कारण अपनी स्वतन्त्र इयत्ता को सामने नहीं ला सके हैं, तो अधिकांश में इनकी चरित्र-सृष्टि अपने रचयिताओं की चित्रण-क्षमता का ही परिचय देती है। कुछ लोग आरोप लगाते हैं कि समाजवादी-प्रगतिशील आस्था वाले इन कथाकारों के चरित्र यथार्थ का नहीं अयथार्थ का उदाहरण पेश करते हैं। मानव-मूल्यों के प्रति विशेष चिन्तित एक धर्मवीर लेखक ने अपनी एक पुस्तक में आज के कथा-नायकों की नपुंसकता का उल्लेख करते हुए अयथार्थ वाली यह बात काफ़ी जोर देकर प्रचारित की है। कथानायकों की नपुंसकता तथा अयथार्थ का यह शिकवा करने के पहले इस प्रतिभाशाली लेखक को एक बार अपने उपन्यासों के कथा-नायकों को भी देख लेना था। जो बात उसने जैनेन्द्र, अज्ञेय आदि के कथानायकों के बारे में कही है, सीधे ही वह उसके अपने कथानायकों पर भी लागू होती है। यदि पूर्वाग्रह छोड़कर उस लेखक ने हिन्दी के वर्तमान कथानायकों की ओर दृष्टि डाली होती, तो जरूर उसे नागार्जुन, रांगेय राघव तथा भैरवप्रसाद गुप्त के उपन्यासों के नायकों में एक नया संस्करण भी दिखाई पड़ता, जैसा कि हिन्दी के तमाम प्रबुद्ध पाठकों को दिखाई पड़ा है। जिन सक्रिय या 'पाज़िटिव' चरित्रों की बात हमने पिछले पृष्ठों में की है, नागार्जुन, रांगेय राघव तथा भैरव के कथानक उनके जीते-जागते प्रमाण हैं। ये कथानायक जैनेन्द्र, अज्ञेय या भारती के कथानायकों की भाँति सचमुच नपुंसक न होकर उस पौरुष का उदाहरण प्रस्तुत करते हैं, जो किसी देश तथा जाति के माध्यम को नये सिरे से सँवार सकता है। स्मरण रहे कि इन नायकों का यह पौरुषवान व्यक्तित्व लेखक की कल्पना की उपज अथवा अयथार्थ न होकर, आज के युग के उभरते हुए मनुष्य का जीता-जागता यथार्थ है। इस यथार्थ से आँख मिलाने तथा उसे स्वीकार करने का

साहस तथा ईमानदारी अवश्य अपेक्षित है। चरित्रों की इस सजीव भूमिका का एक प्रधान कारण मानव-प्रकृति से इन लेखकों का घनिष्ठ परिचय है। मानव-प्रकृति ही नहीं, विविध वर्गों की सामाजिक भूमिकाओं का भी इन्हें पूरा ज्ञान है। सजीव-से-सजीव रेखाचित्र हमें इनके उपन्यासों में प्राप्त होते हैं। विभिन्न मनोवृत्तियों वाले, विभिन्न पेशों वाले, विभिन्न वर्गों के एक-से-एक पात्र एक के बाद एक पाठक के नेत्रों के सामने से गुजरते जाते हैं और पाठक आसानी से उन्हें पहचानता चलता है। इन्हीं पात्रों में से अनेक अपनी गहरी मानवीय भूमिका के कारण पाठक के मर्म को छू लेते हैं। ये वे पात्र हैं, जिन्हें हम अपनी रोजमर्रा की ज़िन्दगी में देखने के आदी हैं। प्रगतिशील, पिछड़े हुए, प्रतिक्रियावादी सभी प्रकार के पात्र इनमें हैं। ये कोरी कल्पना के बल पर गढ़े हुए अथवा सामाजिक जीवन से कटे लेखक के अपने बनाये हुए पुतले नहीं, यथार्थ की सजीव रेखाओं से चित्रित इसी समाज के सामान्य व्यक्ति हैं। उन्हें पहचानने के लिए बहुत पैनी दृष्टि की आवश्यकता नहीं, और न ही उन्हें ढूँढ़ने के लिए चिराग की ज़रूरत है। वे तो ज़िन्दा आदमियों की भाँति सहज ही हमें अपने चारों ओर मिल जाते हैं। हाँ, उन्हें देखने और पाने के लिए उस स्तर की संवेदना अवश्य चाहिए, जो हमें सड़क के इन चलते-फिरते मनुष्यों से जोड़ सके। अज्ञेय, जैनेन्द्र या भारती के अपने पात्रों से मुलाकात के लिए भले ही पाठक को प्रयत्न करना पड़े, बड़े-बड़े बंगलों, होटलों, क्लबों तथा कुछ खास किस्म के परिवारों के भीतर जा सकने की सुविधा जुटानी पड़े, बलचनमा, रतिनाथ की चाची, भभीखन सिंह, जैकिसुन, चेतन, पुरी आदि-आदि तो नज़र डालते ही आसपास दिखाई पड़ जायेंगे। इन सामान्य पात्रों के बल पर ही इन लेखकों ने अपने उपन्यासों को आज के समाज तथा युग-जीवन का प्रतिनिधि बनाया है, साथ ही आज के मनुष्य की सही और सच्चे चित्र से पाठकों को परिचित कराया है।

अपने कथा-शिल्प के प्रति भी ये उपन्यासकार पर्याप्त सजग रहे हैं। प्रगतिशील कवियों की भाँति इनका लक्ष्य भी युग के यथार्थ को प्रभावशाली ढंग से पाठक-समाज तक पहुँचाना रहा है और इसके लिए कथ्य का जो भी ढाँचा, रूप का जो भी आकार इन्हें सर्वाधिक सजीव प्रतीत हुआ है, उसे इन्होंने अपना लिया है। इनके उपन्यासों का एक प्रधान आकर्षण गहरी समस्याओं, दार्शनिक ऊहापोहों, सामाजिक चिन्तन तथा मनोवैज्ञानिक भूमिकाओं के बावजूद उनका सजीव कथानक तथा उसे पाठकों के समक्ष प्रस्तुत करने वाली उनकी जीवन्त चरित्र-सृष्टि ही है। यदि कथ्य में ही जान नहीं, कथा में ही रोचकता नहीं, चरित्रों में सप्राणता नहीं, तो गहरे-से-गहरे और मूल्यवान-से-मूल्यवान निष्कर्षों का भी किसी के लिए क्या अर्थ होगा! वस्तुतः कथा और चरित्रों के ही माध्यम से पाठक उपन्यास की भीतरी परतों में प्रवेश करता है। कथा के सूत्र तथा चरित्रों की बहुरंगी योजना ही उन्हें अपने साथ-साथ ले चलती

है और इस प्रकार आगे बढ़ते हुए ही वे कथाकार के वास्तविक मन्तव्य तथा कथा की मूल दृष्टि को भी आत्मसात करते रहते हैं। यही कारण है कि इन लेखकों ने अपने उपन्यासों की कथा को अधिकाधिक रोचक बनाने का प्रयास किया है। कथातत्त्व के प्रति इनकी यह सजगता ही इनके उपन्यासों के आधुनिकतावाद का लेबुल लगाकर आने वाली ढेर सारी प्रयोगात्मक तथा एण्टी-नावेल जैसी कृतियों के बीच आज भी सबसे ज्यादा लोकप्रिय बनाये हुए है। इन लेखकों का मन्तव्य प्रयोगों की अतिशयता में कथातत्त्व को उलझा देना कभी नहीं रहा। मसीहा बनकर न तो ये अपने उपन्यासों में आये हैं और न ही पन्नों-के-पन्नों नितान्त नीरस प्रवचन ही इन्होंने दिये हैं। चरित्रों के भीतर अधिक गहरे पैठने के मोह में उन्होंने सामाजिक भूमिका से एकदम विच्छिन्न कर देने की मनोवृत्ति भी इनकी नहीं रही। वस्तुतः इन्होंने प्रेमचन्द की ही प्रणाली को युगानुरूप नया संस्कार देते हुए विकसित तथा पुष्ट किया है। अमरकान्त का ही उदाहरण लें। उनके उपन्यास में 'आधुनिक' प्रयोग तथा 'आधुनिक' शिल्प जैसी कोई बात नहीं, फिर भी उनका उपन्यास पाठक के मर्म को छू लेता है। आखिर इसका क्या कारण है? इसका एकमात्र कारण इन कथाकारों द्वारा अपनाया जाने वाला सहज-शिल्प है, इन उपन्यासों का गहरे सामाजिक आशय से युक्त कथ्य है। सरलता तथा सादगी का भी अपना कितना मार्मिक प्रभाव होता है, इसे अमरकान्त की कृतियाँ सूचित करती हैं। कहने की बात नहीं कि सरलता तथा सादगी का गुण यह भी बड़ी साधना के बाद प्राप्त होता है। हर कोई इसका अधिकारी नहीं हो पाता। सारे प्रगतिशील कथाकार एक स्वर से शैली तथा शिल्प की अस्पष्ट, दुर्बोध तथा अनगढ़ परिणतियों से रहित कथानक की सफ़ाई तथा चरित्रों की कथा शिल्प के समारोह के बिना भी सीधे पाठक के मर्म का स्पर्श करती है। महत्त्व बात का होता है, बतकही का नहीं। कथाशिल्प की यह सप्राणता ही है, जो 'झूठा-सच' जैसे वृहत् कलेवर वाले उपन्यास में एक दशक के समूचे इतिहास को कलाकार की कला के साथ नियोजित करने में सक्षम रही है। नागार्जुन के 'बाबा बटेसरनाथ', 'उग्रतारा' तथा रांगेय राघव के 'हुजूर' आदि में कथा कहने की नयी भूमिकाएँ भी दीख पड़ती हैं—विशेषकर 'उग्रतारा' की 'फ्लश बैक' वाली टेकनिक तो अतीव प्रभावशली है, परन्तु यह नवीनता उस नवीनता से भिन्न है, जिसे कुछ लोग आज नारे के रूप में विज्ञापित कर रहे हैं और जिसके भीतर जाकर या तो कथ्य खो जाता है, या गुमराह हो जाता है। कुल मिलाकर यही कहा जा सकता है कि प्रगतिशील कथाकारों ने 'उपन्यास' को सही माने में उपन्यास बना रहने दिया है। आज के युग में जबकि नये-नये कथारूपों की बाढ़-सी आ गयी है, इन सारे सतही आकर्षणों से अपने को बचाकर, यथार्थ के प्रति, उपन्यास की अपनी कला के प्रति ईमानदार रहकर, इन लेखकों ने अपने साहित्यिक गाम्भीर्य तथा साहस का

ही परिचय दिया है। कहने की बात नहीं कि हिन्दी के प्रसिद्ध पाठक-समाज के बीच उन्हें जो लोकप्रियता मिली है, उसका एक बहुत बड़ा कारण उनकी यह लेखकीय ईमानदारी तथा निष्ठा ही है।

सामान्य जनजीवन की ओर प्रगतिशील लेखकों की रुझान ने उनकी सजग यथार्थ-दृष्टि का आश्रय पाकर हिन्दी में प्रथम बार 'आंचलिक उपन्यास' जैसी विधा की सृष्टि की है, जो रोमांटिकता के हलके स्पर्श के बावजूद यथार्थवादी परम्परा में एक नये अध्याय की वृद्धि करते हैं। ग्रामीण जीवन के यथार्थ का चित्रण यों तो प्रेमचन्द के उपन्यासों की भी एक विशेषता है; परन्तु प्रेमचन्द के उपन्यासों में, जैसा कि डॉ. रामविलास शर्मा का कहना है, आंचलिकता से अधिक हिन्दुस्तानीपन है। उनको पढ़कर प्रत्येक अंचल और प्रदेश का पाठक अनुभव करता है कि जैसे वे उसके अंचल या प्रदेश की बात कह रहे हों। इन आंचलिक उपन्यासों में अंचल को विशिष्टता देते हुए उसके लोक-जीवन तथा उसकी अपनी समस्याओं को चित्रित किया गया है। अंचल-विशेष की अपनी समस्याएँ, उसका अपना व्यक्तित्व, उसकी प्रकृति, उसकी रोजमर्रा की जिन्दगी, हर्ष-विषाद, उसकी जनता के अपने रीति-रिवाज, रहन-सहन, बोली-बानी, इन उपन्यासों के कथापट का निर्माण करती है। वृन्दावनलाल वर्मा के उपन्यासों में हम इन आंचलिक उपन्यासों का एक प्राथमिक आभास प्राप्त कर सकते हैं, जो बुन्देलखण्ड के जन-जीवन को सजीवता से मूर्त करते हुए प्रथम दृष्टि में ही पाठकों को आकर्षित करते हैं। यह परम्परा आगे चलकर सर्वप्रथम नागार्जुन में अपनी सशक्त अभिव्यक्ति करती है, जिनके उपन्यासों का कथापट मिथिला की धरती और वहाँ के निवासियों की गाथा को सजीवता से प्रस्तुत करता है। रेणु के उपन्यास इसे एक कदम आगे जाकर बिहार के पूर्णिया ज़िले की केन्द्रीय पृष्ठभूमि में जीवित करते हैं। भैरवप्रसाद गुप्त की 'गंगा मैया', 'सती मैया का चौरा' कृतियाँ इस परम्परा में नयी कड़ियाँ जोड़ती हैं। उदयशंकर भट्ट के 'सागर लहरें और मनुष्य', लक्ष्मीनारायण लाल के 'बया का घोंसला और साँप', रांगेय राघव के 'कब तक पुकारूँ' जैसे उपन्यास उसे और समृद्ध करते हैं। मध्यवर्ग की नगरों की चहारदीवारी में घिरी-घुटती, उदास, बेबस जिंदगी का चित्रण करने वाले उपन्यासों की एक लम्बी परम्परा से ऊबे हुए पाठक को इन आंचलिक उपन्यासों ने अंचलों के उन्मुक्त प्राकृतिक वातावरण तथा वहाँ की सामान्य जनता के बीच ले जाकर जैसे खुली हवा में साँस लेने का अवसर प्रदान किया हो। नगर के घुटे हुए जीवन से प्रतिक्षण आँखें मिलाने वाले पाठक का अंचलों की जनता से यह साक्षात्कार, वहाँ की प्रकृति, वहाँ के उत्सव-समारोहों, हास-विलास, खेत, चौपाल, ताल-तलैयों से यह व्यापक परिचय प्रत्येक दृष्टि से महत्त्वपूर्ण कहा जा सकता है। उसने न केवल नागरिक पाठकों की संवेदना-भूमियों को ही विकसित किया, उनके मन में

नगरों से दूर रहने वाले निरन्तर संघर्षशील, एक उपेक्षित जन-समाज के प्रति गहरी आत्मीयता को भी जन्म दिया। यही नहीं, टूटती आस्थाओं तथा खण्डित व्यक्तित्व वाले नागरिक मध्यवर्गीय पाठक को इन उपन्यासों की संघर्षशील जनता ने आस्था की नयी भूमियाँ भी दिखाईं। पहले जिनके बारे में वह यदा-कदा सुन भर लेता था, इन उपन्यासों में वे अपने सारे जीवन को लिए जैसे स्वयं उसके सम्मुख उपस्थित हो गये हों। इस प्रकार नागरिक तथा ग्रामीण जीवन के बीच बढ़ते हुए पार्थक्य को इन उपन्यासों ने एक सीमा तक—परिचय की भूमिका तक ही सही—कम करने की चेष्टा की है। नागार्जुन के उपन्यासों में मिथिला के संघर्षरत, रूढ़ियों के जाल को तोड़ने के लिए आकुल किसान सक्रिय हैं, उनमें सामन्ती बन्धनों से जकड़े हुए नारी-समाज का चित्रण है, उस नयी पौध का आख्यान है, जो संघर्षों से बोझिल, अपनी प्राकृतिक सुन्दरता में अत्यन्त रमणीय, ताल-तलैयों, कमलों और तालमखानों से परिपूर्ण, अमराइयों की छाया में जुड़ती हुई मिथिला की धरती को युग-युग के पिछड़ेपन तथा शोषण से मुक्ति दिलाने के लिए जीवन्त-से-जीवन्त अभियानों का हौसला बाँध रही है। उनमें वरुण के वे बेटे हैं, जो अपने पुश्तैनी गढ़पोखर को सरकार तथा ज़मींदारों के बढ़ते हुए पंजों से सुरक्षित रखने के लिए जान की बाज़ी लगा देते हैं। इनमें यदि एक ओर घुटते-पिसते गाँव के जनसाधारण की कथा है, जो अचांलिक जीवन की सारी विशिष्ट भाव-भंगियों के साथ कही गयी है, तो दूसरी ओर नयी चेतना का प्रत्यक्षीकरण भी है। इस प्रकार नागार्जुन के उपन्यास आंचलिक जीवन की सजीवता के साथ-साथ यथार्थ को भी उसकी समग्रता तथा गतिशीलता में प्रस्तुत करते हैं। रेणु के उपन्यासों—'मैला आँचल' तथा 'परती परिकथा'—में आंचलिक उपन्यास की कला अधिक सजीव है, तथा अंचल की सारी ऊपरी विशेषताओं का घनीभूत तथा विस्तृत चित्रण है, सुन्दर-से-सुन्दर रेखाचित्रों, लोक-कथाओं एवं गीतों का एक अभाव है। उनकी एक विशिष्टता इस बात में भी है कि 'परती परिकथा' के परानपुर में ही वे स्वातन्त्र्योत्तर भारत के समूचे नव-निर्माण की कलात्मक नियोजना में भी सफल रहे हैं। उनमें हास्य एवं व्यंग्य का भी अच्छा माद्दा है—यद्यपि अधिकतर इसका लक्ष्य जन-सामान्य को ही बनाया गया है, और उसी के मूल्य पर पाठकों को रिझाने की कोशिश की गयी है। यह एक अवांछित प्रवृत्ति है, जिसके शिकार जाने-अनजाने रेणु बने हैं। वैचारिक भूमिका पर भी एक निरुद्देश्यता, कम-से-कम उनकी 'परती परिकथा' में दिखाई पड़ती है। इस कृति में लेखक की दृष्टि नकारात्मक ही अधिक है—गौरवान्वित किया गया है, तो मध्यवर्ग के ज़मींदार-नायक को। परन्तु इन असंगतियों के बावजूद—जो लोक-जीवन के चित्रण का दावा करने वाले लेखक के सन्दर्भ में बहुत महत्त्वपूर्ण हैं—इन उपन्यासों में लेखक की उक्त उपलब्धियाँ पर्याप्त भास्वर हैं। ये उपलब्धियाँ ही आंचलिक जीवन के एक महत्त्वपूर्ण चितेरे के

रूप में रेणु को स्थापित करती हैं। भैरव की कृति 'गंगा मैया' में बलिया की धरती के विद्रोह का अंकन है। 'सागर लहरें और मनुष्य' बम्बई के समुद्र-तट पर बसने वाले मछुवाहों के संघर्षशील जीवन की कथा कहता है, जिसमें नागरिक सीमाओं के भीतर पल्लवित होने वाली एक विशेष प्रकार की आंचलिकता का भी पुट है। लक्ष्मीनारायण लाल की कृतियों में अवध-प्रदेश का लोक-जीवन तथा रामदरस मिश्र की नयी कृति 'पानी के प्राचीर' में भोजपुरी अंचल के जीवन का चित्रण हुआ है। इन उपन्यासकारों की विशिष्टता इसी बात में है कि इन्होंने सामान्य जन-जीवन को अपनी सारी आत्मीयता तथा सहानुभूति के साथ चित्रित किया है। इस जनता में अंधविश्वास भी है, प्राचीन संस्कारों की घनीभूत छायाएँ भी विद्यमान हैं, परन्तु इनमें नये जीवन को ग्रहण करने की, मुक्ति की बलवती आकांक्षा भी है। पुरानी रूढ़ियों-रीतियों से त्रस्त घुट-घुटकर जीने और मरने वाले लोग भी यहाँ है और केवल जीने के लिए ही नहीं—अच्छी जिन्दगी जीने के लिए संघर्ष करता जन-जीवन भी यहाँ मुखर है। इन उपन्यासकारों ने इस सारे इतिवृत्त को अपनी कृतियों में सजीव अभिव्यक्ति दी है, उसे यथार्थ के गाढ़े रंगों में अंकित किया है। एकाध अपवाद को छोड़कर इनकी प्रगतिशील दृष्टि की सार्थकता यही है कि इन्होंने पिछड़े हुए जीवन से आक्रान्त इन अंचलों की स्वस्थ, सबल जिन्दगी जीने की आकांक्षा को अपनी सारी क्षमताओं के साथ सम्पूर्ण आस्था और विश्वास से मूर्त किया है। यथार्थ का जो नया विकास इन आंचलिक उपन्यासों में द्रष्टव्य है, इसी कारण सजग पाठक द्वारा आगे बढ़कर उसे ग्रहण किया गया है। अजित पुष्कल जैसे नये आंचलिक कथाकार भी इस यथार्थ को सामने ला रहे हैं। आज जबकि आंचलिकता को एक फैशन के रूप में ग्रहण कर नित नये-नये कथाकार और कुछ पुराने भी, उसे एक रूढ़ प्रवृत्ति के रूप में ढालते हुए, दर्शन देने लगे हैं, प्रगतिशील आस्था वाले नये यथार्थ-द्रष्टा कथाकारों के ऊपर यह ज़िम्मेदारी आ गयी है कि उसे फ़ैशन-परस्ती से बचाते हुए ताज़ेपन से युक्त बनाए रखें। कहना न होगा कि इसके लिए सामाजिक यथार्थ के खरे बोध की ज़रूरत है, तभी आंचलिक उपन्यास की विधा जी सकती है।

हिन्दी के प्रगतिशील कथा साहित्य की कतिपय प्रमुख प्रवृत्तियों के इस संक्षिप्त परिचय के पश्चात् कतिपय उन प्रश्नों पर भी दृष्टिपात कर लेना आवश्यक होगा, जो इन उपन्यासों तथा उनके लेखकों के सन्दर्भ में इस समूची अवधि के बीच जब-तब उठाए जाते रहे हैं। यों तो आरोपों की फ़ेहरिस्त काफ़ी लम्बी हो सकती है, परन्तु संजीदगी के साथ विचार करने लायक बातें दो-चार ही हैं।

पहला प्रश्न प्रमुख रूप से यशपाल के उपन्यासों के सन्दर्भ में उठाया गया है। इसका सम्बन्ध यशपाल के उपन्यासों में पाये जाने वाले यौन-प्रसंगों, विशेषतः सामाजिक तथा राजनीतिक समस्याओं के बीच उनकी अनिवार्य उपस्थिति से है।

यशपाल की अनेक कृतियों में मध्यवर्गीय यौन-कुण्ठाओं की भूमि पर रोमांस और राजनीति का यह सम्मिश्रण दिखाई देता है–प्रगतिशील समीक्षकों तक ने जिसकी ओर उँगली उठाई है। यशपाल के पात्र मध्यवर्गीय पात्र हैं। नारियाँ तथा पुरुष सब अन्य वर्जनाओं के साथ-साथ यौन-कुण्ठाओं तथा यौनगत वर्जनाओं से भी पीड़ित हैं। प्रणय, विवाह और सन्तानोत्पत्ति–जैसे विषयों पर अपनी वर्गीय दृष्टि को लिए, उन पर प्रगतिशीलता का रंग चढ़ाते हुए वे राजनीतिक तथा सामाजिक जीवन में भी सक्रिय होते हैं। उनके राजनीतिक-सामाजिक क्रिया-कलाप अलग चलते रहते हैं और उनकी यौन-भावना भी उन्हीं के बीच अपनी अभिव्यक्ति करती रहती है। 'दादा कामरेड' में शैल और हरीश का प्रसंग, 'देशद्रोही' में चन्दा और खन्ना के सम्बन्ध, यमुना और राज जैसी नारियों के प्रेम-विवाह के प्रकरण, 'मनुष्य के रूप' में मनोरमा और 'गीता' में गीता का उच्छृंखल और यौन-व्यवहार, 'झूठा-सच' में तारा-शीला की यौन-ग्रन्थियाँ यशपाल के सम्बन्ध में लगाये गये उक्त आरोप को बल देती हैं। इस सम्बन्ध में यशपाल का तर्क है कि चूँकि उनके पात्र मध्यवर्गीय पात्र हैं, उनमें अन्य प्रकार की कुण्ठाओं के साथ यौन-कुण्ठाएँ भी हैं, यही कारण है कि यथार्थ के सन्दर्भ में उनके चरित्र की असलियत ही उनके उपन्यासों में उभरी है। फलतः उनके ऊपर लगाया गया उक्त आरोप निरर्थक है। उनका यह भी कहना है कि उनके उपन्यासों में नाना प्रकार की अन्य राजनीतिक-सामाजिक समस्याएँ भी हैं, पात्रों के चरित्रों के अन्य स्तर तथा आयाम भी हैं, परन्तु पाठक क्यों उनके यौन-प्रसंगों पर ही आँखें टिका लेता है? इसका अर्थ है कि उनके उपन्यासों का मध्यवर्गीय पाठक स्वयं यौन-ग्रन्थियों से आक्रान्त है, तभी उसकी दृष्टि अन्य सारी बातों को छोड़ते हुए उक्त प्रकार के प्रसंगों पर ही जा टिकती है। यशपाल के इस कथन में सत्यांश जरूर है। निश्चय ही उनके उपन्यासों में बहुत-कुछ है, जो इन प्रसंगों से कहीं अधिक जीवित, जागृत और महत्त्वपूर्ण है। परन्तु प्रश्न यह है कि एक प्रगतिशील कथाकार अपने मध्यवर्गीय पाठक-वर्ग की किसी विशिष्ट कमज़ोरी का लाभ क्यों उठाना चाहता है? होना यह चाहिए था कि वे मध्यवर्ग के पहलू को एक प्रगतिशील कथाकार की भाँति नये आयामों में उठाते और मध्यवर्ग की इस असलियत को सामने रखते हुए भी उसे प्रगतिशील सन्दर्भ देते, कमज़ोरी को कमज़ोरी के रूप में सामने लाते। परन्तु यह सब न करके यथार्थ के नाम पर उस कमज़ोरी को कथा की रोचकता का एक आवश्यक अंग समझते हुए तन्मयता तथा बारीकी के साथ चित्रण करना, संगत नहीं मालूम पड़ता। कदाचित नारी के सम्बन्ध में सामन्ती-बुर्जुआ दृष्टिकोण को उनका मध्यवर्गीय लेखक स्वयं अपने मस्तिष्क से पूरी तरह नहीं निकाल सका है। यशपाल प्रगतिशील विचारों के कलाकार हैं, परन्तु उनका विवेक जाने-अनजाने इस पक्ष में संस्कारों की चपेट में आ गया है। तभी उस अंतर्विरोध की सृष्टि हुई

है। यौन-भूमिका का प्रकटीकरण ही नहीं, ऐसी दृश्यावलियाँ भी उनके उपन्यासों तथा कथाओं में नियोजित हैं, जिन्हें एक प्रगतिशील कथाकार की सचाई नहीं माना जा सकता। कभी-कभी तो ऐसा भी लगता है जैसे मार्क्सवाद-सम्बन्धी यशपाल की धारणा भी साफ़ नहीं, अन्यथा वे 'ग्लास-वाटर' सिद्धान्त या विचार को मार्क्सवादी कहकर अपने पाठकों के गले के नीचे उतारने का प्रयत्न न करते। उनके उपन्यासों की यह भूमिका और मार्क्सवाद-सम्बन्धी उनके विचारों की भ्रान्ति, उन लोगों के हाथों में एक बहुत बड़ा अस्त्र बन गयी है, जिनका काम समाजवाद को दुनिया-भर की बुराइयों की जड़ बताना तथा प्रगतिशील साहित्य को केवल बकवास घोषित करना है। मार्क्सवाद और सेक्स के अन्योन्याश्रित सम्बन्धों का प्रतिपादन कर हिन्दी में जिस झूठ को फैलाया गया है—सामान्य पाठकों के सन्दर्भ में—उसका थोड़ा-बहुत दायित्व यशपाल और उन्हीं के समान इस कमज़ोरी से ग्रस्त दो-एक अन्य लेखकों पर भी है—राहुल जैसे प्रकाण्ड पण्डित भी जिसके अपवाद नहीं हैं। यशपाल के यौन-कुंठा-ग्रस्त नारी-पात्र अपनी गतिविधियों में ऐसी परिणतियों की सूचना देते हैं, जिनके कारण कुछ आलोचकों का कहना है कि यशपाल की नारियाँ तो आत्मदान के लिए आतुर रहती हैं, कोई पुरुष दिखाई पड़ा कि अपने नारीत्व के भार को उतार फेंकती हैं। उनके नारीत्व की सार्थकता केवल उच्छृंखल रति-प्रंसगों में ही है। उनके उपन्यासों के यौन-कुण्ठाग्रस्त ये पात्र प्रायः कम्यूनिस्ट भी दिखाये गये हैं। नारी तथा पुरुष कम्यूनिस्ट पात्रों के पारस्परिक यौन-सम्बन्धों को विस्तार से वर्णन कर यशपाल ने आलोचकों को यह कहने का मौक़ा भी दिया है कि कम्यूनिस्ट नैतिकता यही है। तात्पर्य यह कि मार्क्सवाद के सम्बन्ध में यशपाल के उपन्यासों ने बड़ी-बड़ी भ्रान्तियाँ खड़ी की हैं। 'झूठा-सच' जैसे उपन्यास तक में जो आद्यन्त यशपाल की सशक्त लेखनी का परिचय देता है, इस प्रकार के उदाहरण मिलते हैं। यशपाल के उपन्यासों की यह सीमा ही है, जो उनके उपन्यासों में किसी दृढ़, कर्मठ तथा सच्चे प्रगतिशील नायक की अवतारणा नहीं कर सकी है। उनके पुरुष-पात्र दुर्बल, कमज़ोर, नारी के अंचल में मुँह छिपाते हैं। वे बहुत सजीव हैं, परन्तु प्रगतिशील यथार्थ के पुरस्कर्ता नहीं। यह सारा इतिवृत्त ही यशपाल के समुचित मूल्यांकन में बाधक हुआ है। उन पर कोई भी सुस्पष्ट मत नहीं मिलता। आग्रहों, पूर्वाग्रहों तथा दुराग्रहों में उनका कलाकार फँसकर रह गया है। उनके कलाकार की सबसे बड़ी विडम्बना यह है कि एक ओर जहाँ मान्य आलोचक उन्हें मतवाद का प्रचारक, मार्क्सवाद का व्याख्याता तथा संकीर्ण घोषित करते हैं, वहाँ दूसरी ओर मान्य प्रगतिशील मार्क्सवादी समीक्षक उन्हें मार्क्सवादी या प्रगतिशील कथाकार तक मानने में संकोच करते हैं। उनका सबसे बड़ा आक्षेप यशपाल के उपन्यासों में दिखाये गये राजनीति तथा सेक्स के समन्वय को लेकर है। यशपाल की उपलब्धियाँ वस्तुतः बहुत जीवन्त हैं। उनका परिचय हम पिछले पृष्ठों में दे चुके हैं। प्रेमचन्दोत्तर कथा-युग के वे शीर्ष कथाकार

हैं, परन्तु उनके उपन्यासों का यह पक्ष अवश्य ही प्रगतिशील दृष्टि या प्रगतिशील कथाकार की लेखनी का अंग नहीं माना जायेगा। यशपाल जैसे व्यापक अनुभवों वाले कथाकार से मध्यवर्ग के यथार्थ को अंकित करने की ईमानदारी के इस रूप को देखने की आशा न थी। उनसे, इसके आगे बढ़कर इस वर्ग के यथार्थ की वह आकृति अपेक्षित थी, जो उसकी सीमाओं के बावजूद उसे सही भूमिकाओं पर, सही भविष्य के साथ उपस्थापित कर सकती। वस्तुतः यह यशपाल के विवेक पर उनके मध्यवर्गीय संस्कारों की विजय है, जिसे यशपाल के उपन्यासों का यह पक्ष प्रस्तुत करता है। प्रगतिशील यथार्थ जिस पाज़िटिव चरित्र-सृष्टि का आग्रही है, यशपाल के उपन्यासों में वह अभी तक प्रतीक्षित है। परन्तु बावजूद अपनी इस सीमा के, यशपाल का कथाकार युग का अत्यन्त समर्थ द्रष्टा है, और इसी भूमि पर हम उन्हें भी प्रेमचन्द की परम्परा का ही व्यक्ति स्वीकार करते हैं।

यशपाल के अलावा जिन अन्य कथाकारों में भी जहाँ कहीं उक्त यौन-भूमिकाएँ आयी हैं, उन्हें उन लेखकों के मध्यवर्गीय संस्कारों का ही प्रतिफल समझना चाहिए। परन्तु इस प्रकार की भूमिकाएँ अन्य लेखकों में विरल हैं, अधिकांश में हैं ही नहीं। जो लोग इस प्रकार के छिटपुट प्रसंगों की शोधकर समूचे प्रगतिशील कथा-साहित्य को लांछित करने का प्रयत्न करते हैं, उनके लिए हमारा यही कहना है कि प्रगतिशील कथा-साहित्य की उपलब्धियाँ इतनी भास्वर हैं कि इस प्रकार के सतही प्रयास उनके सन्दर्भ में कोई अहमियत नहीं रखते।

दूसरा आरोप प्रगतिशील कथा-साहित्य की तथाकथित राजनीतिक मतवादिता तथा उद्देश्यपरकता को लेकर है, जो यह समझ में नहीं आता कि क्या कोई लेखक निरुद्देश्य भी लिखता है? हम यह पहले ही कह चुके हैं कि प्रगतिशील चेतना का प्रत्येक लेखक सोद्देश्य साहित्य-सर्जना का संकल्प लेकर ही सृजन में रत होता है। प्रगतिवाद का अवतरण परम पिता के किसी निर्देश से हिन्दी साहित्य के बीच नहीं हुआ था, उसे ये लेखक, इतिहास तथा युग-जीवन की परिस्थितियाँ सोद्देश्य ही लाई थीं। इन उद्देश्यों की चर्चा भी हम पिछले पृष्ठों में एकाधिक बार कर चुके हैं। अतः जहाँ तक उद्देश्यपरकता का प्रश्न है, इसे हम आरोप नहीं समझते। प्रश्न राजनीतिक मतवादिता का है, और यह आरोप भी है।

इस आरोप को लगाने वालों में कुछ लोग ऐसे भी हैं, जिन्हें ये उपन्यास इस कारण प्रचारात्मक या कला की दृष्टि से दुर्बल दिखाई देते हैं कि उनमें मार्क्सवादी दृष्टि की स्थिति है। उनकी बातों में ऐसा भी झलकता है कि यदि उनमें इस दर्शन के अलावा किसी दूसरे भारतीय या पश्चिमी दर्शन की स्थिति होती, या मार्क्सवादी दर्शन का मखौल उड़ाया जाता या उसका विरोध किया जाता, तो ये उपन्यास-कला कि दृष्टि से भी सुन्दर होते और चिन्तन के धरातल पर भी ग्राह्य। तात्पर्य यह कि उन्हें एतराज है इन उपन्यासों में स्थित मार्क्सवादी जीवन-दर्शन से; इनके लेखकों

की प्रगतिशील आस्थाओं से। ऐसी स्थिति में सर्वप्रथम तो इस बात का स्पष्टीकरण आवश्यक है कि समस्त प्रगतिशील कथा-साहित्य में मार्क्सवादी जीवन-दृष्टि की नियोजना नहीं है, और जिनमें हैं, उनमें भी अधिकांशतः लेखकों ने किसी जीवन-दृष्टि की व्याख्या नहीं की, वरन् उसके माध्यम से देखे गये जीवन या युग के यथार्थ की नियोजना क्यों हुई है, सवाल यह है कि किसी भी कलाकृति में किसी भी दर्शन की ऐसी योजना क्यों हुई है, जो कलाकृति के रूप में उसे सन्दिग्ध बना दे? ज़ाहिर है कि जब कोई दर्शन ही किसी कलाकृति का सर्वस्व बन जाता है, तो उस कलाकृति का अस्त-व्यस्त हो उठना स्वाभाविक है। आवश्यकता कला की अपनी आवश्यकताओं के साथ ही उसमें किसी विचार-दर्शन अथवा उद्देश्य की नियोजना की है। प्रश्न का सन्तुलित रूप यही है, जिसे बहुत कम लोगों ने उठाया है। अधिकांश का सत्य तो पूर्वाग्रह ही है। ऐसे पूर्वाग्रही लोगों में कुछ तो वे लोग हैं, जो खुद कथाकार भी हैं। लक्ष्मीकान्त वर्मा, धर्मवीर भारती तथा सर्वेश्वरदयाल सक्सेना एक ओर तो इन उपन्यासों पर राजनीतिक मतवादिता का आरोप लगाकर उन्हें ओछा सिद्ध करते हैं, दूसरी ओर मार्क्सवाद-विरोध की प्रतिक्रिया के चरम स्तर तक ले जाते हुए खुद 'खाली कुर्सी की आत्मा' 'सूरज का सातवाँ घोड़ा' तथा 'सोया हुआ जल' जैसी सतही कृतियाँ प्रस्तुत करते हैं। 'परस्परं प्रशंसयन्ति' वाले सूत्र को जपते हुए एक-दूसरे की कृतियों में उन्हें कथा, कहानी, मानवीय संवेदनाएँ सब दिखाई पड़ती हैं, परन्तु प्रगतिशील उपन्यास इनसे सर्वथा रहित मिलते हैं। आलोचना का यह धरातल तथा उसके पुरस्कर्ताओं की ऐसी ज़हनियत कतई उपेक्षा कर देने योग्य है और उपन्यास के प्रबुद्ध पाठक भी इस प्रकार की आलोचनाओं की असलियत से अच्छी तरह परिचित हैं। हाँ, जिन लोगों ने सवाल को संजीदगी से उठाते हुए प्रगतिशील कथाकारों में से कुछ की कतिपय कृतियों में प्रचारात्मकता, विचार-बोझिलता अथवा कला-हीनता की ओर इशारा किया है, उनकी बात अवश्य विचारणीय और एक सीमा तक हमें मान्य भी है। उनका कहना सही है कि जितनी मात्रा में ये बातें इन कथाकृतियों में आयी हैं, उतनी ही मात्रा में वे कमज़ोर हुई हैं। यशपाल, राहुल, रांगेय राघव, नागार्जुन, सभी की कृतियों में वे इस प्रकार के स्थल मिल जाते हैं। इनकी सब कृतियाँ समान रूप से कला की दृष्टि से सफल भी नहीं रहीं। एंगेल्स तथा राल्फ़ फ़ॉक्स बहुत पहले प्रगतिशील कथाकारों का ध्यान इन बातों की ओर आकर्षित कर चुके थे। एंगेल्स ने स्पष्ट कहा था कि कलाकृति में उद्देश्य जितना ही प्रच्छन्न रहे, कलाकृति के लिए यह उतना ही अच्छा होगा। राजनीतिक विचार आयें भी तो जीवित, सप्राण पात्रों के माध्यम से, कारण शक्तिशाली तथा सच्चा यथार्थ तो कथाकार के अतिरिक्त प्रयत्नों के बावजूद स्वतः घटनाओं तथा परिस्थितियों के बीच से फूट पड़ता है। राल्फ़ फ़ॉक्स ने भी लम्बे-लम्बे भाषणों की आलोचना करते हुए लेखकों से जीवन की गहराइयों में उतरकर सच्ची मानवीय संवेदनाएँ प्राप्त करने को कहा था। प्रगतिशील कथाकारों ने जहाँ भी इन

कथनों को नज़रअंदाज़ किया है, जहाँ भी वे आन्तरिक उद्देश्य सजग हुए हैं, वहीं असफल भी हुए हैं। जीवन के ताप से वंचित, मानवीय संवेदनाओं से रहित किसी कृति का मूल्य आँका भी क्या जा सकता है? मनुष्य तथा जीवन की अपनी सत्ता के आगे सारे दर्शन छोटे हैं। अतएव प्रगतिशील कथा-साहित्य में जहाँ भी इस प्रकार की कमजोरियाँ हैं, उन्हें हम स्वीकार करते हैं। परन्तु हमारा यह भी कहना है कि इन कमज़ोरियों के बावजूद इन उपन्यासों में ऐसा बहुत-कुछ महत्त्वपूर्ण भी है, जिसे नज़रंदाज़ नहीं किया जा सकता। इस महत्त्वपूर्ण पक्ष का विवरण अपनी विवेचना में हम दे चुके हैं। प्रगतिशील उपन्यासों की ये उपलब्धियाँ हैं, जो उन्हें स्थायी साहित्य का गौरव देती हैं। कमज़ोरियों को बढ़-चढ़ाकर देखने के पक्ष में भी हम नहीं हैं, उपलब्धियों के सन्दर्भ में ही उन्हें देखते हुए आवश्यक महत्त्व-भर मिलना चाहिए।

इसी सन्दर्भ में एक प्रश्न और भी उठता है। आखिर प्रेमचन्दोत्तर युग के वे कौन-से कथाकार हैं, जिनकी कृतियाँ सभी दृष्टियों से निर्दोष कही जा सकती हैं? क्या अज्ञेय की, या जैनेन्द्र की अथवा इलाचन्द्र जोशी या भगवतीचरण वर्मा की? या उन तमाम लेखकों की जो कथा-साहित्य के क्षेत्र में इनके साथ या इनके बाद उतरे हैं? कदाचित् किसी भी लेखक की किसी भी कृति के लिए ऐसा नहीं कहा जा सकता। ऐसी स्थिति में प्रगतिशील कथा-साहित्य पर कोई भी निर्णय देने के पूर्व प्रेमचन्दोत्तर समस्त कथा-साहित्य की इस भूमिका पर विचार कर लेना ज़रूरी हो जाता है। जो बात कमज़ोरियों के लिए सत्य है, वही उपलब्धियों के सन्दर्भ में भी महत्त्वपूर्ण है। प्रेमचन्दोत्तर युग के अन्य तमाम लेखकों की तुलना में प्रगतिशील कथाकारों की उपलब्धियाँ कहीं अधिक जीवन्त तथा भास्वर हैं। 'झूठा सच', 'बूँद और समुद्र', 'कब तक पुकारूँ', 'बलचनमा', 'उग्रतारा', 'सूखा पत्ता' जैसे उपन्यास प्रगतिशील जीवन-दृष्टि वाले उपन्यासकारों के माध्यम से ही हमें मिले हैं और इनमें से कुछ तो अंतर्राष्ट्रीय भूमिका तक ख्यात हुए हैं। कहने की आवश्यकता नहीं कि प्रेमचन्दोत्तर-युग में हिन्दी कथा-साहित्य उत्कर्ष के जिन सोपानों का स्पर्श कर सका है, उसमें प्रगतिशील कथा-साहित्य की अपनी उपलब्धियों की सर्वाधिक सक्रिय भूमिका है। बड़े-बड़े नामधारियों के बड़े-बड़े नामधारी उपन्यास जबकि हिन्दी के गिने-चुने पाठकों के बीच ही चर्चित होकर रह गये हैं, सामाजिक यथार्थ के सशक्त तथा सजीव अंकन को लेकर सामने आनेवाले प्रगतिशील उपन्यास युग-जीवन के सही और सच्चे प्रतिनिधि कहलाने का गौरव प्राप्त कर सके हैं। उनके पाठकों का समाज इसी कारण बड़ा है कि उसने उनमें अपनी सही छवियाँ देखी हैं, सही जीवन देखा है, साथ ही अपने उज्ज्वल भविष्य की वह चमकती-दमकती आकृति देखी है, जिसके लिए सदियों से वह संघर्षरत रहा है और आज भी है, तथा जो निकट भविष्य में उसके जीवन की सचाई बनने वाली है।

कथा-साहित्य (कहानी)

उपन्यासों के ही समानान्तर, इस अवधि की कहानी का विकास भी अत्यन्त द्रुतगति से हुआ है। विशुद्ध व्यावसायिक लक्ष्य लेकर प्रकाशित होने वाली ढेर सारी साप्ताहिक-पाक्षिक तथा मासिक पत्र-पत्रिकाओं के विपरीत 'हंस', 'नया साहित्य', 'नया पथ' तथा 'नयी कहानियाँ' जैसी प्रगतिशील विचारधारा वाली पत्रिकाओं ने इस विकास को प्रगतिशील दिशाओं की ओर मोड़ने में भरपूर योग दिया है। साथ ही, कहानी के क्षेत्र में अनेक नयी और सशक्त प्रतिभाओं को सामने लाने का श्रेय भी उनका है। प्रेमचन्द ने केवल उपन्यासों के क्षेत्र में ही एक नया प्रवर्तन नहीं किया था, हिन्दी कहानी को भी उनकी लेखनी तथा यथार्थ-दृष्टि का जीवन्त स्पर्श प्राप्त हुआ था। कहानी मात्र किस्सागोई के स्तर से ऊपर उठकर, उनके माध्यम से जीवन की अधिक गहरी भूमिकाओं से सम्पृक्त हो सकी थी। अब उसका उद्देश्य मनोरंजन या उपदेश देना न रह गया था। कौतूहल तथा घटना-चमत्कार की सतही भूमिकाओं को पीछे छोड़ते हुए जीवन के सूक्ष्म-से-सूक्ष्म तथा कटु-से-कटु सत्यों की व्यंजना द्वारा, मनोवैज्ञानिक आधार से युक्त, मानव-चरित्र तथा युग-चरित्र की बारीकियों का उद्‌घाटन करते हुए एक सर्वथा नयी आकृति लिए वह पाठकों के समक्ष प्रस्तुत हुई थी। दैनंदिन जीवन के यथार्थ के सजीव-से-सजीव चित्रों की स्थिति तथा युग-सत्य के विश्लेषण ने रचनाकारों के सम्मुख उसकी अशेष सम्भावनाओं को प्रत्यक्ष कर दिया था। पाठकों के बीच भी उसकी लोकप्रियता में आशातीत वृद्धि हुई थी। उपन्यास अपनी सारी क्षमताओं के साथ भी अपने वृहत् आकार तथा आधुनिक जीवन के समयाभाव के कारण जिन पाठकों तक न पहुँच सका था, कहानी सरलतापूर्वक उन पाठकों के मध्य भी अपना स्थान बना चुकी थी। ऐसी स्थिति में, इस अवधि में हिन्दी कहानी का सम्पन्नता की ओर बढ़ना स्वाभाविक ही था। प्रगतिवादी चेतना ने जहाँ रचनाकारों को कविता तथा उपन्यास-लेखन में जीवन के नये सन्दर्भ दिए, वहाँ कहानी के अन्तर्गत भी सामाजिक यथार्थ की अभिव्यक्ति की महती सम्भावनाओं को महसूस कर अनेक रचनाकारों ने इस माध्यम को भी आत्मीयतापूर्वक अपनाया। प्रेमचन्द की मिसाल यहाँ भी उनके सामने थी; प्रकाशन के लिए पत्र-पत्रिकाएँ भी थीं;

अतः इस क्षेत्र में भी उनकी परम्परा को अधिक पुष्ट रूप में आगे बढ़ाने के प्रयत्न हुए; साथ ही कतिपय नये और अधिक महत्त्वपूर्ण अभियानों की भूमिका भी बाँधी गयी। वस्तु की प्राणवान सत्ता को स्थिर रखते हुए प्रगतिशील कहानीकारों ने छोटी कहानियों के विषय-क्षेत्र को भी व्यापक बनाया; उसके शिल्प को भी नये आयाम और ऊँचाइयाँ दीं। युग की सारी आर्थिक, राजनीतिक और सामाजिक उथल-पुथल अपने मार्मिक तथा महत्त्वपूर्ण अंशों को लिए इन कहानियों का विषय बनी। जो बातें उपन्यासों में उतना निखरकर सामने न आ सकी थीं; अथवा उपन्यासों के अंतर्गत संवेदना के घनीभूत ताप के साथ जो बातें न कही जा सकी थीं, वे बातें इन कहानियों की केन्द्रीय वर्ण्य-वस्तु बनकर घनीभूत प्रभाव के साथ अपनी सत्ता का जीवित बोध कराते हुए इन कहानियों के माध्यम से पाठकों के समक्ष स्पष्ट हुईं। इसे दूसरे शब्दों में यों कह सकते हैं कि सामाजिक यथार्थ के जो अंश या मानवीय संवेदना को जागृत करने वाली जो भूमियाँ उपन्यास की तुलना में कहानी के रूप की माँग करती थीं, या जो कहानी में ही अभिव्यक्त हो सकती थीं, इन्हें इन कहानीकारों ने दृष्टि के सारे फैलाव, पैनेपन तथा भाव-बोध की समय-व्याप्ति के साथ ग्रहण करते हुए कहानियों में अभिव्यक्त किया। इनमें जन-सामान्य के दुख-दैन्य के मार्मिक-से-मार्मिक चित्र, स्वतन्त्रता-संग्राम की जीवित झाँकियाँ, मनुष्यता के उज्ज्वल भविष्य का नये-से-नया आख्यान, वर्ग-विषमता की सच्ची-साफ़ तसवीरें, उच्च वर्गों का रँगा-पुता जीवन, नारी-जीवन के हर्ष-विषाद तथा उसके अन्तर की नयी धड़कनें, अछूतों की मार्मिक जीवन दिशाएँ, मध्यवर्ग की त्रस्त, उखड़ती-टूटती, बेबस, वीरान जिंदगी, उसकी मानसिक संक्रान्ति, उसकी अपनी समस्याएँ, किसानों के संघर्ष, मज़दूरों की हड़तालें, कामचोर, आरामतलब तथा निकम्मे सरकारी कर्मचारियों के क्रिया-कलाप, प्राचीन तथा नवीन आदर्शों, मान्यताओं तथा जीवन-व्यवस्थाओं का संघर्ष, रूढ़ि-रीतियों की सड़ाँध, धर्म-प्रचारकों, समाज-सुधारकों तथा राजनीतिक नेताओं की आदर्शों के खोल में पनपती कारगुज़ारियाँ, वेश्याओं तथा उपेक्षिताओं की यन्त्रणाएँ, सब-की-सब तथा और भी न जाने कितनी बातें इतने सजीव और सहज ढंग से यथार्थ के जागृत सन्दर्भों में चित्रित की गयी कि प्रेमचन्द की भाँति ये कहानियाँ भी अपने युग-जीवन तथा भविष्य की उभरती चेतना का जीवन्त चित्र बनकर सामने आयी। रोज़मर्रा की ज़िन्दगी के सामान्य-असामान्य, महत्त्वपूर्ण-अमहत्त्वपूर्ण सारे प्रसंग इन कहानीकारों की यथार्थ-दृष्टि का अंग बनकर गहरे सामाजिक आशय के साथ इन कहानियों में मूर्त हुए। तेज़ी से भागते हुए समय के चरणों की एक-एक छाप को इन कहानियों ने युग की सारी जटिलता के बावजूद पाठक वर्ग के सम्मुख प्रत्यक्ष किया।

जैसा कहा, विषयगत वैविध्य के साथ-साथ इन कहानीकारों का ध्यान कहानी के शिल्प के युगानुरूप संस्कार की ओर भी रहा। इस युग के कतिपय कहानीकारों ने

जहाँ विषय और वस्तु की उपेक्षा करते हुए, या कैसी भी वस्तु और कैसे भी विषय को केवल शिल्प पर ही दृष्टि केन्द्रित कर, कहानी को अकहानी या 'एण्टी-कहानी' बनाने और शिल्प की प्रयोगशाला स्थापित करने में ही अपने कहानीकार की इतिकर्तव्यता समझी, वहाँ प्रगतिशील जीवन-दृष्टि से प्रेरित रचनाकारों ने वस्तु की प्राणवत्ता तथा अपने गहन सामाजिक आशय की सजीव अभिव्यक्ति के लिए ही कहानी के शिल्प को नया निखार देने की कोशिश की। इन कहानीकारों ने वस्तु और शिल्प को एक-दूसरे से विच्छिन्न न मानकर एक की पूर्ति दूसरे में देखी। फलतः उनकी कहानियाँ वस्तु तथा शिल्प की सम्मिलित प्राणवत्ता के साथ सामने आयीं। इन कहानीकारों ने कहानी के सीमित दायरे के भीतर अपनी प्रगतिशील दृष्टि की सम्यक् कलात्मक नियोजना की। अनेक कहानीकारों ने सामाजिक यथार्थ की अभिव्यक्ति के लिए व्यंग्य के माध्यम को भी अपनाया। 'सतसइया के दोहरों' की भाँति उनकी ये कहानियाँ बड़े गहरे अर्थों को लिए युग की राजनीति, समाज-व्यवस्था, अर्थ-व्यवस्था, धर्म, न्याय, रूढ़ि-रीतियों—मतलब युग-जीवन के सारे गलित अंशों पर और उन अंशों के पोषक व्यक्तियों की छाती पर 'गम्भीर घाव' करने वाली सिद्ध हुईं। प्रेमचन्द की कहानियों में भी इस व्यंग्य की मात्रा कम नहीं थी। निराला की कहानियों में भी इस व्यंग्यास्त्र का सफलतापूर्वक प्रयोग किया गया था। इन्हीं की परम्परा को प्रगतिशील कहानीकारों ने और भी पुष्ट तथा सार्थक रूप में अपनी कहानियों द्वारा आगे बढ़ाया। इन कहानीकारों की इस सजगता का ही परिणाम था कि हिन्दी का जो कहानी-साहित्य प्रेमचन्द के पहले लगभग शून्य था, प्रेमचन्द और इन परवर्ती रचनाकारों के योग से नये युग में आकर देश की किसी भी भाषा के कहानी-साहित्य के सम्मुख विश्वास के साथ खड़ा होने के योग्य बन सका। प्रगतिशील आन्दोलन ने यों तो इस अवधि के समूचे लेखकों को नयी सामाजिक चेतना की किरणें प्रदान की हैं, परन्तु जिन कहानीकारों ने कहानी को सामाजिक जीवन के बहुआयामी यथार्थ-चित्रण के माध्यम के रूप में अपनाते हुए प्रगतिशील जीवन-दृष्टि और प्रगतिशील आन्दोलन के रचनात्मक सरोकारों से जोड़ा, उनमें यशपाल, रांगेय राघव, राहुल सांकृत्यायन, भैरवप्रसाद गुप्त, भीष्म साहनी और अमृतराय के साथ चन्द्रकिरण सौनरेक्सा का नाम विशेष उल्लेखनीय है। इसी क्रम में अगली पीढ़ियों के हरिशंकर परसाई, मार्कण्डेय, अमरकान्त, शेखर जोशी, इसराइल समेत और भी नये कहानीकार हैं, जो प्रगतिशील आन्दोलन की इस विरासत (कहानी) को नयी सदी की दहलीज़ तक लाए हैं।

वस्तुतः अपने परवर्ती रचनाकाल में प्रेमचन्द कहानी को सामाजिक जीवन के यथार्थ की जिन सच्चाइयों से जोड़ते हुए सामने आये थे, प्रगतिशील आन्दोलन से जुड़े कहानीकारों ने उनकी इसी विरासत को रचना तथा विचार, दोनों आयामों पर

और भी पुष्ट किया। ऐसे कहानीकार भी सामने आये, जिनका सीधा सम्बन्ध भले ही प्रगतिशील आन्दोलन से न हो, परन्तु अपनी रचना में जिन्होंने सामाजिक यथार्थ के ही बहुआयामी चित्र प्रस्तुत किये। ऐसे कहानी लेखकों में उदय शंकर भट्ट, विष्णु प्रभाकर, अमृतलाल नागर, उपेन्द्रनाथ 'अश्क' जैसे वरिष्ठ रचनाकारों के साथ राही मासूम रजा, शानी, शैलेश मटियानी, शिवप्रसाद सिंह, 'कमलेश्वर', राजेन्द्र यादव, मोहन राकेश, रेणु तथा अधिक बाद के कहानीकारों क़ी एक पूरी पीढ़ी का योगदान है। ये वे कहानीकार हैं, जिनकी कहानियों में मध्यवर्गीय जीवन की विडम्बना भी अपनी यथार्थ रेखाओं में सामने आयी हैं तथा नगर, गाँव तथा कस्बाई जीवन, सब उनकी निगाह के दायरे में आये हैं।

इन पुराने तथा नये रचनाकारों के बीच आज का प्रबुद्ध पाठक आसानी से उन रचनाकारों को पहचान लेता हैं, जो सामाजिक जीवन के यथार्थ की केन्द्रीयता में ही अपनी रचना-यात्रा में आगे बढ़े हैं। कुछ रचनाकार यदि ग्राम्य-जीवन के यथार्थ सन्दर्भों में रमे हैं, तो कुछ ने नागर जीवन के यथार्थ को अपनी रचनाओं में केन्द्रीयता प्रदान की है। मुख्यतः मध्यवर्गीय जीवन के ही रेखाकार बनकर उभरे हैं, जबकि कुछ ने सभी वर्गों की यथार्थ ज़िन्दगी को अपनी दृष्टि की धार में उतारा है। कुछ की दृष्टि बाह्य परिवेश में सक्रिय हुई है और कुछ मानव-मन की भीतरी परतों में भी उतरे हैं। इनकी विशिष्टता इस बात में रही है कि इन्होंने मनोविज्ञान की विकृति के सामाजिक सन्दर्भों को उद्घाटित करते हुए उसकी सामाजिक भूमिका का उदाहरण प्रस्तुत किया है। तात्पर्य यह कि इन कहानीकारों ने युग के समूचे विस्तार से अनुकूल संवेदनाओं को ग्रहण करते हुए अपनी कहानियों का सृजन किया है। ये कहानियाँ समाज-रूपी एलबम के अनेकरूप चित्रों के समान हैं, जो अपनी समग्रता में व्यक्ति, परिवार तथा उससे और आगे बढ़ते हुए युग के समस्त यथार्थ का बोध कराती हैं।

प्रगतिशील उपन्यासों की भाँति प्रगतिशील-दृष्टि वाले इन कहानीकारों की कहानियाँ भी युग के यथार्थ को उसकी सजीव भूमिकाओं में, सारी विविधता के साथ उभारती हैं। जैसा हम कह चुके हैं, यहाँ भी प्रेमचन्द की विकसित यथार्थ-दृष्टि इन रचनाकारों के लिए उदाहरण बनती है। प्रेमचन्द ने अपने साहित्यिक जीवन में अनेक प्रकार की कहानियाँ लिखीं। कुछ में उनका आदर्शवादी दृष्टिकोण मुखर हुआ, कुछ सुधारवाद के विविध पहलुओं को लिए हुए सामने आयीं, परन्तु प्रेमचन्द के जिस कहानीकार ने नये और प्रगतिशील रचनाकारों को सर्वाधिक प्रेरणा दी वह 'कफ़न', 'पूस की रात', 'ठाकुर का कुआँ', 'शतरंज के खिलाड़ी', 'बड़े भाई साहब' तथा कुछ अंशों तक 'बूढ़ी काकी' जैसी कहानियों की रचना करने वाला उनका जागृत कहानीकार था। कोई लाग-लपेट नहीं, आदर्श स्थापन का कोई अस्वाभाविक

प्रयास नहीं, सुधारवाद का कोई अनपेक्षित आग्रह नहीं। 'कफ़न', 'पूस की रात' जैसी कहानियों में यथार्थ को यथार्थ के रूप में ग्रहण करते हुए ही उन्होंने अपनी सजग तथा ईमानदार दृष्टि का परिचय दिया था। 'कफ़न' कहानी इस तथ्य का प्रमाण है कि प्रेमचन्द मनुष्य की सारी नैतिकता को लूट लेनेवाली सामन्तवादी, पूँजीवादी समाज-व्यवस्था के साथ जीवन-भर अपना वैचारिक सामंजस्य न बिठा पाये थे। सामंजस्य बिठाना तो दूर की बात, हृदय के गहनतम स्तरों से वे इन अतिचारी व्यवस्थाओं से नफ़रत करते थे। मध्यवर्गीय समझौतावाद उनकी शक्ति से बाहर की चीज़ थी। उनका सीधा-सादा प्रश्न था कि जिस व्यवस्था में एक व्यक्ति बिना काम किये ऐश-आराम की ज़िन्दगी व्यतीत करता है, वह व्यवस्था यदि दूसरों के मन में भी इसी प्रकार की प्रवृत्ति जगाती है, तो आश्चर्य क्या? जो दिन-भर मेहनत करते हैं, वे भूखों मरते हैं; जो निष्क्रिय है, वह ऐश करता है; फिर क्या जरूरत है सिर खपाने की? माधव और घीसू का सत्य यही है। जब व्यक्ति को जीवित रहकर तन ढाँकने को कपड़ा नहीं मिलता, तो मरने पर 'कफ़न' का बोझ उस पर क्यों लादा जाये? घीसू का यह तर्क क्या इस व्यवस्था की बखिया उधेड़कर नहीं रख देता? प्रेमचन्द की ऐसी बहुत-सी कहानियाँ हैं, जिनमें यथार्थ की इसी भूमि पर जीवन के छोटे-बड़े प्रसंगों को लेते हुए, युग की विषमता, अनैतिकता एवं अराजकता के ज़िम्मेदार व्यक्तियों, संस्थाओं तथा व्यवस्थाओं पर कड़ी-से-कड़ी चोटें की गयी हैं। नये रचनाकारों की अधिकांश कहानियाँ इसी भूमि पर, यथार्थ की इसी जीवित जागृत चेतना को लेकर आगे बढ़ीं। निराला की 'चतुरी चमार' तथा 'देवी' जैसी लम्बी कहानियों में यही यथार्थ प्रतिबिम्बित है। उपेन्द्रनाथ 'अश्क' की कहानियाँ यथार्थ के इसी रूप को उघारती है। इसे संयोग कहिए या भाग्य, या युग की व्यवस्था, बाकर की जन्म-भर की इच्छा फलीभूत होते-होते जब चौधरी के सामने तड़प-तड़पकर दम तोड़ देती है, बड़े अरमानों से खरीदी गयी अपनी साँड़नी को जब चौधरी के एक इशारे पर उसके आगे छोड़, वह बिलकुल रिक्त, खाली-खाली-सा वहाँ से चल पड़ता है, तो बहुत-सी अन्य बातों के साथ-साथ जो बात सबसे अधिक उभरकर सामने आती है, वह यथार्थ की ज़िन्दगी के इस तिक्त, कड़वे यथार्थ की, साफ़-बेलौस तस्वीर ही है। चौधरी के सामने बाकर की ज़बान पर जैसे ताला लग जाता है। उसकी ज़बान खुले भी तो कैसे? किसी की जीवन-भर की इच्छा का किसी के एक इंगित पर दम तोड़ने लगना भी तो आज का यथार्थ हैं, जिसे अपनी 'डाची' नामक कहानी में 'अश्क' की सफल लेखनी ने सफ़ाई से मूर्त किया है। मध्यवर्ग की बेबसी, उसकी आन्तरिक कश्मकश, मानसिक संक्रान्ति, उसकी ढुलमुल यकीनी आदि के भी कुछ बड़े ही सजीव चित्र 'अश्क' ने अपनी कहानियों में अंकित किये हैं। नारी-पुरुष, सबकी टूटती-उखड़ती आवाज़ें 'अश्क' की इन कहानियों में सुन पड़ती हैं। खोखले आदर्शों तथा मनमोहक

स्वप्नों का भारी-भरकम बोझ लादे मध्यवर्गीय मानस की उस स्थिति को, जबकि यथार्थ की कटुताओं से टकराकर उसके सारे आदर्श और सारे स्वप्न उसकी आँखों के सामने ही चूर-चूर होने लगते हैं, ज़िन्दगी से हर पल समझौता करने की उसकी ताकत असमर्थ होते-होते स्वयं उसी के मुँह पर तमाचे लगाती है और अन्ततः निरीह हो उठती है; भीतर का सारा उबाल, सारा आवेश बाहर सक्रिय होने में अपने को असमर्थ पाकर भीतर-ही-भीतर शान्त हो जाता है। 'अश्क' की कहानियों में तथा अनेक नये रचनाकारों की कहानियों में इसे अत्यधिक सजीव अभिव्यक्ति मिली है। भगवतीचरण वर्मा की भी कुछ कहानियाँ आज के जीवन की खोखली वास्तविकता को व्यंग्य की तेज़ धार पर उतारती हैं। 'प्रायश्चित्त', 'दो बाँके', 'मुग़लों ने सल्तनत बख्श दी' ऐसी ही कहानियाँ हैं। 'प्रायश्चित्त' में धार्मिक अन्धविश्वासों की परतें खोली गयी हैं, तो 'दो-बाँके' में लखनऊ के बाँकों की 'जिन्दादिली तथा शौर्य' का प्रदर्शन है, और 'मुग़लों ने सल्तनत बख्श दी' में तैमूर की उन औलादों की गौरव-गाथा है, जिन्होंने 'बुजुर्गों का कौल निभान के लिए' समूचा-का-समूचा हिन्दुस्तान फ़िरंगियों को बख्श दिया था। राधाकृष्ण की कहानियों में भी बहुधा यथार्थ की तसवीर लेखक की मानवीय संवेदना से पूरी तरह सम्पृक्त होकर आयी है। उनकी 'अवलम्ब' ऐसी ही कहानी है। जीवन के बदलते सन्दर्भ में मनुष्य का बदलता हुआ रूप 'खेल' कहानी में सारी नाटकीयता से अंकित है। 'चन्द्रगुप्त की तलवार' हिन्दुस्तान के उन नये इतिहास-निर्माताओं की असलियत का पर्दाफ़ाश करती है, जिनके प्रतिनिधि पं. रुद्राक्ष मिश्र हैं। विष्णु प्रभाकर की कहानियों में एक करुणाजनित आर्द्रता है। यथार्थ के वे अंश ही उनकी कहानियों में आये हैं, जो या तो आज के मनुष्य की मानसिक संक्रान्ति का चित्रण करते हैं, या लेखक की संवेदना का स्पर्श करते हुए पाठक को भी उसी स्तर पर प्रभावित करते हैं।

यशपाल की कहानियाँ प्रगतिशील कहानी-साहित्य को नया उत्कर्ष देती हैं। उनकी कहानियों का चित्रपट उनके उपन्यासों की भाँति ही अत्यन्त व्यापक है। समसामयिक जीवन की बहुमुखी गतिविधियाँ उनकी कला का स्पर्श पाकर उनकी कहानियों में स्पन्दित हो उठी हैं। उनमें केवल युगीन दैन्य, विषमता तथा विवशता का ही चित्रण नहीं है ('अभिशप्त', 'रोटी का मोल', 'आदमी का बच्चा', 'दुख' आदि), नये और उभरते हुए यथार्थ की भी कतिपय अत्यन्त साफ़-सबल रेखाएँ उभरी हैं। उपन्यासों की भाँति यशपाल की कहानियों पर भी बहुत-से आरोप लगाये गये हैं; विशेषकर उन कहानियों को लेकर जिनमें लेखक ने उपन्यासों के ही समानान्तर आज के मनुष्य की यौन-कुण्ठाओं तथा यौन-जनित क्रियाकलापों को चित्रित किया है। यशपाल के लेखक के इस पक्ष पर उपन्यासों की चर्चा के अन्तर्गत हम अपना अभिमत दे चुके हैं। अतः उसे दोहराने की आवश्यकता नहीं है। परन्तु यदि उनकी इस प्रकार

की कहानियों को छोड़ दिया जाये, तो यशपाल का अधिकांश कहानी-साहित्य उनके समर्थ कथाकार रूप का, उनकी सजग यथार्थ-दृष्टि का, उनके जीवित प्रगतिशील बोध का, उनके व्यापक अनुभवों तथा संवेदनाओं का ही परिचायक है। सभी वर्गों और सभी सम्प्रदायों के पात्रों को लेते हुए, सभी वर्गों के जीवन को उन्होंने अपनी कहानियों में चित्रित किया है। व्यापक सामाजिक जीवन के नाना छोटे-बड़े प्रसंग उनकी कहानियों में चित्रित हुए हैं। लगता है कि युग-जीवन की कोई भी गतिविधि, उसका सम्बन्ध मनुष्य के भौतिक या मानसिक किसी भी स्तर से हो, उनकी दृष्टि की पकड़ में रहे हैं। अधिकांशतः उनकी कहानियाँ वे हैं, जिनमें यथार्थ के साफ़ चित्र हैं, धार्मिक-सामाजिक रूढ़ियों पर, जर्जर मान्यताओं पर तीव्र प्रहार हैं, सजग युग-बोध के साथ चुभते हुए व्यंग्य हैं, ('कुत्ते की पूँछ', 'वहाँ हसद नहीं', 'हाय राम ये बच्चे', 'एक सिगरेट', 'उत्तमी की माँ', 'वर्दी' आदि), साथ ही उस नयी भूमिका का प्रत्यक्षीकरण भी है, जो एक प्रगतिशील कथाकार का दायित्व है। 'नयी दुनिया', 'वो दुनिया', 'इसी सुराज के लिए' के चित्र ऐसे ही चित्र हैं, और ऐसी ही कहानियों में यशपाल ने दृष्टिकोण के स्तर पर अपने उपन्यासों का भी अतिक्रमण किया है, जहाँ युगीन यथार्थ के बीच से उभरता नये यथार्थ का चित्र धूमिल-धूमिल दिखाई पड़ते हुए भी गायब हो जाता रहा है। यशपाल युग के स्पन्दनों को, मानव-मन की सूक्ष्म-से-सूक्ष्म संवेदनाओं को ग्रहण और आत्मसात करने की अद्भुत क्षमता रखते हैं। उन पर अश्लीलता या राजनीतिक आग्रह का आरोप लगाकर ही उनके कथाकार से छुट्टी नहीं ली जा सकती। वे अत्यधिक संवदेनशील कलाकार हैं, साथ ही अत्यधिक सजग तथा प्रबुद्ध भी। जितनी निमर्मता से उन्होंने युग की सामन्तवादी-पूँजीवादी मनोवृत्तियों पर चोट की है, जितनी निर्भीकता से समाज की अतिचारी स्थितियों तथा उसके जिम्मेदार व्यक्तियों का पर्दाफ़ाश किया है, जिसने दो टूक ढंग से उच्चवर्गीय नैतिकता तथा खोखलेपन की पोल खोली है, मध्यवर्गीय आडम्बरों की धज्जियाँ उड़ाई हैं, उतनी ही आत्मीयता से समाज के पिसते जनसमुदाय किसान-मज़दूर, नारी-अछूत, वेश्याओं, पतिताओं तथा ठुकराई गयी समस्त मनुष्यता को देखा है; और उसकी आशा-आकांक्षाओं को उभारा है। उनकी कहानियों का प्रबुद्ध पाठक दुर्बलताओं के साथ-साथ उनके कहानीकार की उस शक्ति से भी खूब परिचित है, जिसने तमाम कहानियों के साथ 'परदा', 'गँडेरी', 'साग', 'चित्र का शीर्षक' जैसी कहानियाँ हिन्दी को दी हैं। 'चित्र का शीर्षक' कहानी यशपाल के उन आलोचकों को एक जवाब है, जो महज़ उनकी यौन-भावना-प्रधान कहानियों के आधार पर ही उन्हें नारी-सम्बन्धी सामन्ती-बुर्जुआ दृष्टिकोण का शिकार समझ बैठते हैं। यह वह कहानी है, जिसमें यशपाल ने सृजन की पीड़ा और मातृत्व को सम्मिलित किया है। 'गँडेरी' की बाईजी का चित्र भी यशपाल के कहानीकार की उसी मानवीय संवेदना

का पारदर्शी उदाहरण है, जो उनकी तमाम कहानियों में आद्यन्त दीख पड़ती है। 'परदा' कहानी का व्यंग्य भी उन्हीं की लेखनी का कायल है, जिसमें परम्परागत मान-सम्मान तथा झूठी प्रतिष्ठा का बोझ लादे, खानदान की झूठी इज़्ज़त-आबरू पर मर-मिटने वाले चौधरी पीरबख्श के मन पर टँगे परदे को खींचकर यशपाल ने उस मन की असलियत तथा और भी न जाने कितने मनों की असलियत को बेनकाब कर दिया है। खानदानी आबरू के बोझ को सँभालते-सँभालते चौधरी पीरबख्श की कमर टेढ़ी हो जाती है, परन्तु खानदानी शान-शौकत का झूठा मोह छोड़े नहीं छोड़ा जाता। हालत दिन-ब-दिन बदतर होती चली जाती है, और घर की सारी मान-प्रतिष्ठा को एक परदे की ओट में ढँकने की कोशिश करने वाले चौधरी भी टूटते रहते हैं। आखिर एक दिन जब सूदखोर पठान एक झटके के साथ दरवाज़े पर पड़े परदे को हटा देता है, तब जो दृश्य सामने आता है, उसे देखकर चौधरी और महल्ले वाले तो अलग, उस कठोर हृदय, सूदखोर पठान की आँखें भी पथरा जाती हैं। खानदानी मान-मर्यादा के झूठे फटे परदे के भीतर कितनी नग्न वास्तविकता है, जीवन-भर सूद की कमाई खाने वाला पठान उसी समय समझ पाता है–

"द्वार पर खड़ी भीड़ ने देखा–घर की औरतें और लड़कियाँ परदे के दूसरी ओर घटती घटना के आतंक से आँगन के बीचोंबीच इकट्ठी खड़ी होकर काँप रही थीं। सहसा पदरा हट जाने से औरतें ऐसे सिकुड़ गयीं, जैसे उनके शरीर का वस्त्र खींच लिया गया हो। वह परदा ही तो घर-भर की औरतों के शरीर का वस्त्र था। उनके शरीर पर बचे चीथड़े उनके एक-तिहाई अंग को भी ढकने में असमर्थ थे। जाहिल भीड़ ने घृणा और शर्म से आँखें फेर लीं। उस नग्नता की झलक से खान की कठोरता भी पिघल गयी। ग्लानि से थूककर परदे को आँगन में वापस फेंककर उसने कहा–लाहौल विला...और असफल लौट गया। ...चौधरी बेसुध पड़े थे।" 'चार आने' तथा 'गमी में खुशी' कहानी का व्यंग्य भी सामन्ती मनोवृत्ति पर सटीक बैठता है। ये वे कहानियाँ हैं, जो यशपाल की लेखनी के पैनेपन तथा दृष्टि की सफ़ाई का प्रमाण है। 'खच्चर और इंसान' कहानी भी व्यंग्य की इसी तेज धार का उदाहरण है। इस प्रकार की कहानियों की एक बड़ी संख्या हमें यशपाल के कृतित्व में प्राप्त होती है। हम कह चुके हैं कि यशपाल की कहानियाँ समाज के सारे स्तरों का स्पर्श करती हैं। उनमें हिन्दू भी हैं, मुसलमान, ईसाई, सिख, सब हैं; निम्नवर्ग, मध्यवर्ग, उच्चवर्ग, सबकी दास्तान है; उनमें गुण्डे भी हैं, वेश्याएँ भी, श्रम करने वाली सीधी-सादी जनता है और ऐश करने वाले सुविधाभोगी भी; घुटती, दम तोड़ती व्यवस्थाओं को अपने कमज़ोर बाजुओं में सँभालने वाले भी हैं और नयी चेतना के वाहक भी; गरज़ यह कि यशपाल ने आधुनिक जीवन की एक-एक परत को कुरेदा है; और यथार्थ की रोशनी से उसे अलोकित किया है। हम कह सकते हैं कि प्रेमचन्द के बाद कहानियों

के क्षेत्र में इतने प्रौढ़ अनुभवों, खुली दृष्टि तथा प्रशस्त संवेदनाओं का यथार्थ-द्रष्टा कलाकार हिन्दी को दूसरा नहीं मिला। प्रेमचन्दोत्तर कहानी के वे सबसे महत्त्वपूर्ण और सबसे समर्थ व्यक्तित्व हैं।

यथार्थ जीवन को एक प्रगतिशील कलाकार की दृष्टि से, रूपायित करने वालों में **रांगेय राघव** दूसरे प्रधान व्यक्ति हैं। इनकी कहानियों का चित्रपट भी कम व्यापक नहीं। समूचे युग-जीवन की राशि-राशि गतिविधियाँ इनकी कहानियों का निर्माण करती हैं। दृष्टिकोण-जन्य स्खलन, जिससे यशपाल की कुछ कहानियाँ आक्रान्त हैं, इनके यहाँ नहीं दिखाई पड़ता। मार्मिक घटना-प्रसंगों को यथार्थ की भास्वरता में चमका देना इनकी कला की विशेषता है। 'गदल' उनकी ऐसी ही सशक्त कहानी है, जो यथार्थ की सजीवता में एक नारी के अपने आत्मसम्मान तथा जीवट को प्रगतिशील दृष्टि की सम्पूर्ण सार्थकता के साथ प्रस्तुत करती है। समूचे हिन्दी कहानी साहित्य में इस प्रकार की कहानियाँ विरलता से ही प्राप्त होती हैं। 'पंचपरमेश्वर', 'घिसटता कंबल', 'प्रवासी', 'नयी ज़िन्दगी के लिए', 'फूल का जीवन' तथा 'गूँगे' उनकी अन्य कहानियाँ हैं, जो अपने सजीव कथानक तथा मर्मवेधी यथार्थ-दृष्टि के कारण सहज ही उनकी प्रगतिशील अवस्थाओं के विश्वास के साथ अभिव्यक्त कर सकी हैं। जन-सामान्य के प्रति एक अतिशय संवदेनशील रुख लिए ये कहानियाँ समाज के ऊपरी वर्गों की असलियत का भी पर्दाफ़ाश करती हैं।

अमृतराय की कहानियाँ भी उनके अतीव संवदेनशील रचनाकार की परिचायक हैं। हल्के रोमांटिक संस्पर्शों को लिए हुए वे अधिकतर मध्यवर्गीय जीवन की व्यथा, असंगतियों तथा उखड़ेपन का चित्र प्रस्तुत करती हैं; या फिर युगीन राजनीतिक गतिविधियों पर तीखे प्रहार करती हैं। वर्तमान पूँजीवादी व्यवस्था तथा उसकी विकृतियों के प्रति एक सात्त्विक रोष भी इन कहानियों में दीख पड़ता है, जो कभी तो सीधे ही इन्हें अपना लक्ष्य बनाता है और कभी व्यंग्य की तेज धार पर उन्हें काटने का प्रयत्न करता है। अधिकतर इनमें रचनाकार की प्रतिक्रियाएँ ही झलकती हैं, जो उसकी प्रगतिशील आस्थाओं तथा भावुक, संवदेनशील हृदय को देखते हुए स्वाभाविक भी है। अमृत की भाषा में भी एक अजीब तीखापन तथा प्रवाह है। उनका रोष और उनकी प्रतिक्रिया इस भाषागत वैशिष्ट्य के कारण और भी मुखर हो उठती है। जहाँ इस प्रवृत्ति के साथ यथार्थ के वस्तुमुखी आग्रह का मिलान हो गया है, वहाँ उनकी लेखनी से 'कटघरे' और 'लोग' जैसी कहानियों का जन्म हुआ है; अन्यथा युग-जीवन के प्रति उनकी विविध प्रतिक्रियाएँ 'सत्यमेव जयते', 'शाम की थकन', 'इति जम्बूद्वीपे भरखण्डे', 'एक कामयाब आदमी की तसवीर', 'इतिहास', 'तिरंगे कफ़न', 'अन्धकार के खम्भे' तथा 'कस्बे का एक दिन' जैसी कहानियों में भी सफ़ाई से झलकी हैं।

चन्द्रकिरण सौनरेक्सा सिद्धहस्त कहानी-लेखिका हैं। मध्यवर्ग की बेबस-वीरान

ज़िन्दगी की कुछ बड़ी साफ़ तसवीरें अपनी कहानियों में उन्होंने दी हैं। आर्थिक अभावों से त्रस्त, अशान्त दाम्पत्य जीवन से बोझिल, सूखी हँसी तथा कृत्रिम कहकहों के पीछे एक विषबुझे जीवन के भार को ढोते हुए इस वर्ग के जीवन को अपनी अनेक कहानियों में उन्होंने चित्रित किया है। नारी होने के नाते मध्यवर्ग की सीमित चहारदीवारी में घुटता-सिसकता नारी-जीवन उन्हें विशेष रूप से दिखाई पड़ा है, जिसे सारी मानवीय संवेदना के साथ इस यथार्थद्रष्टा, संवेदनशील नारी-कथाकार ने चित्रित किया है। 'आदमखोर' तथा 'बेज़बाँ' सच ही सौनरेक्सा की वे कहानियाँ हैं, जो अपनी तीव्र संवेदना तथा सजग यथार्थ-चित्रण में देर तक पाठकों को स्मरण रहेंगी।

नागरिक तथा ग्राम्य-जीवन के सन्दर्भ में **भैरवप्रसाद गुप्त** की कहानियाँ भी आज के यथार्थ का ही स्वरूप सामने लाती हैं। दृष्टिकोणजन्य सफ़ाई इनकी कहानियों की एक विशेषता है; गोकि शिल्प के स्तर पर वे अधिक निखरकर सामने नहीं आ सकीं। वस्तुमुखी यथार्थ को व्यंग्य के धरातल पर चित्रित करने में भी भैरव की कुछ कहानियाँ विशेष उन्मुख रही हैं। राजनीतिक स्तर पर भी उनमें अपेक्षाकृत अधिक मुखरता रही है। गाँवों तथा नगरों के जीवन को उन्होंने समान सफलता के साथ देखा और चित्रित किया है। 'महफ़िल', 'कुत्ते की टाँग', 'गत्ती भगत', 'धनिया की साड़ी', 'घुरहुवा' उनकी ऐसी ही कहानियाँ हैं, जो व्यंग्य तथा व्यंग्येतर सभी भूमिकाओं पर युग की विषमता के प्रति उनकी प्रतिक्रिया सूचित करती हैं। भैरवप्रसाद वस्तुतः कहानीकार से अधिक कहानी के संरक्षक रहे हैं। उनके द्वारा सम्पादित 'नयी कहानियाँ' पत्रिका के माध्यम से नयी पीढ़ी के अनेक रचनाकार स्थापित हुए हैं, जिसका काफ़ी श्रेय व्यक्तिगत रूप से भैरवप्रसाद को है, वे नयी-कहानी आन्दोलन के प्रमुख दिशा-निर्देशक के रूप में स्मरण किये जायेंगे।

इन कहानी-लेखकों के कुछ बाद आने वाले कथाकारों में भीष्म साहनी, रेणु, मोहन राकेश, मार्कण्डेय, कमलेश्वर, अमरकान्त, शेखर जोशी, राजेन्द्र यादव तथा हरिशंकर परसाई का नाम प्रमुख है। प्रगतिशील आस्थाओं से युक्त इन कहानीकारों ने कहानी के शिल्प को भी युगानुरूप नया उत्कर्ष दिया है। इनमें से कुछ में भटकाव तथा विभ्रम भी हैं, परन्तु समग्रतः ये यथार्थ-बोध वाले कहानीकार हैं और इनके माध्यम से कहानी के नये विकास को उत्कर्ष की अनेक भूमिकाएँ प्राप्त हुई हैं।

भीष्म साहनी की प्रमुख विशेषता आधुनिक जीवन के सामान्य-से लगने वाले प्रसंगों को यथार्थ की सजीव रेखाओं में प्रस्तुत करना है। वे जीवन के विलक्षण तथा असाधारण प्रंसगों को नहीं चुनते; और न कोई अजूबा बात कहकर अपने पाठक को चौंकाने का प्रयत्न करते हैं कि देखो न, युग-जीवन के कितने बड़े यथार्थ को मैंने अपनी कहानी में रूपायित कर दिया! उनकी कहानी की विशेषता यथार्थ की उनकी मजबूत पकड़ तथा उसकी अत्यन्त सादी अभिव्यक्ति है। परन्तु उनके द्वारा चित्रित

यथार्थ पर इतना मार्मिक अवश्य होता है कि पाठक को भी संवेदना के उसी स्तर पर जाकर स्पर्श करता है। 'अशान्त रूहें', 'हेतू', 'नीली आँख', 'मुर्ग़ी की क़ीमत', 'गंगो का जाया', 'भाग्यरेखा', 'घर की इज़्ज़त' यथार्थ की ऐसी ही साफ़-सरल छवियाँ हैं। इनमें से 'हेतू' जैसी कुछ कहानियाँ मन को गहराई पर जाकर पकड़ती हैं, ठीक 'चीफ़ की दावत' या 'यादें' जैसी कहानियों की तरह। 'चीफ़ की दावत' जैसी मार्मिक भूमिका या तीखा व्यंग्य भले ही इसमें न हो, एक ऐसी सहजता अवश्य है, जो कथ्य की गहरी संवेदना को पाठक तक अनायास पहुँचा देती है। 'चीफ़ की दावत' में करुणा तथा व्यंग्य का अपूर्व सम्मिलन है। चीफ़ की दावत के सिलसिले में घर की सजावट तथा सादे सामान को करीने से सजाते हुए अन्ततः बाबू शामनाथ के मन की यह गुत्थी कि 'माँ का क्या होगा?' और बेकार, पुराने, तमाम सामान के साथ उनका माँ को भी एक सामान की तरह ऐसी जगह रख देना, जहाँ से चीफ़ की नज़रें उस पर न पड़ सकें, मध्यवर्गीय मनोवृत्ति पर तेज़ धार वाले व्यंग्य के साथ मानवीय करुणा का भी मर्मस्पर्शी आख्यान है, जिसे इस कहानी में भीष्म ने प्रस्तुत किया है। 'यादें' जीवन की अन्तिम मंज़िल पर पहुँच चुकने वाली और अनायास ही मिल जाने वाली दो सहेलियों की यादों को मार्मिक ढंग से प्रस्तुत करने वाली कहानी है। कुछ घण्टों का उनका यह मिलन और उन घण्टों में ही अपना समूचा जीवन झाँककर—जैसे उन क्षणों में वे फिर बिलकुल जवान हो गयी हों—उनका पुनः अलगाव, एक ऐसी संवेदनीयता को जन्म देता है कि वह भी पाठक की यादों में बस जाती है। मार्कण्डेय ने ठीक ही लिखा है कि "समूची नयी कहानी में सामाजिक चेतना के प्रति उन जैसा सहज और सम्पूर्ण लगाव शायद ही किसी का है। जैसे वे अपने सम्पूर्ण अस्तित्व को अपनी रचना में नियोजित कर देते हैं...।"

'तीन बिंदियाँ', 'टेबुल' जैसी कहानियों को छोड़ दिया जाये, तो उपन्यासों की भाँति (यहाँ भी 'दीर्घता' तथा 'जुलूस' को छोड़कर) अपनी कहानियों में भी **'रेणु'** आंचलिक सन्दर्भों के साथ ही उतरे हैं। परन्तु जैसा कि किसी ने कहा है, आंचलिकता से अधिक उनकी कहानियाँ मानवीय संवेदना की घनीभूत स्थितियों में अपने पाठक को अधिक प्रभावित करती हैं। आंचलिक परिवेश तथा आंचलिकता के अन्य सन्दर्भ उनकी कहानियों को वैशिष्ट्य ज़रूर देते हैं और एक स्तर पर वे भी पाठक पर अपना प्रभाव छोड़ते हैं; परन्तु निर्णायक भूमिका उसी गहन संवेदनीयता की है, जो उनकी 'तीर्थोदक', 'लाल पान की बेगम', 'ठेस', 'सिरपंचमी का सगुन', 'पंच लाइट', 'रसप्रिया'—सभी कहानियों को ठुमरी की एक तान में पिरोये हुए है। आंचलिकता का सन्दर्भ हटा भी दिया जाये, तो 'ठेस' के सिरचन की ठेस, ठेस ही रहेगी, 'तीर्थोदक' की लल्लू की माँ या 'रसप्रिया' का मिरदंगिया भी नहीं बदल जायेगा। मार्मिक स्थलों तथा मार्मिक प्रसंगों को पकड़ने में 'रेणु' को कमाल हासिल है। "मायजी, नौगछिया

आ रहा है। खंखड़ ने ऊँघती हुई लल्लू की माँ को जगाया। बूढ़ी हड़बड़ाकर उठी। माथे पर कपड़ा सरकाकर खिड़की से बाहर देखने लगी। ऊँघता हुआ नौगछिया स्टेशन। प्लेटफ़ार्म पर भुकभुकाती हुई रोशनी में जाती हुई औरत का मुँह नहीं देख सकी। बूढ़ी ने लम्बी साँस ली—गीता के ससुराल का टीशन..." 'तीर्थोदक' की माँ इस वाक्य में अपने मन का बहुत-कुछ सामने रख देती है। कहानियों के सारे पात्र लेखक के निकट के जाने-बूझे हैं। उनका यथार्थ उसके द्वारा भली-भाँति देखा-परखा हुआ है। परिचय की यह निकटता या अभिन्नता ही है, जो 'रेणु' की कहानियों में जादू बनकर बोलती है। 'तीसरी कसम' रेणु की बहुचर्चित कहानी है, जिसे वस्तुतः कथा-प्रगीत कहा जा सकता है। अपनी गठन या अपने शिल्प में इस कहानी का वैशिष्ट्य अलग है। हीराबाई तथा हिरामन के परस्पर-सम्बन्धों को जिस मानवीय स्तर पर लेखक ने अभिव्यक्ति दी है, वह रचनाकार के संवेदनशील हृदय की परिचायक है। हीराबाई से अन्तिम विदा लेते हुए हिरामन का यह चित्र देर तक पाठकों की स्मृति में रहता है—"गाड़ी ने सीटी दी। हिरामन को लगा, उसके अन्दर से कोई आवाज़ निकलकर सीटी के साथ ऊपर की ओर चली गयी...। गाड़ी हिली। हिरामन ने अपने दाहिने पैर के अँगूठे को बाएँ पैर की एड़ी से कुचल लिया। कलेजे की धड़कन ठीक हो गयी। ...आखिरी डब्बा गुज़रा, प्लेटफ़ार्म खाली, सब खाली, खोखले...मालगाड़ी के डब्बे...। दुनिया ही खाली हो गयी मानो। हिरामन अपनी गाड़ी के पास लौट आया। ...हिरामन ने हठात् अपने दोनों बैलों को झिड़की दी, दुआली से मारते हुए बोला—रेलवे लाइन की ओर उलट-पुलटकर क्या देखते हो? दोनों बैलों ने कदम खोलकर चाल पकड़ी। हिरामन गुनगुनाने लगा—"अजी हाँ, मारे गये गुलफ़ाम।"

कहानी के क्षेत्र में **मार्कण्डेय** का प्रवेश गँवई-गाँव के कुछ बड़े ही सजीव चित्रों के साथ हुआ था। ये वे चित्र थे, जिनमें न केवल गाँव की वर्तमान ज़िन्दगी कसमसा रही थी, गाँवों के जीवन में उभरते नये यथार्थ और नये मनुष्य को भी पकड़ने का प्रयास इनमें था। इन कहानियों के रचनाकार का गाँवों की जिन्दगी के प्रति यह आकर्षण नागरिक-बोध वाले किसी व्यक्ति का गाँवों के प्रति मात्र रोमानी आकर्षण न था, इनमें गँवई-जीवन का, खुद रचनाकार द्वारा देखा तथा भोगा गया यथार्थ था, जिसे अपने इस निकट परिचय के कारण ही मार्कण्डेय इतने सधे रूप में प्रस्तुत कर सके थे। यह ओढ़ी हुई आंचलिकता न थी, जैसा कि एक बुज़ुर्ग कहानीकार का अभिमत है, इस आंचिलकता का जन्म दृष्टि तथा मन की भीतरी तहों से हुआ था। यदि ऐसा न होता तो मार्कण्डेय 'माई', 'हंसा जाई अकेला', 'भूदान', 'गुलरा के बाबा', 'शव-साधना' जैसी तमाम कहानियाँ न लिख पाते, जो लेखक की भाव-प्रवण संवेदनाओं के साथ उसके गहरे यथार्थ-बोध का भी परिचायक हैं। इन कहानियों के अतिरिक्त मार्कण्डेय के सजग यथार्थ-बोध को उनकी 'कल्यानमन', 'दौने की पत्तियाँ',

'बातचीत', चाँद का टुकड़ा', 'प्रलय और मनुष्य' तथा 'मुंशीजी' जैसी कहानियों में भी देखा जा सकता है। मार्कण्डेय ने गाँवों से इतर ज़िन्दगी के अन्य पक्षों और अन्य वर्गों पर भी कहानियाँ लिखी हैं। नगर तथा गाँवों की मिटती हुई सीमाएँ, संस्कारों का मिला-जुला रूप, जीवन के बदलते सन्दर्भ, जिस नयी वास्तविकता और जिस मिले-जुले मनुष्य का निर्माण कर रहे हैं, उस वास्तविकता और उस मनुष्य के स्वरूप-चित्रण का सफल प्रयास उनके 'माही' तथा 'सहज और शुभ' कहानी-संग्रहों की कहानियों में है। दृष्टि का पैनापन और अभिव्यक्ति की स्वच्छता मार्कण्डेय की विशेषता है। मार्कण्डेय पर रोमानियत का आरोप लगाना वृथा है, कारण उनकी कहानियों का जो प्रभाव पाठक पर पड़ता है, वह रोमानियत का नहीं, उस रोमानियत के सिर पर बैठे जीवन के तिक्त, कटु तथा उभरते हुए नये यथार्थ का प्रभाव है। फिर, हिन्दुस्तान की वर्तमान बंनावट में रोमांटिक संस्कारों से पूरी तरह मुक्त होने का दावा करे, उसे असलियत नहीं, उस व्यक्ति का दम्भ समझना चाहिए।

मार्कण्डेय के समानान्तर ही **कमलेश्वर** भी कहानी के क्षेत्र में आये, परन्तु आंचलिक सन्दर्भों को लेकर नहीं, कस्बे की अपनी देखी हुई ज़िन्दगी की कहानियाँ कहते, जो बाद में भरे-पूरे नगरों की ज़िन्दगी, मध्यवर्गीय परिवारों का यथार्थ तथा और भी व्यापक सामाजिक जीवन के चित्र उनकी कहानियों में देख पड़े। अन्य प्रगतिशील कहानीकारों की भाँति दृष्टिकोण के स्तर पर कमलेश्वर भी प्रारम्भ से ही साफ़ रहे हैं, उलझाव तथा अस्पष्टताएँ उनके यहाँ भी कम हैं। यथार्थ जीवन की साफ़-सच्ची तसवीरें, बोध के सही धरातल से कही जाने वाली दो टूक बेलौस बात, तीखे और चुभते हुए व्यंग्य, उनकी कहानियों की भी विशेषताएँ हैं। नागरिक जीवन की असंगतियों में घिरे मध्यवर्ग की मानसिक संक्रान्ति, पारिवारिक विघटन, उसके जीवन को घुन की तरह खाती हुई भाँति-भाँति की वर्जनाएँ—यौन वर्जनाएँ, निचले वर्गों के संघर्ष, उपेक्षितों तथा पददलितों की जीवन-स्थितियाँ, परिवार की चहारदीवारियों में कैद नारी, समाज की नज़रों में गिरी वेश्याएँ, सब-की-सब संवेदना के गहरे स्तरों से सम्बन्ध जोड़ते हुए कमलेश्वर की कहानियों में आयी हैं। हमारा अपना बहुत जाना-बूझा, देखा-परखा यथार्थ कमलेश्वर की कहानियों में चित्रित है, तभी वे हमें पराई नहीं मालूम पड़तीं। कथ्य की सजीवता तथा सजग यथार्थबोध के साथ कमलेश्वर ने कथा कहने के प्रयोग और सफल प्रयोग भी किये हैं, जिसका प्रमाण उनकी बहुचर्चित कहानी 'राजा निरबंसिया' है। यह दोहरे और समानान्तर कथा-सूत्रों के साथ आगे बढ़ने वाली कहानी है, फिर भी उलझाव से रहित अपने गहरे सामाजिक आशय को साफ़-साफ़ कहने वाली 'नीली झील' भी प्रतीकात्मक उठान के साथ सफलतापूर्वक विकसित की गयी है, परन्तु जिन कहानियों में ऐसा नहीं है, वे भी सफलता के समान धरातलों का स्पर्श करती हैं। 'खोई हुई दिशाएँ' जैसी अत्यन्त

पुष्ट कहानी के साथ 'एक अश्लील कहानी', 'पराया शहर', 'एक रुकी हुई ज़िन्दगी', 'एक थी विमला', 'कस्बे का आदमी' कमलेश्वर की ऐसी ही कहानियाँ हैं। 'जार्ज पंचम की नाक' कमलेश्वर की व्यंग्य-कहानियों का प्रतिनिधित्व करती है, जिसके व्यंग्य की धार में लेखक ने सत्तारूढ़ दल की अँग्रेज-भक्ति को गुज़ारा है। 'मांस का दरिया' हाल में ही प्रकाशित, कमलेश्वर की अत्यन्त सशक्त कहानी है। मानवीय संवेदना के अत्यन्त गहरे स्तर से उद्भूत इस कहानी में एक वेश्या की ज़िन्दगी का ऐसा यथार्थ चित्रण है, जो जितना ही बीभत्स है, उतना ही करुण। लेखक की दृष्टि के पैनेपन के साथ कहानी उसके प्रशस्त बोध को भी उजागर करती है। कहना पड़ा है निर्मल वर्मा को कि "कमलेश्वर की कहानी आपके इस अंक की सबसे बड़ी उपलब्धि मानी जायेगी।" वह सचमुच सशक्त कहानी है और उसे पढ़कर नयी और पुरानी की बहस कुछ निरर्थक-सी लगने लगती है।

मोहन राकेश कई घाटों का पानी पी चुके हैं, फलतः उनकी कहानियाँ भी उन सभी घाटों का स्पर्श करती है। उनमें दिल्ली और बम्बई जैसे महानगरों की चकाचौंध में घुटती-तड़पती ज़िन्दगियों की भी धड़कनें हैं और अमृतसर और पंजाब के उन अन्य शहरों का जीवन भी, विभाजन के चिह्न जिनके शरीर पर 18 वर्षों के बाद भी बदस्तूर हैं, उनमें शिमला जैसे पहाड़ी स्थानों की एकान्त ज़िन्दगी भी करवटें लेती है और बड़े-बड़े शहरों के गली-कूचों में बसने वाले लोगों का घटनाहीन, यों ही आगे बढ़ता हुआ जीवन-प्रवाह भी। मोहन राकेश की सफलता इस बात में है कि उन्होंने समान क्षमताओं के साथ इस बहुमुखी जीवन के यथार्थ को पकड़कर उसे अपनी कहानियों में चित्रित किया है। 'मवाली', 'जानवर और जानवर', 'मलबे का मालिक', 'आर्द्रा', 'मिस पाल', 'अपरिचित', 'परमात्मा का कुत्ता', 'आखिरी सामान', 'क्लेम' उनकी वे कहानियाँ हैं, जिनमें उनके रचनाकार की उक्त सारी दिशाओं को देखा जा सकता है। चरित्रों की रेखाएँ उभारने तथा कथ्य के साथ वातावरण की संगति बिठाने में वे अत्यन्त पटु हैं। 'जानवर और जानवर', 'मवाली', 'आखिरी सामान' तथा 'मलबे का मालिक' इसका उदाहरण हैं। 'जानवर और जानवर' का पादरी हो, या 'मवाली' का मवाली, 'आखिरी सामान' की मिसेज़ भण्डारी हों या 'मलबे का मालिक' के रक्खे पहलवान या 'मिस पाल' की मिस पाल हों, मोहन राकेश की कलम ने उन्हें सजीव रूप में ही अपनी कहानियों में उतारा है। करुणा और व्यंग्य की मिली-जुली उपलब्धि मिस पाल तथा आखिरी सामान के रूप में सीढ़ियों से उतरती मिसेज़ भण्डारी, भिन्न भूमिकाओं के बावजूद पाठक के समीप बहुत भिन्न नहीं लगतीं। करुणा तथा व्यंग्य को अलग-अलग धरातलों पर 'मवाली' का लड़का तथा 'जानवर और जानवर' का पादरी पेश करते हैं। एक जानवरों की जिन्दगी बसर करने के बावजूद इन्सान है, दूसरा इन्सानों की जिन्दगी बिताने के

बावजूद जानवर, एक पाठक की करुणा पाता है, दूसरा नफ़रत। उपलब्धि के रूप में, निस्सन्देह, हिन्दी कहानी को, मोहन राकेश ने 'मवाली', 'मलबे का मालिक', 'जानवर और जानवर' तथा 'मिस पाल' जैसी कहानियाँ दी हैं, जो नयी हों या पुरानी, प्रबुद्ध पाठकों के बीच पर्याप्त चर्चित तथा लोकप्रिय हुई हैं।

अमरकान्त नये कहानीकारों में अपना अलग अन्दाज़ रखते हैं। दृष्टिकोण-जन्य कोई अस्पष्टता या उलझाव नहीं, शैलीगत कोई करिश्मा नहीं, निहायत साफ़-सीधी शैली और निहायत खरा प्रगतिशील बोध, ज़माने के यथार्थ को उसकी समग्रता में बड़ी सहजता से ग्रहण कर, समूची प्राणवत्ता के साथ उसी सहजता से अभिव्यक्त कर देना, इस बड़े ही सजग तथा ईमानदार रचनाकार की अपनी बहुत ही महत्त्वपूर्ण उपलब्धि है। कहा जा सकता है कि नये कहानीकारों में अमरकान्त अकेले हैं, जिन्होंने प्रेमचन्द की शैली को उसकी सारी सम्भावनाओं के साथ अपनी कहानियों में विकसित किया है। शैली और शिल्प की बारीकियों में वे इसीलिए नहीं उलझे कि उनके पास कहने को बहुत कुछ और बड़ा सार्थक है। उनका कथ्य ही इतना प्राणवान है कि वह अपनी अभिव्यक्ति के लिए किसी भी अतिरिक्त प्रयास का आकांक्षी नहीं। उनकी कहानियों का एक-एक रग-रेशा यथार्थ के जीवित तथा जागृत सन्दर्भों से निर्मित है। जिसके कथ्य में ही इतनी जान हो, उसे भटकने की जरूरत ही क्या और अमरकान्त भटके भी नहीं हैं। उनकी कहानियों में सादगी का सौन्दर्य है, वही उनकी सबसे बड़ी शक्ति है। उनकी कहानियाँ अधिकतर निम्न-मध्यवर्गीय ज़िन्दगी का चित्रण करती हैं, जिसका अधिकांश, नामवरसिंह के शब्दों में 'पीड़ाभरी प्रतीक्षा' निर्मित करती है। वे कहानियाँ कोई भी हों—'डिप्टी-कलेक्टरी' या 'इन्टरव्यू' या अन्य। जो 'डिप्टी कलक्टरी' के सकलदीप बाबू का सत्य है 'वही इंटरव्यू' के लिए लाइन लगाए और अन्ततः अपनी असफलता को खोखले क़हक़हों में ढँकते हुए लौट जाने वाले ढेर सारे उम्मीदवारों का। इस वर्ग की मूलभूत प्रवृत्तियों को अमरकान्त ने बड़ी ही बारीकी से पकड़ा है। हमारी बड़ी ही रोज़मर्रा की ज़िन्दगी उनकी कहानियों में उभरती है, और बड़ी ही सफाई से वे उसे कह भी देते हैं, वह ज़िन्दगी हमारे घर के भीतर की हो या बाहर की। मानवीय संवेदना की भूमि पर भी अमरकान्त की कहानियाँ बड़ी सफल उतरी हैं। 'केले, पैसे और मूँगफली' कहानी इसका उदाहरण है। अमरकान्त ने निम्न-मध्यवर्ग में केवल खोखलापन ही नहीं देखा, आर्थिक अभावों में घुटते, सुलगते और अन्ततः टूट जाने वाले परिवारों को ही उसका अन्तिम सत्य नहीं स्वीकार किया, वरन् पीड़ा तथा व्यथा की गहरी छायाओं में भी ज़िन्दगी की चुनौती को मिल-बाँटकर स्वीकार करने वाले और मुस्कराकर स्वीकार करने वाले, परिवार भी देखे हैं। 'केले, पैसे और मूँगफली' कहानी का सत्य यही है, और यही अमरकान्त का सही यथार्थ-बोध भी है। यथार्थ-बोध का एक अन्य स्तर

उनकी 'दोपहर का भोजन' जैसी कहानी उभारती है, जो निम्न-मध्यवर्गीय ज़िन्दगी की ही एक हक़ीक़त है। उनकी कहानियों के पात्र जीवित पात्र हैं, जिन्हें ही लेखक की क़लम बड़े सधे रूप में प्रस्तुत करती है। 'सवा रुपये' के बाबा का चित्र ऐसा ही चित्र है। उनकी कहानियों में तीखे व्यंग्य भी हैं मध्यवर्गीय तथा निम्न-मध्यवर्गीय विकृतियों पर, उसकी गिरती हुई, इंसानियत पर; और यहाँ भी वे पूरी तरह ईमानदार हैं। 'लड़की की शादी' कहानी ऐसी ही है। अप्रतिहत, अपार जिजीविषा का उदाहरण प्रस्तुत करती है 'ज़िन्दगी और जोंक' नामक कहानी। इस कहानी के रजुआ के शरीर से चिपकी ज़िन्दगी समूची कहानी में जिजीविषा का यही स्तर यथार्थ के प्राणवान सन्दर्भों में उद्घाटित है। ज़िन्दगी के प्रति लेखक की आस्था का परिचय भी यह कहानी देती है। समग्रतः, तमाम सुखनवरों के बीच अमरकान्त का 'अन्दाज़ेब बयाँ' यही है; और यह उनकी बहुत बड़ी शक्ति है।

राजेन्द्र यादव एक प्रयोगशील कहानीकार हैं। प्रयोगों की भूमिका उनकी प्रारम्भिक कहानियों से लेकर अद्यतन कहानियों तक दिखाई पड़ती है। वे अपनी हर कहानी में कथन की एक नयी भंगिमा के साथ उतरने का प्रयास करते हैं, सीधे बात न करके रूपकों के माध्यम से बातें करने का प्रयत्न करते हैं, परन्तु हर क्षण कुछ 'नये' की यह तलाश उनकी कहानियों को धुँधला करने में ही अधिक सहायक रही है, विशेष रूप से प्रगतिशील बोध के स्तर पर। 'जहाँ लक्ष्मी कैद है' जैसी कहानियों को 'छोटे-छोटे ताजमहल' या 'एक कमज़ोर लड़की की कहानी' जैसी कहानियों से मिलाकर देखने पर बात स्पष्ट हो जाती है। बड़े खरे यथार्थ-बोध और बड़ी साफ़ प्रगतिशील दृष्टि को लेकर राजेन्द्र यादव कहानियों के मंच पर उतरे थे। उनकी प्रारम्भिक कहानियों में उक्त दोनों विशेषताएँ दिखाई पड़ती हैं; परन्तु शनैः-शनैः उनकी कहानियाँ अस्पष्ट होने लगी हैं, उनमें उलझाव भी बढ़ा है और शिल्प के स्तर पर एक आयास दिखाई देने लगा है। यथार्थ की पहचान अब भी उनमें है, परन्तु प्रगतिशील बोध ठण्डा-सा होने लगा है। उनकी कहानियों के शीर्षक ही सूचित करते हैं कि यथार्थ की पेचीदगी को उभारने से अधिक उनका ध्यान शिल्प की भूमिका पर जाने की ओर है। बात साफ़ हो, दृष्टि में धार हो और सचमुच कुछ कहने के लिए महत्त्वपूर्ण और जीवन्त हो, तो अभिव्यक्ति के माध्यम ढूँढ़ने की आवश्यकता नहीं पड़ती; बात खुद-ब-खुद अपना रास्ता ढूँढ़ लेती है। एक सच्ची, यथार्थ-बोध से दीप्त तथा प्रगतिशील आलोक से सम्पृक्त कहानी में बात बोलती है, शिल्प नहीं। जहाँ शिल्प अधिक बोलने लगता है, ज़ाहिर है कि बात कमज़ोर हो गयी है। या फिर निर्मल वर्मा जैसी वस्तु तथा शिल्प दोनों भूमिकाओं पर समान रूप से विचरण करने की महारत हो। 'अभिमन्यु की आत्महत्या', 'अन्धा-शिल्पी' और 'आँखों वाली राजकुमारी', 'कुलटा', 'किनारे से किनारे तक' और 'प्रतीक्षा' ऐसी ही कहानियाँ

हैं, जो गम्भीर कथ्य तथा यथार्थ के निकट पहचान के बावजूद केवल लेखक की प्रयोगाभ्यासी मनोवृत्ति के कारण अस्पष्ट बन गयी हैं। जहाँ ऐसा नहीं है, वहाँ राजेन्द्र यादव अपेक्षाकृत अधिक सफल रहे हैं, मसलन 'हत्यारी माँ', 'पास-फ़ेल', 'टूटना', 'भविष्यवक्ता', 'बिरादरी बाहर' तथा 'मेरा तन-मन तुम्हारा है' जैसी कहानियों में। परन्तु बावजूद रचनागत उक्त कमज़ोरियों के, राजेन्द्र यादव नये कहानी लेखकों की अगली पंक्ति के व्यक्ति हैं। वे सूक्ष्म संवेदनाओं से सम्पन्न, एक यथार्थद्रष्टा कलाकार हैं। मध्यवर्ग की ज़िन्दगी को उन्होंने बहुत नज़दीक से देखा तथा भोगा है। उसके कुछ बड़े ही जीवित चित्र उनकी कहानियों में उभरे हैं, जो संवेदना के गहरे-से-गहरे स्तरों का स्पर्श करते हैं। इसी बोध की भूमिका पर उन्होंने 'जहाँ लक्ष्मी कैद है' जैसी कहानी हिन्दी को दी है। अपनी प्रयोगशील मनोवृत्ति को संयमित कर, जो कभी-कभी कोरे 'स्टंट' तक चली जाती है, यदि वे यथार्थ-बोध तथा प्रगतिशील आस्था के ऐसे ही सन्दर्भों पर अपनी कहानीकार को सक्रिय करें, इस प्रकार की अनेक सजीव कहानियों की आशा उनसे सहज ही की जा सकती है।

शेखर जोशी की कहानियाँ निम्न-मध्यवर्ग की मानसिक संक्रान्ति के एक नये स्तर को उद्घाटित करती हैं। वर्तमान सन्दर्भों में निम्न-मध्यवर्ग की सबसे बड़ी असंगति, जिसके शिकार वे स्वयं हैं, मार्कण्डेय के शब्दों में यह है कि "निम्न-मध्यवर्ग तेज़ी से टूट रहा है, लेकिन सम्पूर्ण रूप से मज़दूर बन जाने की प्रवृत्ति उसकी नहीं है। वह सामाजिक-आर्थिक दबाव में जैसे लाचार होकर स्थानान्तरित हो रहा है, लेकिन दूसरी ओर जाकर भी वह अपने पीछे खुदी खाई को भूल नहीं पा रहा है और उसके विचार और कार्य उसे परस्पर-विरोधी दिशाओं में खींचते रहते हैं। पश्चात्ताप का भार हमेशा उसके सीने पर कसकता रहता है कि वह जहाँ पहुँच गया है, वह जगह उसकी नहीं है। वह यहाँ अजनबी है, अकेला और इस तरह वह बिछोह और विरक्ति की ऐसी डोर में लटक गया है, जो न उसे मारती है, न पूरी तरह जीने देती है।" शेखर जोशी की कहानियाँ इस असंगति को सही रूप में उभारती हैं, स्वयं अपने रचनाकार को भी अपनी लपेट में लेते हुए। 'बदबू' तथा 'उस्ताद' का यथार्थ यही है। दोनों कहानियाँ कारखानों के जीवन की कहानियाँ हैं; दोनों में कथानायक के आसपास मज़दूर और मज़दूरों का यथार्थ है; और दोनों में कथानायक मज़दूरों के बीच रहते हुए भी, परिवेश से पृथक् है; मज़दूरों की वर्ग-चेतना से हटा हुआ, उनके बीच में एक अजनबी। इसी भूमि से यदि मार्कण्डेय शेखर जोशी की ऐसी कहानियों पर अपना यह अभिमत देते हैं कि उन्होंने मज़दूर-जीवन की कहानियाँ नहीं लिखीं, तो वास्तविकता के सही रूप को ही उभारते हैं। परन्तु शेखर जोशी की ऐसी भी कहानियाँ हैं, जिनमें निम्न-मध्यवर्ग की उस असंगति को प्रगतिशील बोध की धार पर सफलतापूर्वक गिराने का प्रयास हुआ है। 'दाज्यू' ऐसी ही कहानी है। यह बात

साबित करती है कि शेखर जोशी के बोध का स्तर द्विधा-ग्रस्त नहीं हैं; द्विधा तब उत्पन्न होती है, जब अनायास संस्कारों की छायाएँ घनीभूत होते हुए भी उसे धुँधला करने का प्रयत्न करने लगती हैं और उस पर अपना प्रभाव छोड़ ही देती हैं। अपने छूटे हुए परिवेश के प्रति एक रोमानी आकर्षण भी शेखर जोशी में है, जो भिन्न परिवेश के यथार्थ के बीच भी उन्हें अपनी ओर भटका ले जाता है, परन्तु यह बहुत स्वाभाविक है और स्वाभाविकता के इसी स्तर पर उनकी हानियों में इसकी स्थिति है। अनूभूति के गहरे स्तरों से उद्‌भूत 'कोसी का घटवार' तथा मानवीय संवेदना की गहराई के साथ चुभते हुए यथार्थ के समूचे अहसास को लेकर सामने आने वाली 'शुभो दीदी' शेखर जोशी की अन्य महत्त्वपूर्ण कृतियाँ हैं। 'कोसी का घटवार' कहानी के गुसाईं और लछमा, दोनों अपनी-अपनी धुरी से उखड़े हुए, अकेलेपन के भार से बोझिल, भीतर-ही-भीतर सुलगने वाले पात्र हैं। दोनों की ज़िन्दगी का एक पुराना सन्दर्भ है, परन्तु जो नये से नितान्त दूर और अलग हो गया है। उनकी क्षण-भर की भेंट और उन्हीं क्षणों में नयी-पुरानी स्मृतियों के घटाटोप में उनका एक नयी ज़िन्दगी जी लेना, अनायास ही सब-कुछ घटित होते रहना और अन्ततः पुनः अपनी-अपनी जीवन-परिधियों की ओर उनका घिसट जाना, सब-कुछ बड़े स्वाभाविक स्तर पर गहराई में जाकर चित्रित किया गया है। पारिवारिक जीवन का एक सहज यथार्थ चित्र उनकी 'किं करोमि जनार्दन' कहानी में उपलब्ध है, जबकि 'जी-हुजूरिया' कहानी का चापलूस समझा जाने वाला बूढ़ा मज़दूर, अपनी सही वर्ग-चेतना को आखिर में स्पष्ट कर सबका मुँह बन्द कर देता है। 'कवि-प्रिया' यथार्थ की कतिपय सजीव सेवाओं के बावजूद एक आर्दशवादी उठान की कहानी है, परन्तु अपने प्रभाव में मार्मिक। कतिपय कहानियों में मध्यवर्गीय खोखले जीवन पर सटीक व्यंग्य हैं। कुल मिलाकर शेखर जोशी के कथाकार की क्षमताएँ व्यापक हैं। द्विधा के साथ-साथ उनमें उससे उबरने की शक्ति तथा संकल्प भी है। प्रगतिशील जीवन-मूल्यों पर उनकी आस्था है। इस सन्दर्भ में उनके कहानीकार के अगले महत्त्वपूर्ण प्रयासों के प्रति आश्वस्त रहा जा सकता है।

हरिशंकर परसाई मूलतः अत्यन्त संवदेनशील, प्रखर सामाजिक चेतना से दीप्त, युग-जीवन के यथार्थ की एक-एक बारीकी को बड़ी पैनी नज़र से देखने और ग्रहण करने वाले, उदात्त जीवन-मूल्यों के प्रति समर्पित कहानीकार हैं। चूँकि बहुधा वे अपनी बातें हास्य और व्यंग्य के लहज़े में कहते हैं, इस कारण प्रसिद्धि उन्हें एक व्यंग्य-लेखक के रूप में मिली है। अत्यन्त सामान्य निम्न-मध्यवर्गीय ज़िन्दगी के तन और मन दोनों स्तरों पर पूरी तरह जीकर ही इस कहानी लेखक ने यथार्थ के प्रति इस पैनी दृष्टि तथा जीवन और सामान्य मानवता के प्रति इतनी गहरी संवेदना प्राप्त की है। परसाई की रचनाओं का ऊपरी स्वर ज़रूर व्यंग्य का है, परन्तु व्यंग्य

की भीतरी परतों में उनके लेखक का उक्त चारित्र्य ही सक्रिय है, अपनी समस्त वस्तुनिष्ठता तथा सम्पूर्ण गम्भीरता के साथ। यह ठीक है कि परसाई ने जीवन की सतह पर उतराते हुए यथार्थ को भी खूब उभारा है, और बहुधा हास्य और व्यंग्य के ही सन्दर्भों में; परन्तु यह भी अन्ततः एक गहरे सामाजिक आशय से ही उद्‌भूत प्रेरणा है। इस प्रकार के लेखक न हों, तो हमारे दैनंदिन जीवन की बहुत-सी विकृतियाँ, असंगतिगाँ, छल, पाखण्ड तथा खोखलापन अनदेखा ही गुज़र जाये। इस भूमि से उनके सामयिक प्रकार के व्यंग्य भी महत्त्वपूर्ण हो उठते हैं। 'जैसे उनके दिन फिरे' तथा पत्र-पत्रिकाओं में बहुधा प्रकाशित होने वाली उनकी कहानियाँ तथा स्केच, उनके लेखन की उक्त सारी विशेषताओं का प्रमाण हैं। परसाई के रूप में हिन्दी-कहानी को सचमुच एक तेज़ धार वाली क़लम मिली है। कभी-कभी यह शंका अवश्य होने लगती है कि अधिक चलते रहने के कारण वह कहीं कुछ गोठिल न हो जाये।

प्रगतिशील जीवन-मूल्यों के सन्दर्भ में सामाजिक यथार्थ को अपनी कहानियों का विषय बनाने वालों में कुछ बाद को **शानी, इसराइल, काशीनाथ सिंह** जैसे कहानीकार उभरते हैं। युग-जीवन के यथार्थ को अनेक कोणों से देखने और चित्रित करने वाली शैलेश मटियानी तथा अन्य बहुत-से कहानीकारों की कहानियाँ भी इन्हीं लेखकों के समानान्तर प्रकाशित होती हैं। शानी की विशेषता निम्न-मध्यवर्गीय मुस्लिम परिवारों के अन्तरंग चित्र देने में है, यद्यपि वे चित्र निम्न-मध्यवर्गीय किसी भी हिन्दू, सिख या ईसाई-परिवार की भी असलियत हैं। इस वर्ग की ज़िन्दगी से अपने निकट परिचय के कारण ही शानी की कहानियों में यथार्थ का स्वाभाविक धरातल, अपनी सजीवता से उभर सका है। जहाँ इस वर्ग की घुटती-तड़पती ज़िन्दगी के प्रति लेखक की सहज मानवीय सहानुभूति है, वहाँ उसकी असंगतियों तथा रूढ़िबद्धता के प्रति उतना ही गहरा असन्तोष, आक्रोश और व्यंग्य-भाव। 'डाली नहीं फूलती' संग्रह की 'चूल्हे का चाँद', 'धतूरे के फूल', 'कफ़न चाहिए', 'गीले-सूखे आँचल' तथा 'डाली नहीं फूलती' कहानियाँ प्रतिक्रियाओं तथा चित्रण के इन्हीं विविध स्तरों को उभारती हैं। मध्यवर्गीय ज़िन्दगी अपनी सीमित चहारदीवारियों में घुटती हुई किस तरह आगे भाग रही है, सीमाओं के प्रति उसका विद्रोह किस प्रकार उबल-उबलकर पुनः उन्हीं सीमाओं में डूब जाता है और निरर्थक विद्रोह का यह धरातल किस प्रकार इस जिन्दगी को अनेक प्रकार की शारीरिक-मानसिक अतृप्तियों तथा कुण्ठाओं से भर देता है, इसका बहुरूपी चित्रण 'छोटे घेरे का विद्रोह' कहानी-संग्रह की कहानियों में उपलब्ध होता है। निम्न मध्यवर्गीय तथा मध्यवर्गीय जीवन के अनेक पक्षों को, एक सजग यथार्थबोध के स्तर पर उद्‌घाटित करने वाली ये कहानियाँ शानी की अगली सम्भावनाओं का निश्चित आभास देती हैं। जीवन के बदलते हुए सन्दर्भों में यथार्थ की नयी आकृतियों को बारीकी से उभारने का प्रयास **नीलकान्त, विजय चौहान,**

काशीनाथसिंह तथा **प्रयाग शुक्ल** की कहानियों की विशेषता है। काशीनाथसिंह की बहुचर्चित कहानी 'सुख' का इस सन्दर्भ में विश्वासपूर्वक स्मरण किया जा सकता है। **अवधनारायण सिंह** तथा **अजित पुष्कल** ने यों तो नागरिक जीवन को भी अपनी कहानियों का विषय बनाया है, परन्तु मूलतः ये आंचलिक जीवन के कथाकार हैं। ये जितना गाँवों की पुरानी ज़िन्दगी से परिचित हैं, उतना ही उन नयी वास्तविकताओं से भी, जो वहाँ प्रतिक्षण उभर रही हैं। इन कहानीकारों की विशेषता पुरानी दूहों के बीच से जन्म लेते गाँवों के नये यथार्थ और नये मनुष्य की शक्ल को पूरी तरह पहचानकर, सबके सामने रख देने में है। इसराइल की कहानियाँ मज़दूरों के जीवन की उन धड़कनों से स्पन्दित हैं, जिन्हें एक मज़दूर के रूप में कहानीकार ने स्वयं जिया है। ये एक मज़दूर की क़लम से लिखी गयी कहानियाँ हैं, जो एक प्रबुद्ध, ईमानदार तथा संवदेनशील कहानीकार भी है, जिसमें वर्ग-चेतना कूट-कूटकर भरी हुई है, तथा जो मज़दूर-जीवन के नये यथार्थ को पहचान लेने की क्षमता रखता है। वर्ग-चेतना के जीवित-जागृत सन्दर्भों में ये कहानियाँ मजदूर-वर्ग के संघर्षों तथा नयी वास्तविकता को जन्म देने के लिए उसके अपराजेय संकल्पों को यथार्थ के सही आलोक में प्रस्तुत करती हैं। **शरद देवड़ा, राजकमल चौधरी** तथा **मधुकर सिंह** की कहानियाँ मध्यवर्गीय जीवन में घुन की तरह लगी हुई असंगतियों तथा नगरों के जीवन की कटुताओं तथा आडम्बरों को सफ़ाई के साथ उभारती हैं। राजकमल की कहानियों में अनुभवों का एक व्यापक स्तर दिखाई देता है, जबकि शरद देवड़ा महानगरों की चौहद्दी में उतराते हुए यथार्थ से अधिक परिचित हैं। मधुकर सिंह की कहानियों की परिधि और भी छोटी है, परन्तु उनकी कहानियाँ अपने घनीभूत प्रभाव में प्रायः पाठक को छूती हैं।

शैलेश मटियानी ने आंचलिक कहानियाँ भी लिखी हैं और महानगरों की विकृति का भी सजीव उद्घाटन किया है। जिन विकृतियों का उद्घाटन उनकी कहानियों में है, उनमें एक मनुष्य के रूप में वे स्वयं डूबे-उतराए हैं, तभी उनका इतना जाना-बूझा चित्रण कर सके हैं। फिर भी, उनकी ये कहानियाँ यथार्थ-बोध के स्तर पर इस कारण किसी महत्त्वपूर्ण भूमिका का संकेत नहीं दे पातीं कि उनमें दृष्टिकोणजन्य उस सफ़ाई का अभाव है, जो गन्दगी को उभारकर भी खुद गन्दा होना नहीं जानती। वस्तुतः शैलेश मटियानी के पास विचारधारा का कोई जीवित सन्दर्भ नहीं है, तभी गँदलेपन का चित्रण भी उन्होंने गँदलेपन के स्तर पर ही किया है। अपनी आंचलिक कहानियों में वे अधिक सफल हैं। काश! उन्हें कोई ठोस वैचारिक आधार प्राप्त हुआ होता। **शिवप्रसाद सिंह** तथा **लक्ष्मीनारायण लाल** भी नये कहानीकारों में पर्याप्त ख्यात हैं, और इनकी ख्याति का आधार भी इनके द्वारा लिखी गयी आंचलिक कहानियाँ ही हैं। लक्ष्मीनारायण लाल की कहानियों में आंचलिकता

जहाँ अधिकांशतः ओढ़ी हुई लगती है, शिवप्रसाद सिंह की कहानियों में ऐसा नहीं है। गाँवों की जिन्दगी से उनका निकट का परिचय है और इसीलिए उनकी कहानियाँ साफ़ भी हैं। परन्तु एक रोमानी भावुकता, एक आदर्शवाद, बहुधा उनकी कहानियों में झाँकने लगता है, जिसके कारण जीवन के यथार्थ चित्र न केवल धुँधले पड़ जाते हैं, अपनी रंगत तक बदल देते हैं। लक्ष्मीनारायण लाल तथा शिवप्रसाद सिंह, दोनों की अपेक्षा **ठाकुरप्रसाद सिंह** की आंचलिक कहानियाँ दृष्टिकोण तथा चित्रण दोनों भूमिकाओं पर अधिक स्वच्छ हैं।

कृष्णा सोबती, मन्नु भण्डारी तथा **उषा प्रियंवदा** इस अवधि की नारी कहानीकारों में विशिष्ट हैं। नारी-जीवन की व्यथा, वेदना तथा घुटन को **कृष्णा सोबती** ने अपनी कुछ कहानियों में बड़ी सजीवता से अभिव्यक्ति दी है। संवेदना की गहराई तथा चित्रण की स्वाभाविक मुद्राएँ इन कहानियों की विशेषता हैं। जितना सजीव इन कहानियों का अपना विशिष्ट वातावरण या परिवेश है, उतना ही मर्मस्पर्शी इन कहानियों का वह यथार्थ भी, जो कतिपय बड़े जीवित चरित्रों के सन्दर्भ में इन कहानियों में मूर्त है। 'डार से बिछुड़ी' तथा 'मित्रो मरजानी' सोबती की ऐसी ही विशिष्ट कहानियाँ—लम्बी कहानियाँ हैं। **मुन्नू भण्डारी** की कहानियों में भी नारी जीवन का यथार्थ अंकित है, यद्यपि वे नारी-जीवन से कुछ इतर भूमिकाओं में भी सक्रिय हुई हैं। अपने जाने-बूझे तथा देखे-सुने जीवन को ही अपनी कहानियों का विषय बनाने के कारण चित्रणगत स्वाभाविकता तथा सजीवता में मन्नू भण्डारी की कहानियाँ भी उल्लेखनीय हैं। उनकी ऐसी कहानियों को उनके 'मैं हार गयी' संग्रह के अतिरिक्त भी पत्र-पत्रिकाओं में देखा जा सकता है। **उषा प्रियंवदा** की इधर की कहानियाँ विदेशी पृष्ठभूमि से सम्बन्धित हैं, परन्तु उनकी ख्याति का प्रमुख आधार वे कहानियाँ निर्मित करती हैं, जिनमें वर्तमान सन्दर्भों में मध्यवर्गीय जीवन के नाना पक्षों की अभिव्यक्ति मिली है। नयी वास्तविकताएँ मध्यवर्गीय ज़िन्दगी को किस प्रकार बिखराते हुए अर्थहीन किये दे रही हैं, इसके कुछ गहरे संकेत उनकी कहानियों में प्राप्त होते हैं। अकेलेपन, उदासी तथा ऊब से आक्रान्त इस जीवन के भीतर किसी प्रकार अपने को स्थापित किये रहने की व्यक्ति की विवशता, पीड़ा तथा मोहभंग को भी उषा प्रियंवदा की कुछ कहानियाँ बड़ी ही सजीवता से उभारती हैं, जिसके सन्दर्भ मध्यवर्गीय नारी तथा पुरुष दोनों ही प्रकार के पात्र हैं। उनकी 'छुट्टी का दिन', 'कच्चे धागे', 'जाले', 'मोहबंध', 'पैरम्बुलेटर', 'जिन्दगी और गुलाब के फूल' तथा 'वापसी' जैसी कहानियों में इन सारी स्थितियों को सहज ही देखा जा सकता है।

वस्तुतः उपन्यास और कहानियों का विषय ही युग-जीवन का यथार्थ है। यथार्थ का सहारा लिए बिना उपन्यास और कहानी की विधाएँ आगे बढ़ ही नहीं सकतीं। युग-जीवन के इस व्यापक यथार्थ के सन्दर्भ में ही उपन्यास तथा कहानी

की विधाएँ वर्तमान युग में जन्मीं तथा विकसित हुई हैं। इस आधार-भूमि पर, इस अवधि के बीच सक्रिय, पुरानी तथा नयी पीढ़ी के कतिपय अन्य विशिष्ट कहानीकारों के कृतित्व का भी उल्लेख किया जा सकता है, जिनमें से कुछ की कई कहानियाँ पाठकों के बीच पर्याप्त लोकप्रिय भी हुई हैं; परन्तु सवाल उपन्यास या कहानी में मात्र यथार्थ के चित्रण का ही नहीं है। यथार्थ का चित्रण तो सभी करते हैं, महत्त्वपूर्ण यह है कि जीवन के प्रति, उस यथार्थ के प्रति, रचनाकार का रुख क्या है, उसकी आस्थाओं के (यदि आस्था है) आधार क्या है, उसका दृष्टिकोण कहाँ तक वैज्ञानिक तथा साफ़ है? यदि समाज में अँधेरा तथा मायूसियत है, यदि उसमें एक छोर से दूसरे छोर तक केवल असंगतियाँ तथा विषमताएँ ही हैं, यदि वह विकृतियों को ही जन्म देकर उन विकृतियों में ही पल रहा है, यदि उसके अंतर्गत जीने वाले मनुष्य अपूर्ण, अधूरे तथा अधबने हैं, मात्र निरीह तथा असहाय हैं, केवल पीड़ा और दर्द, घुटन तथा अकेलेपन में ही अपना जीवन आगे की ओर ढोए चले जा रहे हैं, तो क्या रचनाकार की इतिकर्तव्यता मात्र यँही है कि वह दर्पण के समान अपनी कहानियों में वास्तविकता के इस रूप को प्रतिबिम्बित कर दे? उसका रचनाधर्मी दायित्व क्या यही है कि अपनी कहानियों में इस यथार्थ को, दृष्टिकोण के उस स्तर पर चित्रित करे कि अकेलेपन, पीड़ा तथा असहायता की अनुभूति सघन होते हुए मनुष्य को अपने तथा जीवन के अस्तित्व के प्रति एकदम आस्थाहीन कर दे? अथवा रचनाधर्मी ईमानदारी, दृष्टिकोणजन्य स्तर तथा यथार्थ की गतिशील भूमिका की वह समझ आवश्यक है, जो वास्तविकता के उक्त धरातल को अपनी पूरी स्वीकृति देते हुए भी, इसी यथार्थ के बीच से उभरती रोशनी की नयी शक्तियों को भी पहचाने, और मनुष्य में जीवन के प्रति आस्था तथा विश्वास भी पैदा करे। परन्तु युग-जीवन की उन विषमताओं के बीच से, जो सतह पर उतरा रही हैं, रोशनी की नयी ताकतों को देखना हर व्यक्ति के बूते की बात नहीं। अँधेरे और अवसाद से भरी इस दुनिया में कुछ ऐसा भी है, जो हमें जीने की शक्ति देता है, जीवन पर हमारे विश्वास को दृढ़ करता है, हममें हरकत पैदा करता है। सत्य का यह बोध उसी व्यक्ति को होगा, जिसके पास इतिहास तथा समय की गति को परख सकने वाली वैज्ञानिक दृष्टि होगी, जो यथार्थ को जड़ वस्तु न मानकर एक गतिशील ईकाई के रूप में मान्यता देता होगा। समय, इतिहास, जीवन तथा उसके यथार्थ के प्रति दृष्टिकोण या रुख की यही भूमिका है, जिसके सन्दर्भ में प्रगतिशील चेतना के कहानीकार अपने अन्य समानधर्माओं से आप-से-आप अलग हो जाते हैं। रुख का यही सन्दर्भ एक प्रबुद्ध पाठक को भी आसानी से प्रगतिशील चेतना के कहानीकार से इतर कहानी-लेखकों को पहचान सकने की दृष्टि दे देता है। यथार्थ जीवन का चित्रण करते हुए भी एक कहानी-लेखक दूसरे कहानी-लेखक से किस प्रकार भिन्न भूमिका पर स्थित

हो जाता है, उक्त विवेचन के सन्दर्भ में अब इस बात पर अधिक कुछ कहने की आवश्यकता नहीं। ऊपर जिन कहानी-लेखकों का जिक्र किया गया है, उनमें से अधिकांश प्रगतिशील जीवन-मूल्यों के प्रति आस्थावान हैं। कुछ सीधे ही प्रगतिशील आन्दोलन की उपज हैं, जबकि बाद की पीढ़ी के अधिकांश ने उस आलोक को ग्रहण किया है, जिसे प्रगतिशील आन्दोलन ने किसी समय समूचे साहित्यिक मंच पर विकीर्ण किया था। इन कहानीकारों की अपनी दृष्टिगत सीमाएँ भी हैं, कुछ ने यात्रा की शुरुआत ही की है, कुछ जब-तब द्विधाग्रस्त भी हो उठे हैं, परन्तु समग्रतः उनकी प्रगतिशील आस्थाएँ तथा बोध का धरातल सजग रहा है। इसीलिए इन कहानीकारों की उपलब्धि अन्यों की तुलना में अधिक सार्थक कही जा सकती है।

उपन्यासों की भाँति इन कहानियों में भी चरित्रों की एक बहुरंगी सृष्टि दीख पड़ती है। अधिकांशतः इन कहानियों की रचना सामान्य जीवन से ग्रहण किये गये पात्रों को लेकर हुई है, जिसके मूल में उस प्रगतिवादी चेतना की व्याप्ति है, जिसने सामान्य तथा साधारण पात्रों की ओर उपन्यासकारों तथा कहानीकारों को उन्मुख किया। इन सामान्य पात्रों में ही इन कहानीकारों को गहरी-से-गहरी मानवीय संवेदनाएँ तथा श्रेष्ठ-से-श्रेष्ठ मानवीय मूल्यों की स्थिति दिखाई पड़ी है। इसमें उनका आदर्शवाद नहीं, यथार्थ की वह सजग दृष्टि सक्रिय है, जिसने नयी प्रगतिशील चेतना के सन्दर्भ में इन कहानीकारों को रोज़मर्रा की ज़िन्दगी में मिलने वाले मामूली मनुष्यों से परिचित कराया और इस सत्य को स्पष्ट किया कि जीवन के श्रेष्ठ तथा उच्चतर मूल्य कुछ इने-गुने नामी-गिरामी व्यक्तियों में ही नहीं, वस्तुतः जीवन की विषाक्त परिस्थितियों से प्रतिपल संघर्ष करने वाले तथा उन्हीं के बीच जीवन जीने वाले, नयी ज़िन्दगी के सर्जक, ऐसे ही सामान्य तथा साधारण समझे जाने वाले पात्रों में ही मिल सकते हैं। नयी मनुष्यता का वाहक यही सामान्य जनता है।

दृष्टिकोण की इस भूमिका के कारण ही अपने पात्रों के चुनाव में इन कहानीकारों को विशेष परिश्रम नहीं करना पड़ा। इनके अधिकांश पात्र इनके अपने बीच के ही जीवित-जागृत मनुष्य हैं, जो किसी को भी रोज़मर्रा की ज़िन्दगी में कहीं भी मिल जायेंगे, सवाल उस दृष्टि से उन्हें पहचानने का है, जिस दृष्टि से कहानीकारों ने उन्हें पहचानकर अपनी कहानियों में उतारा है। गाँवों की ज़िन्दगी के बीच से चुने गये पात्र हों, अथवा शहरों के मिल-कारखानों से, निम्न-मध्यवर्ग की बेबस ज़िन्दगी जीने वाले व्यक्ति हों या मध्यवर्गीय असंगतियों में डूबने-उतराने वाले नारी-पुरुष, ऐश-आराम का जीवन व्यतीत करने वाले सुविधाभोगी हों या मुसीबतों के बीच पैदा होकर उन्हीं के साये में मर जाने वाले अभागे, कुल मिलाकर ये सारे पात्र सामाजिक जीवन को उसकी समग्रता में प्रस्तुत करते हैं। निष्क्रिय-से-निष्क्रिय तथा सक्रिय-से-सक्रिय पात्रों की स्थिति इन कहानियों में है। ऐसे चरित्रों से लेकर,

जिनकी मनुष्यता बिलकुल मर चुकी है, ऐसे चरित्रों तक, जो प्रशस्त मानवीय मूल्यों तथा जीवन की उदात्त भूमिकाओं के सर्जक हैं, इन कहानियों की चरित्र-सृष्टि का प्रसार है। यह पूरा-का-पूरा भारतीय समाज है, जो अपने सारे यथार्थ के साथ, सिक्के के दोनों पहलुओं को उभारता हुआ इन कहानियों में उतरा है। इन पात्रों का सन्दर्भ यह दुनिया भी है और वह दुनिया भी, जिसके लिए ही वस्तुतः इस दुनिया का उनका संघर्ष है। यह एक विराट् चरित्र-सृष्टि है, जिसका श्रेय इन प्रजापति-कहानीकारों को है—उन कहानीकारों को, प्रगतिशील चेतना के सन्दर्भ में ही जो प्रजापति बन सके, और जीवन के अन्तहीन प्रसार को अपनी दृष्टि की परिधि में समेटते हुए इस प्रकार की ज़िन्दा सृष्टि रच सके।

दो शब्द इन कहानियों के शिल्प के विषय में भी। प्रेमचन्द के कथाशिल्प की सजीवता तथा प्रभाव को स्वीकार करते हुए भी इन क़लाकारों ने अपने कथा-शिल्प में युगानुरूप नये अध्याय भी जोड़े हैं। प्रेमचन्द की शक्ति को इन्होंने बखूबी पहचाना है और उससे प्रेरणा ली है, उसे विकसित किया है, परन्तु उनके शिल्प की उन दुर्बल भूमिकाओं को छोड़ दिया है, जो हिन्दी कहानी को तत्कालीन स्थिति के सन्दर्भ में स्वभावतः उसके साथ जुड़ गयी थी। इन कहानीकारों ने जितनी सजगता यथार्थ-बोध तथा दृष्टिकोण के स्तर पर प्रदर्शित की है, ये उतना ही अपनी कहानियों के गठन और उनके शिल्प के प्रति भी सजग रहे हैं। यशपाल की प्रमुख विशेषता कहानी के आकार को, उसकी प्राण-शक्ति सुरक्षित रखते हुए, अधिक छोटा बनाने में है। यशपाल की कोई भी कहानी बहुत लम्बी नहीं है, परन्तु अपने छोटे आकार में भी वह अपने सारगर्भित कथा-तत्त्व को सफलतापूर्वक बाँध सकने में समर्थ हुई है। छोटी कहानियों का यह वैशिष्ट्य यशपाल के अतिरिक्त अन्य कहानीकारों में भी दिखाई पड़ता है। जो कहानियाँ आकार में लम्बी हैं, वे भी इतिवृत्तात्मक या घटनाबहुल नहीं हैं। रेणु की 'तीसरी कसम', निर्मल की 'परिंदे', मोहन राकेश की 'मिस पाल' आदि कहानियाँ इस कथन के उदाहरण है। वर्णन-प्रधानता तथा घटना-बाहुल्य से ऊपर उठते हुए इन कहानीकारों ने कथा-तत्त्व को अधिक व्यंजनागर्भी बनाने का प्रयास किया है। स्वभावतः इन कहानियों में पात्रों के मनोवेगों तथा घटनाओं की बारीक योजनाओं को ही स्थान दिया गया है। दोहरे कथा-शिल्प के आधार पर भी कुछ कहानियों में सफल प्रयोग किये गये हैं—मसलन कमलेश्वर की 'राजा निरबंसिया' कहानी में। कथानक के विकासक्रम की अधिक गुम्भित भूमिकाएँ प्रत्यक्ष की हैं। परन्तु शिल्पगत प्रयोगों की जो भी भूमिकाएँ इन कहानियों में उभरी हैं, उनके दौरान कहानी की वस्तु को सदैव ध्यान में रखा गया है। जैसा हम कह चुके हैं, इन्होंने वस्तु की प्राणवत्ता के लिए ही शिल्प को नया निखार देने की कोशिश की है।

इस प्रकार उपन्यास-साहित्य के समानान्तर ही, प्रगतिशील आन्दोलन से

प्रेरणा लेते हुए, इन कहानीकारों ने, वस्तु तथा शिल्प दोनों भूमियों पर, हिन्दी-कहानी को सम्पन्न बनाया है। कहने की आवश्यकता नहीं कि प्रगतिशील आन्दोलन के गहरे चिह्न प्रेमचन्दोत्तर कथा-साहित्य में लक्षित होते हैं। उसकी अधिकांश महत्त्वपूर्ण उपलब्धियों का श्रेय प्रगतिशील आन्दोलन तथा उसके द्वारा विकीर्ण चेतना को है।

रेखाचित्र तथा रिपोर्ताज़ की रचना हिन्दी में अपेक्षाकृत कम हुई है। कतिपय कहानीकारों की उन कहानियों को छोड़ दिया जाये, जो अपनी निर्मिति में रेखाचित्रों का आभास देती हैं, तो महादेवी वर्मा, प्रकाशचन्द्र गुप्त, शिवदानसिंह चौहान, अमृतराय, रांगेय राघव तथा रेणु जैसे कुछ नाम ही हैं, जिन्होंने इन क्षेत्रों को भी सम्पन्न किया है। महादेवी की 'अतीत के चलचित्र' तथा 'स्मृति की रेखाएँ' कृतियाँ उपेक्षित जनसामान्य के चित्रों को सारी मानवीय करुणा के साथ प्रस्तुत करती हैं। यह महादेवी के काव्य की एक कमी थी, जिसे इन रेखाचित्रों के माध्यम से उन्होंने पूरा किया है। प्रकाशचन्द्र गुप्त, शिवदानसिंह चौहान तथा अमृतराय ने द्वितीय महायुद्ध के समय रिपोतार्ज के रूप में कुछ सामग्री प्रस्तुत की थी। रांगेय राघव ने बंगाल के अकाल पर कुछ रिपोर्ताज़ लिखे थे। रेणु रिपोर्ताज़-लेखक के रूप में ही साहित्य की भूमिका में उतरे थे। आज भी उनके लेखन में, वे उपन्यास हों या कहानियाँ, रिपोर्ताज़ की अपनी छायाएँ दीख ही जाती हैं। रेखाचित्र तथा रिपोर्ताज़ अपने में अत्यन्त समर्थ गद्य-रूप हैं, जो अभी सम्पन्ना की स्थिति में नहीं पहुँचे हैं। हाल में पत्र-पत्रिकाओं के माध्यम से कुछ इस प्रकार की चीजें अवश्य लाई जा रही हैं। आशा की जा सकती है कि कहानियों की भाँति ये गद्य-रूप भी आवश्यक उत्कर्ष को प्राप्त करेंगे।

नाटक और रंगमंच

कविता तथा कथा-साहित्य की भाँति प्रगतिवादी चेतना ने सन् 1936 के बाद हिन्दी नाटकों को भी प्रभावित किया। यथार्थ के साथ नाटक जैसी जनप्रिय तथा जनमुखापेक्षी कला का सम्पर्क यों तो भारतेन्दु-युग में ही हो गया था, परन्तु भारतेन्दु-युग के अन्त के साथ-साथ यथार्थ के जीवन्त रूप का अभाव भी नाटकों में दिखाई देने लगा। द्विवेदी-युग अपने स्थूल आचारवाद तथा सुधारवाद को लेकर साहित्य के क्षेत्र में अवतीर्ण हुआ। सुधारवादी प्रवृत्ति भारतेन्दु तथा उनके युग के नाटककारों में भी थी, परन्तु सुधारवाद के साथ-साथ यथार्थ-जीवन की समस्याओं का उपस्थापन सामाजिक हास्य तथा व्यंग्य की जिन सजीव भूमिकाओं में उन नाटककारों ने किया था, वह उस युग की अपनी खास विशेषता थी। द्विवेदी-युग की कृतियाँ इन सजीव भूमिकाओं से बहुत-कुछ रहित कोरे सुधारवाद को लेकर सामने आईं, फलतः उनमें विशेष प्राणवत्ता न दिखाई पड़ी। छायावाद-युग में यथार्थ-जीवन की सजीव अभिव्यक्ति और भी विरल हो गयी। प्रगतिवाद के आविर्भाव ने जहाँ साहित्य-मात्र की सर्जना के सन्दर्भ में युगीन लेखकों को यथार्थ की नयी दृष्टि दी, वहाँ नाटकों के क्षेत्र में भी यथार्थ की छूटी हुई डोर को मज़बूती से पकड़ने के प्रयत्न हुए। चूँकि प्रगतिवाद जनवादी दृष्टिकोण को लिए हुए ही साहित्य की भूमि पर उतरा था, अतः नाटक जैसी लोकप्रिय विधा का नये प्राणों से स्पन्दित हो उठना स्वाभाविक ही था। कविता तथा कथा-साहित्य की भाँति इस युग के नाटक भी सामाजिक यथार्थ-दृष्टि को प्रधानता देते हुए रचे गये।

प्रगतिवादी जीवन-दृष्टि की अवतारणा ने इस सन्दर्भ में एक और महत्त्वपूर्ण कार्य किया, जिसकी ओर ठीक ही लोगों ने ध्यान आकर्षित किया है। उसने यथार्थवाद के सम्बन्ध में आमतौर से पाठकों के तथा विशेष रूप से कुछ साहित्यिक बुद्धिजीवियों के बीच फैली अनेक प्रकार की भ्रान्त धारणाओं का खण्डन करते हुए यथार्थवाद सम्बन्धी सही समझ को विकसित किया। इसका परिणाम यह हुआ कि यथार्थ के प्रति पाठकों तथा लेखकों में न केवल सही समझ का विकास हुआ, उनकी रुचि भी परिष्कृत हुई और नाटकों में सही यथार्थ-जीवन के चित्रों के प्रति उनका

आकर्षण भी बढ़ा। प्रगतिवादी युग में यों तो अनेक दृष्टिकोणों और भावधाराओं को सूचित करने वाले नाटक लिखे गये, परन्तु सबसे प्रधान धारा यथार्थपरक नाटकों की ही रही। इस यथार्थ को नाटककारों ने अनेक रूपों में अपनी कृतियों में चित्रित किया। कुछ नाटककार युगीन यथार्थ के सजीव उद्घाटन तक ही सीमित रहे, जबकि शील जैसे कुछ ने वस्तुगत यथार्थ का चित्रण करते हुए भी उसके अन्तर्गत अपनी प्रगतिशील आस्थाओं का परिचय दिया। कथा-साहित्य की भाँति नाटकों के क्षेत्र में भी प्रायः मध्यवर्ग के जीवन को ही उसके विविधि पहलुओं में उभारा गया। निम्न तथा उच्च-वर्ग के चित्र या तो प्रासंगिक रूप से इन नाटकों में चित्रित किये गये या फिर उन नाटकों में जो कला की भूमिका पर अधिक सजीव न बन सके। उपेन्द्रनाथ 'अश्क', विष्णु प्रभाकर और उदयशंकर भट्ट प्रधानतः मध्यवर्गीय जीवन का ही अंकन करने वाले नाटककार माने जायेंगे, यद्यपि इनके नाटकों में अन्य वर्गों की जीवन स्थितियाँ भी प्रायः दिखाई पड़ जाती हैं। ये वे नाटककार हैं, जिन्होंने मध्यवर्ग के चित्रण में अपनी प्रगतिशील, सामाजिक, यथार्थ-दृष्टि को सक्रिय किया है। मध्यवर्ग के ही जीवन को लेकर नाटकों की रचना करने वाले कुछ अन्य प्रमुख व्यक्ति भी इस अवधि में सामने आये, परन्तु समस्याओं को उठाने का उनका ढंग तथा चित्रण के मूल में निहित उनका दृष्टिकोण यथार्थ की उस माँग को पूरा नहीं करता, प्रगतिशील यथार्थ-दृष्टि जिसकी अपेक्षा रखती है। अश्क, उदयशंकर भट्ट तथा विष्णु प्रभाकर के यथार्थ-चित्रण की भी अपनी सीमाएँ हैं, परन्तु समग्रतः उनका युग-बोध अधिक वैज्ञानिक तथा उनका दृष्टिकोण प्रगतिशील यथार्थ के अधिक निकट है। शील के नाटक प्रगतिशील यथार्थ-दृष्टि को दो कदम आगे जाकर मूर्त करते हैं।

सामाजिक यथार्थ के चित्रण तथा कलागत सजीवता—दोनों ही दृष्टियों से, इस अवधि में, नाटकों की अपेक्षा एकांकी अधिक सफल रहे। रंगमंच के सन्दर्भ में समय, धन तथा सुविधा आदि को देखते हुए एकांकियों की रचना भी अधिक हुई। समय के संकोच तथा नयी अभिरुचियों को लिए हुए अन्य लघु नाट्य-रूप भी इस अविधि में जन्मे। एकांकियों तथा इन नये नाट्यरूपों की बढ़ती हुई लोकप्रियता को देखकर बाद को तो यह स्थिति भी सामने आयी कि पुराने नाटककार तक लम्बे नाटकों का मोह छोड़कर एकांकी तथा उससे मिलते-जुलते अन्य नाट्य-प्रकारों की रचना में संलग्न हो गये। एकांकियों में नाटकों की अपेक्षा विषय की विविधता भी दिखाई पड़ी। छोटी कहानियों की भाँति उन्होंने भी यथार्थ-जीवन के एक-एक कोण को उभारा। इन्हीं एकांकियों में से कुछ में निम्न वर्गों का जीवन भी अपनी समग्रता में चित्रित हुआ, यद्यपि प्रधानता मध्यवर्गीय जीवन तथा युग के अन्य राजनीतिक, सामाजिक घटना-प्रसंगों की रही। जिन रचनाकारों के माध्यम से इस युग का यथार्थपरक एकांकी साहित्य समृद्ध हुआ, उनमें भुवनेश्वर, अश्क, विष्णु प्रभाकर,

उदयशंकर भट्ट, भगवतीचरण वर्मा, अमृतराय, यशपाल, रांगये राघव, शिवदानसिंह चौहान, विनोद रस्तोगी आदि की गणना की जा सकती है। युगीन यथार्थ के चित्रण में दृष्टिकोणजन्य जिन स्थितियों की चर्चा कथा-साहित्य के प्रसंग में हम कर चुके हैं, वही स्थितियाँ यहाँ भी सजीवता से विद्यमान है।

नाटकों तथा एकांकियों के सन्दर्भ में हिन्दी रंगमंच का प्रश्न भी स्वभावतः उठता है। वस्तुतः हिन्दी के अपने सम्पन्न रंगमंच का अभाव ही है, जिसके कारण नाटकों तथा एकांकियों का विकास उस गति से नहीं हो सका, जो उपन्यासों तथा कहानियों के विकास में दिखाई पड़ती है। रंगमंच के इस अभाव के कारण ही बहुत-से नाटक तथा एकांकी मात्र पाठ्य बनकर रह गये। यथार्थ की भूमिका पर देखा जाये तो साहित्य की अन्य सारी विधाओं की अपेक्षा नाटक तथा एकांकी ही जनसामान्य से अभिन्नता स्थापित करता है। शिक्षित-अशिक्षित, समस्त जनसमुदाय यहाँ बिना किसी उल्लेखनीय अन्तर के एक ही भूमि पर प्रतिष्ठित हो जाता है। जनता में नयी चेतना फूँकने, उसकी रुचियों को परिष्कृत करने, उसे कला-प्रेमी तथा सजग बनाने में भी नाटक ही सर्वाधिक प्रभावशाली वस्तु ठहराता है। अन्य साहित्य-रूपों की तुलना में नाटक ही जनता पर अधिक स्थायी प्रभाव भी छोड़ता है। परम्परा से देश के जन-सामान्य की रुचि भी नाटकों की ओर अधिक रही है। इसका सबसे बड़ा प्रमाण उन्नत प्रकार के किसी भी रंगमंच के अभाव में सामान्य जनता द्वारा रामलीलाओं, रासलीलाओं, नौटंकियों आदि को प्रश्रय देना है। जनता की इस अभिरुचि के मूल्य पर ही पिछले सौ वर्षों में न जाने कितनी नाटक-कम्पनियों के मालिकों ने अपनी जेबें भरी हैं। स्पष्ट है कि इन नाटक-कम्पनियों का ध्येय जनता की रुचियों का परिष्कार करने, उसे सजग या कला-प्रेमी बनाने का कभी नहीं रहा। सस्ते प्रकार की प्रेम-कथाओं या धार्मिक, ऐतिहासिक कथाओं को सतही ढंग से अभिनीत करते हुए इन्होंने मुख्यतः जन-रुचि को विकृत करने में ही अपना योगदान दिया है। बीच-बीच में संजीदा रचनाकारों तथा इतर व्यक्तियों के द्वारा स्थिति को सुधारने के भी प्रयत्न हुए, परन्तु उल्लेखनीय सफलता किसी को भी न मिल सकी। इसका प्रधान कारण एक तो देश की पराधीनता रही दूसरे पूँजीवादी-मनोवृत्ति। साम्राज्यवादी शासक नाटक जैसी जनप्रिय विधा का जनता के बीच पल्लवित होना खतरे से खाली नहीं समझते थे और नाटक-कम्पनियों के मालिक परिष्कृत रुचि के नाटकों के मूल्य पर अपनी कमाई पर संकट लाने के हिमायती न थे। व्यावसायिक मनोवृत्ति तथा शासकीय उदासीनता का ही परिणाम था कि इस समूची अवधि में न तो जनता का अपना कोई रंगमंच बन सका न रंगमंचीय नाटकों का विकास ही सही प्रकार से हो सका। बहुत-से नाटक नौसिखिए लोगों के द्वारा कॉलेज-स्कूलों में खेले जाकर ही अपनी सार्थकता सूचित करते रहे।

प्रगतिवाद के आविर्भाव के साथ ही जहाँ साहित्य और जन-जीवन-सम्बन्धी अन्यान्य प्रश्नों को उठाया गया, वहाँ एक प्रश्न भारत की अपनी जन नाट्यशाला के निर्माण का भी उठा। प्रगतिशील लेखक-संघ की स्थापना के साथ ही जन-सामान्य के बीच नयी चेतना को प्रसारित करने के जो कार्यक्रम बनाये गये, उनमें भी जन-नाट्यशाला के निर्माण को अपेक्षित महत्त्व दिया गया। जन-नाट्य-समिति के नाम से एक स्वतन्त्र समिति का निर्माण भी ब्रिटिश सरकार की अपनी आँख के सामने हुआ। कालान्तर में 'भारतीय जन नाट्य संघ' नाम से जनता के अपने रंगमंच की स्थापना भी हुई, जिसे रंगमंच के इतिहास की एक महान घटना माना जायेगा। यह जनता का पहला रंगमंच था, जिसने सही मानों में जन-जागृति को लक्ष्य मानकर, अपने क्रिया-कलाप प्रारम्भ किये। भारतीय जन-नाट्य संघ की शाखाएँ देश के प्रत्येक प्रान्त में खुलीं। जहाँ तक हिन्दी-भाषी प्रदेशों का प्रश्न है, उत्तर प्रदेश तथा राजस्थान शाखाओं ने पर्याप्त सक्रियता प्रदर्शित की। बम्बई जन-नाट्य-संघ के तत्त्वावधान में भी अनेक महत्त्वपूर्ण जनवादी नाटक हिन्दी भाषा में देश की जनता के समक्ष प्रस्तुत किये गये। जो काम अपने-अपने क्षेत्र में प्रगतिशील कविता तथा कथा-साहित्य के माध्यम से हुआ, उसे जन-नाट्य-संघ ने अपनी सीमाओं में सीधे जनता के बीच जाकर अधिक द्रुतगति से सम्पन्न किया। पराधीन जनता में आज़ादी, समता तथा समाजवाद की नयी आशा तथा नयी चेतना फूँकने में जन-नाट्य-संघ का योग अद्भुत रहा। जन-नाट्य-संघ के तत्त्वाधान में खेले गये, प्रगतिशील लेखकों द्वारा रचित नाटक इसी कारण जनसमाज—शिक्षित-अशिक्षित—के बीच अत्यन्त लोकप्रिय हुए कि उनमें जनता के अपने हर्ष-विषाद, आशा-आकांक्षाएँ, यथार्थ के अत्यन्त सजीव सन्दर्भों में मूर्त होकर सामने आयीं। जन-नाट्य-संघ के क्रिया-कलाप केवल नगरों की सीमाओं में ही घिरकर न रह गये, उनके संरक्षण में प्रगतिशील और प्रबुद्ध अभिनेताओं की टोलियाँ गाँवों की जनता के बीच भी निरन्तर पहुँचती रहीं। गाँवों की जनता ने भी पहली बार इन नाटकों में अपने जीवन की साफ़-सच्ची तस्वीरें देखीं, चलती-फिरती शक्लों तथा गतिमान दृश्यों के रूप में। उसने इन नाटकों में अपने आकांक्षित भविष्य को भी, उस भविष्य के लिए किये जाने वाले अपने संघर्षों को भी देखा। इन नाटकों में उसने यह बोध भी जगाया कि इस आकांक्षित भविष्य को लाने के लिए जनता को किन दिशाओं में सक्रिय होना जरूरी है? अत्यन्त कलात्मक ढंग से अभिनीत, क्रांतिकारी, सजीव कथानकों वाले इन नाटकों को नगर तथा गाँवों की जनता के बीच इतना अधिक लोकप्रिय होते देख अनेक बार सरकार को इन नाटकों के अभिनय पर प्रतिबन्ध लगाने पड़े। इन नाटकों के लेखकों तथा अभिनेताओं को जेलों में ठूँसकर तरह-तरह की यातनाएँ दी गयीं। सरकारी दमन तथा आतंकवाद के बावजूद जन-नाट्य-संघ के क्रिया-कलापों में शिथिलता न आयी, और वह देश के

प्रथम श्रेणी के प्रथम जन-रंगमंच के रूप में जीवित तथा सक्रिय बना रहा।

स्वतन्त्रता के पश्चात् राष्ट्रीय सरकार ने भी एक राष्ट्रीय रंगमंच की अनिवार्यता को समझा। संगीत-नाटक अकादमी का निर्माण इसी लक्ष्य के हेतु हुआ। जन-नाट्य-संघ स्वतन्त्रता के बाद अनेक अवसरों पर राष्ट्रीय सरकार का भी कोप-भाजन बना; उस पर प्रतिबन्ध लगाये गये; उसके कार्यकर्ताओं को जेलों में भरा गया; परन्तु एक विकसित रंगमंच के रूप में उसने अपनी सत्ता जीवित रखी। जनता के बीच क्रांतिकारी प्रगतिशील चेतना फूँकने के साथ उसने रंगमंचीय शिल्प में भी अनेक महत्त्वपूर्ण अध्याय जोड़े। अभिनय की सजीवता, जीवन के यथार्थ सन्दर्भों के प्राणवान प्रस्तुतीकरण एवं कथ्य के गहरे सामाजिक आशय में जन-नाट्य-संघ द्वारा अभिनीत नाटक आज भी अपराजेय तथा आदर्श हैं। भारतीय रंगमंच के इतिहास में इन्हीं सब कारणों से प्रगतिशील आन्दोलन की उपज भारतीय जन-नाट्य-संघ का प्रदेय सदैव जीवित रहेगा।

समीक्षा

सर्जनात्मक साहित्य की भाँति प्रगतिवाद ने हिन्दी समीक्षा को भी गहराई से प्रभावित करते हुए सैद्धान्तिक तथा व्यावहारिक दोनों स्तरों पर साहित्य के स्वरूप तथा मूल्यांकन-सम्बन्धी अपनी महत्त्वपूर्ण स्थापनाएँ दीं; और इस प्रकार समीक्षा-सम्बन्धी एक नयी दृष्टि तथा पद्धति की प्रतिष्ठा की। प्रगतिवादी दृष्टि के आविर्भाव के पूर्व हिन्दी समीक्षा के क्षेत्र में आचार्य शुक्ल महत्त्वपूर्ण कार्य सम्पादित कर चुके थे। अपनी समीक्षाओं द्वारा उन्होंने न केवल पूर्ववर्ती समीक्षा की शिथिल आकृति को एक ठोस स्वरूप प्रदान किया था, अपने समय के साहित्यिक बुद्धिजीवियों को वह दृष्टि भी दी थी, जिसका उपयोग करते हुए वे अच्छे-बुरे साहित्य में भेद कर सकें, श्रेष्ठ साहित्य की सच्ची प्रभाव-क्षमता को पहचानते हुए पाठकों को भी उससे परिचित करा सकें। साहित्य के उद्‌भव, उसके प्रभाव तथा प्रयोजन के विषय में आचार्य शुक्ल की दृष्टि काफ़ी हद तक वैज्ञानित तथा साफ़ थी। साहित्य के उद्‌भव के सम्बन्ध में विज्ञापित अनेक प्रकार की अस्पष्ट और अलौकिक धारणाओं का खंडन करते हुए बड़े ही स्पष्ट शब्दों में उन्होंने कहा था कि ''मनुष्य लोकबद्ध प्राणी है। उसका अपनी सत्ता का ज्ञान तक लोकबद्ध है। लोक के भीतर ही कविता क्या, किसी भी कला का प्रयोजन और विकास होता है।'' साहित्य के प्रभाव-पक्ष का विश्लेषण करते हुए उन्होंने उसका सम्बन्ध रस से स्थापित किया था, और इस रस की व्याख्या भी उसकी अलौकिक व्याख्याओं के विपरीत इस ढंग से की थी—''लोक-हृदय में हृदय के लीन होने की दशा का नाम रस-दशा है।'' उन्होंने यह भी प्रतिपादित किया था कि रस की सृष्टि कवि लोक-जीवन की गहराइयों में उतरकर लायी गयी भाव-सम्पत्ति के माध्यम से ही कर सकता है। कोरी कल्पना, कोरा चमत्कार, कोरा अलंकारवाद या कोरी अभिव्यंजना, कविता को वाह-वाही के स्तर तक भले ही पहुँचा दे, उस भूमिका तक नहीं पहुँचा सकती, जहाँ काव्य मनोवृत्तियों का परिष्कार करते हुए लोकमंगल का साधक और इस प्रकार के सच्चे काव्यत्व का अधिकारी बनता है। रस की भूमि सामाजिक भूमि है और सच्ची कविता की भूमि भी यही है। काव्य के प्रयोजन के सम्बन्ध में भी उनका मत अत्यन्त स्पष्ट था। काव्य रस की सृष्टि द्वारा

सहृदय को आनन्द प्रदान करता है, इसे वे स्वीकार करते थे; परन्तु आनन्द को ही साध्य मानने वाली भारतीय काव्यशास्त्रियों की मान्यता उन्हें स्वीकार न थी। भारतीय काव्यशास्त्रियों के ब्रह्मानन्द सहोदर—रसवाद के विपरीत उनका मत था कि आनन्द काव्य का साध्य नहीं, वस्तुतः काव्य के सच्चे प्रयोजन तक पहुँचाने का एक मार्ग मात्र है। मार्ग को ही अन्तिम गंतव्य मान लेना, उनके विचार से भ्रम के अतिरिक्त और कुछ नहीं हो सकता। कविता की सच्ची सार्थकता आनन्द के पश्चात् सहृदय के मन में कर्म की उत्तेजना जगाने में, उसे लोकमंगल के साधन के लिए सक्रिय करने में है। सच्चा आनन्द वह है, जो कर्म की उत्तेजना दे न कि अपने में डुबोकर हृदय को निष्क्रिय कर दे। इसी दृष्टिकोण को लेकर उन्होंने प्रारम्भ से लेकर अपने समय तक के भारतीय साहित्य के दो विभाग किये। एक को उन्होंने लोकमंगल की सिद्धावस्था का तथा दूसरे को उसकी साधनावस्था का द्योतक बताया। उन्होंने ज़ोर देकर इस तथ्य का स्पष्टीकरण भी किया कि लोगमंगल की साधनावस्था को सूचित करने वाला काव्य ही सच्चे अर्थों में समाज तथा मानव-जाति को प्रेरणा देने वाला काव्य है। 'काव्य में रहस्यवाद' शीर्षक निबन्ध में उन्होंने रहस्यवाद की आड़ में कृत्रिम अनुभूतियों से काव्य-जगत को भरने वालों, और इस प्रकार लोक-जीवन से कविता तथा साहित्य का सम्बन्ध-विच्छेद करने वालों का कड़ा विरोध करते हुए, न केवल साहित्य या काव्य की स्थिति इस लोक के भीतर बतायी, चारों ओर फैले अनन्त रूपात्मक इस जगत से सम्बन्ध रखने वाले काव्य को ही सही मानों में साहित्य या कविता-संज्ञा का अधिकारी माना। सौन्दर्य की व्याख्या करते हुए उन्होंने भाववादी विचारकों के इस मत का सप्रमाण खंडन किया कि सौन्दर्य की स्थिति मनुष्य के मन में है। इस धारणा के विपरीत उनका मत था कि सौन्दर्य की सत्ता वस्तुगत है। क्रोचे के अभिव्यंजनावाद का खंडन करते हुए उन्होंने 'कला के लिए कला' आदि मान्यताओं पर भी कड़े प्रहार किये और लोक-जीवन की भूमिका पर रचे गये, लोकमंगल के साधक काव्य या साहित्य को ही सच्चे तथा समर्थ काव्य का महत्त्व दिया। शुक्लजी का यह सारा कार्य काव्य के सर्जन तथा मूल्यांकन-सम्बन्धी उनकी मौलिक दृष्टि का सूचक था। उन्होंने अनेक स्थानों पर परम्परागत भारतीय काव्यशास्त्र सम्बन्धी मान्यताओं के प्रति अपनी असहमति व्यक्त की, अनेक स्थलों पर अंधे परम्परा मोह तथा रूढ़िवाद की भर्त्सना को, कदाचित् तभी वे हिन्दी-समीक्षा को एक पुष्ट तथा दृढ़ भूमि पर स्थित कर सके। यह शुक्लजी ही थे, जिन्होंने तुलना, विवरण-प्रधानता तथा सामान्य गुण-दोष-कथन मात्र से साहित्य-समीक्षा को ऊपर उठाकर उसे विचार और विश्लेषण-प्रधान बौद्धिक रूप दिया। यदि कहा जाये कि शुक्लजी ने अपने समय की साहित्यिक अराजकता को दूर कर सर्जन तथा चिन्तन दोनों ही क्षेत्रों में युग की साहित्यिक मनीषा को संतुलित रूप से आगे बढ़ने का पथ

सुझाया, तो कोई अत्युक्ति न होगी। यही उनका साहित्यिक आचार्यत्व था, जिसे युग ने हर्ष और कृतज्ञता के साथ स्वीकार किया। शुक्लजी की इन साहित्यिक मान्यताओं को देखते हुए यदि यह कहा जाय कि आगामी प्रगतिवादी समीक्षा के लिए उन्होंने अनुकूल ज़मीन तैयार की, तो असंगत न होगा। हमारा आशय यहाँ शुक्लजी की समीक्षा-दृष्टि से प्रगतिवादी समीक्षा-दृष्टि की अभिन्नता प्रदर्शित करना नहीं, कारण साहित्य-सम्बन्धी शुक्लजी के चिन्तन तथा प्रगतिवादी चिन्तन में आधारभूत भिन्नताएँ भी हैं। हमारा प्रतिपाद्य यहाँ यही है कि शुक्लजी के चिन्तन की ये वे भूमियाँ हैं, जिन्हें प्रगतिवादी समीक्षा ने साभार ग्रहण किया। आगामी प्रगतिवादी समीक्षा साहित्य-सम्बन्धी अपनी मौलिक विचार-दृष्टि के साथ-साथ शुक्लजी द्वारा प्रदत्त इस स्वस्थ प्रगतिशील विरासत को भी सँभालते हुए आगे बढ़ी। शुक्ल जी के पश्चात् प्रगतिवादी समीक्षा के समानान्तर आचार्य नन्ददुलारे वाजपेयी तथा आचार्य हजारीप्रसाद द्विवेदी जैसे स्वच्छंदतावादी समीक्षक भी सक्रिय हुए, जिनके साहित्य-सम्बन्धी अनेक विचारों से प्रगतिवादी समीक्षा का पक्ष समर्थित हुआ। स्वच्छनदतावादी भूमि पर दृढ़ता से स्थिर रहते हुए, आचार्य वाजपेयी ने भी साहित्य की सामाजिक भूमिका का खुले शब्दों में प्रतिपादन किया। कलावादी दृष्टिकोण की भर्त्सना करते हुए उन्होंने भी साहित्य या काव्य के भीतर प्रगतिशील तथा उदात्त मानवीय मूल्यों की नियोजना पर बल दिया। आचार्य द्विवेदी की मानवतावादी भूमिका भी प्रगतिवादी समीक्षा के लिए उपयोगी साबित हुई। प्रगतिवादी समीक्षा ने इन विचारों को भी ग्रहण करते हुए अपनी यात्रा को सार्थक बनाया।

इस प्रकार प्रगतिवाद के अविर्भाव के साथ न केवल सर्जनात्मक क्षेत्र में ही नये प्रस्थान-बिन्दु उभरे, समीक्षा तथा चिन्तन के क्षेत्र में भी नये अभियान दृष्टिगत हुए। डॉ. रामविलास शर्मा, शिवदानसिंह चौहान, प्रकाशचन्द्र गुप्त, रांगेय राघव, अमृतराय, चन्द्रबली सिंह, गजानन माधव मुक्तिबोध प्रभृति साहित्यिक बुद्धिजीवियों ने हिन्दी की प्रगतिवादी समीक्षा को आकृति देते हुए, सिद्धान्त तथा प्रयोग, दोनों ही भूमियों पर उसे सम्पन्न और समृद्ध किया। युग की अन्य साहित्यिक विचार-सरणियों के समानान्तर चलने वाला प्रगतिवादी समीक्षा का यह अभियान, अद्यतन भूमिकाओं में भी उतना ही समर्थ तथा सक्रिय है। डॉ. नामवर सिंह, विश्वंभरनाथ उपाध्याय, रमेश कुंतल मेघ, विश्वनाथ त्रिपाठी, मैनेजर पांडे आदि वे नाम हैं, जो प्रगतिशील समीक्षा को नयी सदी अर्थात् 21वीं सदी की दहलीज तक लाए हैं। बाद की पीढ़ी के युवा समीक्षकों का योगदान भी जिसमें शामिल है।

सैद्धान्तिक भूमि पर प्रगतिवादी समीक्षा ने पहला सवाल साहित्य और सामाजिक जीवन की अभिन्नता का उठाया। साहित्य और समाज के पारस्परिक सम्बन्धों को लेकर फुटकल प्रकार की बातें तो लगभग सभी युगों में की गयी थीं, परन्तु प्रगतिवादी

समीक्षा ने इस प्रश्न को साहित्य से सम्बन्ध रखने वाले आधारभूत प्रश्न के रूप में गहराई से उठाया और साहित्यिक बुद्धिजीवियों से पूरी जिम्मेदारी के साथ उस पर विचार करने का आग्रह किया। साहित्य और समाज का बहुत घनिष्ठ सम्बन्ध है; साहित्यकार को समाज-हित की बातें करनी चाहिए; इस प्रकार के कथनों से ही इस प्रश्न का समाधान नहीं हो जाता, मूल प्रश्न यह है कि यदि दोनों में घनिष्ठ सम्बन्ध है, तो वह क्यों है, और कैसा है? सामाजिक हित की बात ही साहित्यकार के लिए क्यों आवश्यक है? इस सम्बन्ध में प्रगतिवादी समीक्षा की पहली मान्यता साहित्य के उद्‌भव सम्बन्धी प्रश्न को लेकर सामने आयी। तमाम भाववादी विचारकों तथा चिंतकों की इस मान्यता के विपरीत कि साहित्य तथा कला का उद्‌भव स्थल सामाजिक भौतिक जीवन से सर्वथा निरपेक्ष मनुष्य का भाव या विचार जगत् है, प्रगतिवादी समीक्षा ने मनुष्य के सामाजिक भौतिक जीवन के बीच ही साहित्य तथा कला की उद्‌भव भूमि घोषित की। सृष्टि के उद्‌भव, विकास, उसके बीच मनुष्य की स्थिति, उसके सामाजिक सम्बन्धों तथा बाह्य-जीवन की अन्य परिस्थितियों तथा वातावरण के सन्दर्भ में उसके भाव तथा विचार जगत की निर्मिति का विश्लेषण करते हुए उसने इस तथ्य को प्रमाणित किया कि मनुष्य का भाव या विचार जगत सामाजिक जीवन से पृथक् या निरपेक्ष कोई वस्तु न होकर उसी का एक अंग है। मनुष्य जिस समाज अथवा वातावरण के बीच रहता है, उसके भाव-जगत का निर्माण उस वातावरण के माध्यम से ही होता है। मनुष्य की चेतना उसके अस्तित्व को नहीं, उसका सामाजिक अस्तित्व ही उसकी चेतना की प्रमाणित करता है। साहित्य, कला, दर्शन, सबकी उत्पत्ति इसी सामाजिक जीवन के बीच उसी की प्रतिच्छाया लिए हुए मनुष्य के भाव या विचार-जगत् से होती है। इस सम्बन्ध में भ्रम की कोई गुंजाइश न रहनी चाहिए। मनुष्य के भाव या विचार-जगत् को इस वस्तु जगत से सर्वथा निरपेक्ष मानने वाले भाववादी आदर्शवादी चिंतकों को लक्ष्य करते हुए ही मार्क्स ने बहुत पहले कहा था कि भावधारा का अपना कोई स्वतन्त्र इतिहास नहीं है; भावधारा का इतिहास मूलतः सामाजिक जीवन का ही इतिहास है। इन्द्रिय बोध, भाव तथा विचार की जो एकता साहित्य या कला को जन्म देती है, डॉ. रामविलास के मत से वह भी समाज निरपेक्ष न होकर सामाजिक जीवन का ही अंग है। साहित्य का इतिहास भी सामाजिक इतिहास से अलग न होकर उसी का एक अध्याय होता है। प्रसिद्ध मार्क्सवादी विचारक काडवेल की यह स्थापना कि साहित्य का मोती समाज की सीपी से ही उत्पन्न होता है, इसी सन्दर्भ में सार्थक है। काडवेल का यह कथन इस तथ्य का भी द्योतक है कि प्रगतिशील समीक्षा सामाजिक जीवन के बीच से ही साहित्य की उत्पत्ति मानते हुए साहित्य के अपने सौन्दर्य का तिरस्कार नहीं करती। काडवेल की उक्ति में समाज की स्थिति यदि सीप के रूप में मानी गयी

है, तो साहित्य या कला का स्मरण उसी से उत्पन्न एक आबदार मोती के रूप में किया गया है। सामाजिक जीवन से रस ग्रहण करते हुए ही साहित्य या कला एक मोती के रूप में चमकते हुए अपनी इयत्ता का परिचय देती है। इस प्रकार समाज से ही साहित्य या कला की उत्पत्ति मानकर प्रगतिवादी समीक्षा ने न केवल साहित्य तथा सामाजिक जीवन के बीच के अभिन्न सम्बन्ध को स्पष्ट किया है, सामाजिक जीवन के सन्दर्भ अथवा उसी के परिप्रेक्ष्य में साहित्य या कला के मूल्यांकन की आवश्यकता भी प्रतिपादित की है। विशुद्ध कलात्मक मानदंडों के आधार पर ही साहित्य या कला के मूल्यांकन की आवश्यकता प्रतिपादित करने वाली मान्यताओं के विपरीत कला तथा साहित्य की परीक्षा की यह सामाजिक कसौटी प्रगतिवाद की सबसे महत्त्वपूर्ण देन है, इस तथ्य को युग के मूर्धन्य समीक्षकों तक ने स्वीकार किया है। आचार्य नन्ददुलारे वाजपेयी प्रगतिवादी साहित्य समीक्षा की अनेक स्थापनाओं से असहमत होते हुए भी उसके इस पक्ष को पूरी स्वीकृति देते हैं। उनका कहना है कि "उसने दो वस्तुएँ मुख्य रूप से दी हैं। प्रथम यह कि काव्य साहित्य का सम्बन्ध सामाजिक वास्तविकता से है, और वही साहित्य मूल्यवान है, जो उक्त वास्तविकता के प्रति सजग और संवेदनशील है। द्वितीय, यह कि जो साहित्य सामाजिक वास्तविकता से जितना ही दूर होगा, वह उतना ही काल्पनिक और प्रतिक्रियावादी कहा जायेगा। न केवल सामाजिक दृष्टि से वह अनुपयोगी होगा, साहित्यिक दृष्टि से भी हीन और ह्रासोन्मुख होगा। इस प्रकार साहित्य के सौष्ठव-सम्बन्धी एक नयी मापरेखा और एक नया दृष्टिकोण इस पद्धति ने हमें दिया है, जिसका उचित उपयोग हम करेंगे।"

सामाजिक जीवन की ही सापेक्षता में साहित्य तथा कला के अध्ययन की बात उठाकर प्रगतिवादी समीक्षा ने समाज तथा साहित्यकार के पारस्परिक सम्बन्धों पर भी प्रकाश डाला। उसका सीधा तर्क यह था कि चूँकि साहित्यकार भी इस समाज की ही एक इकाई है, अतः उसके भाव तथा विचार-जगत् पर सामाजिक परिस्थितियों का प्रभाव पड़ना स्वाभाविक ही है। साहित्य या कला का उद्‌गम स्थल भी मनुष्य का यही भाव या विचार-जगत् है; अतः किसी भी प्रकार के साहित्य में उस युग की सामाजिक परिस्थितियों की छाया होगी ही। साहित्यकार 'जिस जीवन को अपने चतुर्दिक् हिलोरें मारता हुआ देखता है, उसी से वह प्रेरणा पाता है। उसका संसार इससे विलग कोई मुक्ता-मंजूषा नहीं। अपनी स्वतन्त्र सत्ता रखते हुए भी उसकी भावनाओं का संसार निरन्तर बाह्यजगत् की घटनाओं से प्रतिध्वनित और झंकृत होता है।' (प्रकाशचन्द्र गुप्त) साहित्यकार समाज से कितनी भी तटस्थता का दावा क्यों न करें, जाने-अनजाने परिस्थितियों के प्रभाव को वह अवश्य ग्रहण करेगा, और उसी को अपनी साहित्यिक कृतियों में अभिव्यक्ति देगा। इसी सन्दर्भ में इस बात की आवश्यकता भी स्वतः सिद्धि हो जाती है कि किसी कलाकृति की

परीक्षा करते समय उसे निरपेक्ष रूप से देखने के बजाय इस रूप में देखा जाये कि वह कलाकृति किस प्रकार की सामाजिक परिस्थितियों के बीच अपने रचयिता द्वारा रची जाकर सामने आयी है? जिस युग में उसकी रचना हुई है, उस युग में कौन सी ऐतिहासिक सामाजिक शक्तियाँ अधिक प्रखर थीं; और उनके बीच उसके रचयिता की अपनी स्थिति क्या थी? क्या वह कृति उन सामाजिक परिस्थितियों को अथवा अपने रचयिता द्वारा भोगे गये सामाजिक जीवन की अनुभूतियों को ईमानदारी से उतार पाने में सफल रही है? यदि हाँ, तो कहाँ तक, और यदि नहीं या गैर-ईमानदार ढंग से, तो इसके क्या कारण हो सकते हैं? साहित्यिक कृतित्व की परीक्षा का यह एक नया प्रतिमान और नयी पद्धति थी, जिसे प्रगतिवादी समीक्षा ने सारी दृढ़ता के साथ युग के साहित्यिक बुद्धिजीवियों के समक्ष प्रस्तुत किया। अपनी वैज्ञानिक और तर्क-संगत भूमि पर स्थिर रहते हुए प्रगतिवादी समीक्षा ने यहाँ तक स्थापना दी कि केवल मनुष्य का भाव-जगत ही नहीं, साहित्य का अभिव्यक्ति पक्ष भी सामाजिक जीवन से अछूता नहीं होता। कवि की भाषा, उसकी कल्पना, उपन्यासकार के पात्र सब सामाजिक जीवन से ही निर्दिष्ट होते हैं और उसी का एक अंग है। भाषा भी सामाजिक वस्तु है, जो मनुष्य-मनुष्य के बीच भावों या विचारों की प्रेषणीयता का सबसे सशक्त माध्यम है। कवि की कल्पना भी, यदि वह बिल्कुल ही आकाशजीवी नहीं है, संसार सागर की ही रूप तरंगों से निर्मित तथा अनुशासित होती है। ऐसी स्थिति में समाज तथा साहित्यकार और उसकी कृति के पारस्परिक सम्बन्ध एकदम स्पष्ट होकर सामने आ जाते हैं।

साहित्य का उद्भव सामाजिक जीवन के बीच ही होता है; साहित्यकार की चेतना पर सामाजिक जीवन का प्रभाव प्रतिपल पड़ता रहता है; साहित्य तथा कला में प्रकारान्तर से सामाजिक जीवन को ही अभिव्यक्ति मिलती है; अपने इन निष्कर्षों के सन्दर्भ में ही प्रगतिवादी समीक्षा ने साहित्य में सामाजिक जीवन की यथार्थता को चित्रित करने का आग्रह किया। धरती से विच्छिन्न, सामाजिक जीवन से निरपेक्ष, कोरी कल्पना पर आधारित कोई भी वस्तु श्रेष्ठ साहित्य का निर्माण नहीं कर सकती; इस तथ्य को पूरी गम्भीरता से उपस्थित करते हुए उसने साहित्य में यथार्थवाद का नारा दिया। परन्तु यहीं पर यह प्रश्न उठा कि साहित्य में सामाजिक जीवन का यथार्थ किस रूप में प्रतिबिम्बित हो? उस रूप में, जिस प्रकार दर्पण में कोई वस्तु प्रतिबिम्बित होती है, अथवा किसी अन्य रूप में? प्रगतिवादी समीक्षा ने इस प्रश्नों को सिर्फ उठाया ही नहीं, उनका समुचित उत्तर भी दिया। साहित्य को समाज का दर्पण मानने वाली विचारधारा के प्रति अपनी असहमति व्यक्त करते हुए उसके साहित्य को दर्पण जैसी यान्त्रिक भूमिका से ऊपर उठाते हुए, एक स्वतन्त्र, सौन्दर्यमयी सृष्टि का गौरव दिया। डॉ. रामविलास ने कहा कि "यदि साहित्य समाज का दर्पण होता, तो

संसार को बदलने की बात न उठती। कवि का काम यथार्थ जीवन को प्रतिबिम्बित करना ही होता, तो वह प्रजापति का दर्जा न पाता। वास्तव में प्रजापति ने जो समाज बनाया है, उससे असन्तुष्ट होकर नया समाज बनाना कवि का जन्मसिद्ध अधिकार है।" साहित्य को समाज का दर्पण मानने वाली विचारधारा या शैली फोटोग्राफिक यथार्थवादियों की विचारधारा तथा शैली है, प्रगतिशील जीवन दृष्टि से जिसका साम्य नहीं। प्रगतिशील समीक्षा साहित्य तथा साहित्यकार को अधिक ऊँचा स्थान देती है, उन्हें मात्र अनुकर्ता नहीं घोषित करती। यह साहित्यकार के अपने व्यक्तित्व का भी प्रश्न है—उस व्यक्तित्व का जिसे डॉ. रामविलास ने कवि पुरोहित का व्यक्तित्व कहा है। उनके मत से "कवि का व्यक्तित्व पूरे वेग से तभी निरखता है जब वह समर्थ रूप से परिवर्तन चाहने वाली जनता के आगे कवि पुरोहित की तरह आगे बढ़ता है।" इसी क्रम में प्रगतिवादी समीक्षा ने साहित्य को समाज का दर्पण मानने वाली विचारधारा की एक अन्य असंगति की ओर भी लोगों का ध्यान आकृष्ट किया। दर्पण की क्षमता तो केवल सतह पर उतराने वाली वास्तविकता को ही यथातथ्य रूप में प्रतिबिम्बित कर देने तक सीमित है, जबकि प्रगतिवादी समीक्षा का आग्रह सतह की वास्तविकता से अधिक सतह के भीतर कसमसाती और उभर उठने को आतुर वास्तविकता को जीवित-जागृत रूप में सबके समक्ष रख देने में है। सतह पर उतराने वाले यथार्थ का दर्शन तो कोई भी आँख कर सकती है, सच्चे कलाकार की विशिष्टता अथवा उसकी दृष्टि का महत्त्व इस यथार्थ के सजीव चित्रण के बाद इससे आगे की उपलब्धि में है। सच्चा यथार्थवादी कलाकार वही होगा, जिसकी दृष्टि सामाजिक जीवन के बीच से उभरने वाली प्रगतिशील शक्तियों को सहानुभूतिपूर्वक परखने और चित्रित करने में सक्षम होगी। अतः स्पष्ट है कि प्रगतिवादी समीक्षा द्वारा प्रतिपादित यथार्थ-दृष्टि वह यथार्थ दृष्टि है, जो किसी भी युग में चलने वाले प्रतिगामी तथा प्रगतिशील शक्तियों के संघर्ष को सजीव रूप में चित्रित करते हुए, उगते हुए प्रगतिशील यथार्थ के समर्थन के आधार पर साहित्य को एक नयी सृष्टि का विधायक भी बनाती है।

यथार्थ पर आग्रह करने का अर्थ यह नहीं है कि प्रगतिवादी समीक्षा कल्पना की सत्ता का तिरस्कार करती है; या आदर्शों की मखौल उड़ाती है। कल्पना का महत्त्व प्रगतिवादी समीक्षा भी स्वीकार करती है, स्वप्नों की स्थिति उसके सन्दर्भ में भी है और आदर्शों से उसे भी प्यार है। अन्तर केवल इतना है कि प्रगतिवादी समीक्षा में कल्पना, स्वप्नों तथा आदर्शों को वहीं तक महत्त्व दिया गया है, जहाँ तक उनका सम्बन्ध यथार्थ से बना रहता है। कल्पना तभी कवि की शक्ति बन सकेगी, जबकि उसकी जड़ें यथार्थ की धरती में हों। यथार्थ जीवन से विच्छिन्न कल्पना के लिए नामवर सिंह का कहना है—ऐसी मन-भर कल्पना से छटाँक भर वास्तविकता कहीं

अधिक समर्थ तथा मूल्यवान है। जो कल्पना यथार्थ जीवन के सन्दर्भ में सक्रिय होती है, वही कृति को जीवन्त तथा प्राणवान बनती है; अन्यथा कृति हवाई तथा निष्प्राण हो उठती है। आदर्शों तथा स्वप्नों के विषय में भी यही बात सत्य है। आदर्श तथा स्वप्न हमें सामाजिक जीवन में सक्रिय करते हैं; परन्तु तभी, जब वे यथार्थ जीवन से विलग, केवल कलाकार की इच्छा-मात्र नहीं होते, यथार्थ से सम्पृक्त, समाज-हित के साधक होते हैं। अपनी यथार्थ-दृष्टि के सन्दर्भ में प्रगतिवादी समीक्षा जिस 'विज़न' की बात उठाती है, उसका सम्बन्ध भावी जीवन के किसी कल्पना-लोक से न होकर उस वास्तविकता से ही है, जो भले ही आज का सत्य न हो, कल का सत्य अवश्य है; इतिहास तथा यथार्थ की गतिशील भूमिका का समर्थन जिसे प्राप्त है।

यथार्थ सम्बन्धी अपनी मान्यता के सन्दर्भ में प्रगतिवादी समीक्षा एक अन्य प्रश्न पर भी उन विचारकों की दृष्टि को साफ करती है, जो बाह्य जीवन के यथार्थ की तुलना में साहित्यिक कृति में चित्रित यथार्थ को कमजोर, अस्वाभाविक तथा उसका विकृत रूप घोषित करते हैं। कदाचित् यही तर्क था, जिसने प्लेटो को यह कहने के लिए प्रेरित किया था कि कवियों को समाज से निर्वासित कर देना चाहिए। प्रगतिवादी समीक्षा इस प्रश्न को पूरी गम्भीरता से उठाते हुए इस तर्क की असमर्थता को प्रमाणित करती है। बाह्य-जीवन का यथार्थ अत्यन्त सम्पन्न तथा समृद्ध है, वह अत्यन्त विस्तृत भी है, प्रगतिवादी दृष्टि इसे स्वीकार करती है। परन्तु प्रश्न उठता है कि तब लोग इस सामाजिक जीवन से सन्तुष्ट क्यों नहीं हो जाते, साहित्य तथा कला की माँग क्यों करते हैं? सामाजिक जीवन की सम्पन्न वास्तविकता को देखते हुए भी साहित्य में इस जीवन के चित्र क्यों चाहते हैं? इसका प्रधान कारण यही है कि सामाजिक जीवन का यथार्थ सम्पन्न होते हुए भी बहुत कुछ कच्चे माल की तरह होता है। लोगों की दृष्टि उसके पूरे फैलाव को समेट नहीं पाती। इसके विपरीत साहित्यकार की पैनी दृष्टि चारों ओर के यथार्थ को देखते हुए, उसे एक बने-बनाए माल की तरह, अधिक गहरी संवेदनाओं से युक्त करके, अत्यधिक व्यवस्थित रूप से किसी कृति में प्रस्तुत करती है। सामाजिक जीवन के यथार्थ की एक-एक रेखा उसकी कृति में उभरती है, परन्तु उन सारी रेखाओं से मिलकर जिस चित्र का निर्माण होता है, वह सामाजिक जीवन के यथार्थ का सही प्रतिनिधि होते हुए भी उस यथार्थ के बीच पनपती हुई मनुष्य की जिन्दगी को अधिक सघन और अधिक साफ रूप में अपने पाठकों के समक्ष प्रस्तुत करता है। व्यापक सामाजिक जीवन के बीच मनुष्य को अपनी जिन्दगी की सच्ची तस्वीर वैसे भले ही पूरी समग्रता में न दिखाई पड़े, परन्तु साहित्य के माध्यम से वह उसे पूरी विविधता तथा पूरी समग्रता में सहज ही देख लेता है। कलाकार की अपनी सशक्त लेखनी का आश्रय पाकर इसीलिए कृति में चित्रित यथार्थ बाहर फैले यथार्थ से अधिक सुन्दर, सजीव तथा सघन प्रभाव

वाला हो जाता है, और इसीलिए जनसामान्य साहित्यिक कृति में चित्रित यथार्थ की माँग भी करता है; और प्रगतिवादी समीक्षा कलाकार से पूरी ईमानदारी के साथ सामाजिक जीवन को परखकर उसे अपनी कृति में सजीवता से उतारने का आग्रह करती है। यहीं साहित्य तथा कला का वह क्रान्तिकारी स्वरूप भी सामने आता है, जो जनसामान्य को उसकी जिन्दगी का सही परिचय देकर उसे अपने परिवेश को बदलने के लिए, विषम तथा नारकीय जीवन से मुक्ति पाकर एक नये स्वस्थ जीवन की नींव डालने के लिए उत्प्रेरित करता है। बहुत सम्भव है कि साहित्य तथा कला के अभाव में जनसामान्य इस विशिष्ट प्रेरणा से वंचित रहता, या कम से कम चारों ओर की वास्तविकता में घुटती-तड़पती, करवट लेती अपनी जिन्दगी का, अन्याय, अत्याचार तथा शोषण की प्रक्रिया की बारीकियों का, इतना विशद अनुभव न प्राप्त कर पाता। इस दृष्टि से भी जीवन तथा समाज को एक नये साँचे में ढालने के लिए साहित्य तथा कलाओं की विशिष्ट क्षमता उद्घाटित होती है। अतएव यह तर्क भ्रान्त है कि सामाजिक जीवन के यथार्थ की तुलना में कृति में चित्रित उस यथार्थ का स्वरूप हल्का, कमजोर, विकृत या कम प्रभावशाली होता है। कवि समाज से निर्वासित होने की नियति को लेकर उत्पन्न नहीं हुआ, उसे बदलने और उसके स्थान पर एक नये, स्वस्थ समाज की नींव डालने के संकल्प को लेकर उसका आविर्भाव हुआ है, और इसीलिए वह समाज का एक परम सम्मानित सदस्य है।

सामाजिक जीवन के यथार्थ से साहित्य अथवा साहित्यकार का कैसा सम्बन्ध है, साहित्य सामाजिक जीवन के यथार्थ को किस प्रकार ग्रहण करता है, इस प्रश्न पर भी प्रगतिवादी दृष्टि पर्याप्त स्पष्ट है। मार्क्स की इस स्थापना को कि मनुष्य का सामाजिक जीवन आर्थिक जीवन से भिन्न नहीं है, आर्थिक धरातल ही मुख्य धरातल है, जिस पर कला, संस्कृति, राजनीति, दर्शन आदि के भवन खड़े होते हैं, अनेक लोगों ने अनेक प्रकार से समझते हुए प्रगतिवादी दृष्टि पर तरह-तरह के प्रश्न-चिह्न लगाए हैं। प्रगतिवादी दृष्टि के अनुसार निस्संदेह आर्थिक धरातल ही मुख्य धरातल है, जिसका प्रभाव साहित्य, कला आदि पर पड़ता है। परन्तु इसका यह अर्थ नहीं है कि आर्थिक परिस्थितियाँ या आर्थिक जीवन सीधे ही कला आदि को प्रभावित किया करता है, और आर्थिक धरातल बदलते ही साहित्य, कला, संस्कृति सब बदल जाती हैं। जो लोग ऐसा समझते हैं, वे भ्रांति में हैं। एंगेल्स ने बहुत पहले इस भ्रांति का खण्डन किया था, उसके बाद यूरिन, राल्फ फॉक्स तथा रामविलास शर्मा आदि के अनेक अभिमत भी आ चुके हैं। यूरिन ने कहा था कि 'जो लोग यह सिद्धान्त प्रतिपादित करते हैं कि नाना प्रकार की विचारधाराएँ बिल्कुल सीधे रूप में आर्थिक सम्बन्धों पर आश्रित रहती हैं, वे मार्क्सवादी आलोचना के मानदंड को अत्यधिक सरल बनाने के प्रयत्न में उसकी आत्मा का ही हनन कर बैठते हैं।' राल्फ

फॉक्स तथा रामविलास शर्मा की धारणाएँ भी इसी रूप में उक्त भ्रम का खण्डन करती हैं। शर्माजी का कहना है कि "सामाजिक विकास से सम्बद्ध कला के अनेक तत्त्व जहाँ आर्थिक जीवन पर निर्भर होते हैं, उनका एक स्पष्ट वर्ग आधार होता है; वे आर्थिक व्यवस्था के बदलने पर या कुछ समय बाद परिवर्तित हो जाते हैं, वहाँ अनेक तत्त्व अपेक्षाकृत स्थायी होते हैं, वर्गों से परे और बहुत कुछ अपरिवर्तनशील होते हैं।" अतः स्पष्ट है कि साहित्य या कला भौतिक जीवन से केवल यांत्रिक प्रभाव ग्रहण नहीं करती। सामाजिक जीवन का यथार्थ अपने संश्लिष्ट रूप में ही साहित्य या कला को प्रभावित करता है। यह प्रभाव तुरन्त ही दृष्टिगत न होकर कुछ समय पश्चात अन्य अनेक तत्त्वों से युक्त होकर ही साहित्य या साहित्यकार की चेतना को स्पंदित करता है। अतएव आर्थिक जीवन द्वारा साहित्य या कलाओं का सीधा नियंत्रण नहीं होता, अब यह तथ्य उन लोगों को पूर्णतः स्पष्ट हो जाना चाहिए, जो इसके सम्बन्ध में अब तक स्पष्ट नहीं थे।

फिर प्रश्न यहीं पर समाप्त नहीं हो जाता। इसी क्रम में प्रगतिवादी समीक्षा यह स्थापना भी देती है कि बदले में साहित्य या कला भी आर्थिक सामाजिक जीवन को प्रभावित करती है और एक सीमा तक उसे बदलने में भी सहायक बनती है। प्रगतिवादी समीक्षा द्वारा प्रतिपादित इस तथ्य को कुछ लोग जान-बूझकर भूल जाते है। प्रगतिवादी दृष्टि के अनुसार सच्चे तथा समर्थ साहित्य का एक प्रधान चारित्र्य यह भी है कि वह केवल प्रभाव ग्रहण ही न करे, प्रभाव छोड़े भी; स्वयं ही परिवर्तित न हो, उसे भी परिवर्तित करे। एंगेल्स का यह कथन कि "धर्म, राजनीति, दर्शन, साहित्य, कला आदि के विकास का आधार आर्थिक विकास है। लेकिन इस सबका एक-दूसरे पर, और आर्थिक आधार पर भी प्रभाव पड़ता है। ऐसी बात नहीं है कि आर्थिक आधार ही एकमात्र सक्रिय कारण हो और बाकी सब चीजें निष्क्रिय रूप से प्रभाव ग्रहण करती हों" सारी बात स्पष्ट कर देता है। साहित्यकार के अपने व्यक्तित्व पर प्रगतिवादी समीक्षा की कितनी आस्था है, इसे डॉ. रामविलास के इस कथन द्वारा स्पष्ट समझा जा सकता है—"ऐसा नहीं होता कि समाज के रथ के पीछे लेखक बँधा हुआ हो और उसके पीछे-पीछे लीक पर घिसटता हुआ चलता हो। लेखक सारथी होता है, जो लीक देखते हुए साहित्य की बागडोर सँभाले हुए उसे उचित मार्ग पर ले चलता है।" डॉ. नामवर सिंह ने भी साहित्य और समाज के बीच की एक महत्त्वपूर्ण कड़ी के रूप में लेखक के अपने व्यक्तित्त्व को मान्यता दी है। यह लेखक का अपना व्यक्तित्व ही है, जो समाज तथा साहित्य और समाज के बीच की एक महत्त्वपूर्ण कड़ी के रूप में लेखक के अपने व्यक्तित्व को मान्यता दी है। यह लेखक का अपना व्यक्तित्व ही है, जो समाज तथा साहित्य के पारस्परिक सम्बन्धों को यांत्रिक रूप में ही अभिव्यक्त नहीं होने देता, उन्हें माँज और निखारकर प्रस्तुत

करता है। सामाजिक जीवन की जो अभिव्यक्ति साहित्य में होती है, वह लेखक के व्यक्तित्व का संस्पर्श पाकर ही अपनी सजीवता तथा अपने निखार को कायम रखती है। "साहित्य-रचना की प्रक्रिया में समाज, लेखक और साहित्य परस्पर एक-दूसरे को इस तरह प्रभावित करते हैं कि इनमें से प्रत्येक क्रमशः परिवर्तित और विकसित होता रहता है—समाज से लेखक, लेखक से साहित्य और साहित्य से पुनः समाज।"

इसी सन्दर्भ में साहित्य या साहित्यकार की वर्गीय स्थिति पर भी विचार कर लेना आवश्यक है। प्रगतिवादी समीक्षा की मान्यता है कि वर्गबद्ध समाज में साहित्य या साहित्यकार भी वर्गों के हिमायती बनकर सामने आते हैं। वर्ग-निरपेक्ष साहित्य का सृजन केवल वर्गहीन समाज-व्यवस्था में ही संभव है। वर्गहीन समाज की स्थापना के बिना वर्ग-निरपेक्ष साहित्य की बात महज एक भ्रांति के अलावा और कुछ नहीं है। जब समाज वर्गों में विभाजित है, स्वाभाविक रूप से साहित्यकार अपने साहित्य में किसी-न-किसी वर्ग के हितों तथा स्वार्थों को ही प्रश्रय देगा। साहित्य का परम्परागत इतिहास भी इस तथ्य का साक्षी है कि प्रत्येक युग में साहित्यकार किसी-न-किसी वर्ग के हिमायती रहे हैं। बहुधा यह भी देखा गया है कि साहित्यकार की अपनी क्षमताओं तथा साहित्य की अपनी शक्ति को देखकर समाज का सुविधाभोगी वर्ग अनेक प्रकार के प्रलोभनों के द्वारा साहित्यकार की प्रतिभा को खरीदकर उसे अपने वर्गीय हितों तथा विचारधारा का समर्थक बनाने की कोशिश करता रहा है। वर्तमान पूँजीवादी युग में जबकि अन्य अनेक वस्तुओं की भाँति साहित्य तथा कला भी बिक्री की वस्तुओं के रूप में बदल दी गयी हैं, यह संकट और भी साहित्य तथा कला भी बिक्री की वस्तुओं के रूप में बदल दी गयी है, यह संकट और भी गहरा हो गया है। साहित्यकार की विपन्नता का लाभ उठाकर सरलता से उसकी प्रतिभा को खरीद लेना आज की पूँजीवादी मनोवृत्ति ही बन गयी है। ऐसी स्थिति में साहित्य या साहित्यकार की प्रगतिशीलता को पहचानने का एकमात्र प्रतिमान यही है कि संजीदगी से इस तथ्य को परखा जाये कि अपनी कृति के अंतर्गत कृतिकार ने समाज के किस बर्ग की विचारधारा अथवा हितों का समर्थन किया है। यदि उसने शोषित, पीड़ित तथा अपने जीवन को बदलने के लिए संघर्ष करते जन-समुदाय की आशा-आकांक्षाओं को वाणी दी है, शोषक-वर्ग की विचारधारा तथा क्रिया-कलापों का पर्दाफाश करते हुए युग-सत्य को उभारा है, तो निश्चित रूप से उसे तथा उसकी कृति को प्रगतिशील माना जायेगा। यदि उसने शोषित वर्गों से इतर, समाज के सुविधा भोगी, शक्ति-सम्पन्न वर्ग के विचारों को वाणी दी है, तो साहित्यिक सौन्दर्य के विधायक तत्त्वों के बावजूद विचारधारा के स्तर पर वह तथा उसकी कृति प्रतिगामी तथा प्रतिक्रियावादी ही ठहरेगी। वर्ग-व्यवस्था वाले वर्तमान समाज में नये और उभरते हुए सत्य को वाणी देना ही कलाकार का

परम धर्म है। मिटते हुए और नष्ट होते हुए वर्ग की विचारधारा का समर्थन करना प्रतिक्रियावाद के अतिरिक्त और कुछ नहीं हो सकता। इस मान्यता के साथ-साथ प्रगतिवादी समीक्षा इस तथ्य को भी बिल्कुल साफ कर देती है कि प्रत्येक युग में ऐसे कलाकार भी जन्म लेते हैं, जो वर्गीय सीमाओं को अतिक्रान्त करते हुए प्रशस्त धरातलों तक पहुँच जाते हैं। स्वयं उनका सम्बन्ध किसी भी वर्ग से क्यों न हो, अपनी कृतियों में वे जन-साधारण का पक्ष लेते हुए ही देख पड़ते हैं। उनकी तथा उनकी कला की यही महानता है कि वर्ग-व्यवस्था वाले समाज में सुविधाभोगी वर्ग संरक्षण पाकर भी उनकी अपनी सहानुभूति जन-सामान्य के साथ ही रही है, उनकी कृतियों में सत्य का वही रूप उभरा है, जो वर्ग-बद्ध समाज का का सही सत्य हो सकता है। परम्परा से आज तक का इतिहास इस तथ्य का साक्षी है कि प्रत्येक युग में महान् कलाकारों ने जन-सामान्य की आशा-आंकाक्षाओं को ही उभारा है। यदि ऐसा न होता तो वाल्मीकि, कालिदास और तुलसी जैसे कवि इतने जन-प्रिय न हो सकते। सच्चा वर्ग निरपेक्ष साहित्य वर्ग-हीन समाज-व्यवस्था में ही रचा जा सकेगा, इसका अर्थ यह नहीं है कि अब तक के महान् साहित्यकारों का कृतित्व उसकी तुलना में कम महत्त्वपूर्ण आँका जायेगा, परन्तु इसके साथ-साथ इस तथ्य के प्रति भी असहमति क्यों व्यक्त की जाये कि वर्ग-हीन, शोषण-रहित समाज में रचा गया साहित्य सच ही अत्यन्त उदात्त तथा समर्थ होगा। वर्ग-हीन समाज-व्यवस्था में रचे जाने वाले साहित्य की सम्भावनाओं को प्रगतिवादी समीक्षा पूरी आस्था के साथ प्रस्तुत करती है। परन्तु इस सन्दर्भ में इस निष्कर्ष का प्रणयन करना कि प्रगतिवादी समीक्षा वर्ग-बद्ध समाज में रचे जाने वाले साहित्य का अवमूल्यन करती है, कतई संगत नहीं कहा जा सकता। प्रगतिवादी समीक्षा की स्थापना है कि वर्ग-बद्ध समाज में परम्परा से लेकर आज तक जितने महान् कलाकार उत्पन्न हुए हैं, उनका कृतित्व इसी कारण मूल्यवान तथा महत्त्वपूर्ण है और आगे भी रहेगा, कि उसके रचयिताओं ने उसके अंतर्गत अपने समय के युग सत्य को ही वाणी दी है, जन-सामान्य के प्रति ही आत्मीयता प्रदर्शित की है।

इसी क्रम में प्रगतिवाद समीक्षा परम्परा के प्रति अपना दृष्टिकोण भी स्पष्ट कर देती है। बहुधा कह दिया जाता है कि प्रगतिवादी समीक्षा के लिए परम्परागत साहित्य अथवा संस्कृति का कोई महत्त्व नहीं है, वह समूची-की-समूची परम्परा का निषेध करती है। परम्परा के प्रति सही दृष्टिकोण क्या होना चाहिए, उसके समुचित मूल्यांकन की कौन-सी पद्धति सही है, मान्यताओं के ऊहापोह में यह प्रश्न इतना उलझ गया कि परम्परा के प्रति एक भ्रांत धारणा आज भी अनेक लोगों का सत्य बनी हुई है। कुछ लोगों के लिए परम्परा के अर्थ, परम्परा के नाम पर, भला-बुरा सब कुछ ढोए चलना है, जबकि कुछ इतने आधुनिक हैं कि परम्परा का नाम सुनते

ही उन्हें मितली आने लगती है। जो परम्परा का नाम पर भला-बुरा सब कुछ समेटने की सीख देते हैं, (अथवा फतवे देते हैं) उन्हें यह समझ में नहीं आता कि परम्परा का बहुत-कुछ छोड़कर भी कोई व्यक्ति कैसे परम्परा से संपृक्त रह सकता है, और जो परम्परा का नाम तक नहीं सुनना चाहते, उन्हें इसका अहसास नहीं कि परम्परा से संपृक्त रहकर भी व्यक्ति उतना ही आधुनिक बना रह सकता है। उक्त दोनों प्रकार के व्यक्तियों के सम्मुख वस्तुतः परम्परा का सही अर्थ ही स्पष्ट नहीं है। प्रगतिवादी समीक्षा परम्परा के सम्बन्ध में फैली तमाम भ्रांत धारणाओं का खण्डन करते हुए परम्परा के प्रति सही वैज्ञानिक दृष्टि को प्रत्यक्ष करती है, उसके सही अर्थ का उद्घाटन करती है, और यह दृष्टि नकारात्मक भी नहीं है। इसका आधार वह प्रखर इतिहास बोध है, जिसके अभाव में वस्तुतः परम्परा को समझा ही नहीं जा सकता।

परम्परा के प्रति प्रगतिवादी समीक्षा का उतना ही आग्रह है, जितना किसी भी सच्चे तथा समर्थ चिन्तन का होना चाहिए। उसका दृढ़ विश्वास है कि "जैसे सामाजिक जीवन में कोई नयी व्यवस्था पुरानी व्यवस्था से एकदम अलग होकर नहीं आ सकती, वैसे ही साहित्य में विकास-क्रम को भंग करके शून्य में एक नयी प्रगति नहीं आरम्भ हो सकती।" (डॉ. रामविलास शर्मा) प्रगति परम्परा का आधार ग्रहण करके ही हो सकती है, और प्राचीन काल से लेकर आज तक का मानव-इतिहास इस तथ्य का साक्षी है। पूर्ववर्ती युगों में मनुष्यों ने जिन कलात्मक एवं वैज्ञानिक उपलब्धियों को समाज के हित में प्रस्तुत किया है, प्रगतिवादी समीक्षा उन्हें हर्ष और गौरव के साथ स्वीकार करती है। वह देश-विदेश की उन महान साहित्यिक प्रतिभाओं के कृतित्व का उचित मूल्यांकन करती है, जिन्होंने अन्याय, अत्याचार और दमन के विरुद्ध संघर्ष करते हुए साहित्य, कला तथा जीवन के उच्च आदर्शों को जीवित रखा है। ऐसी प्रगतिशीलता, जो इन उपलब्धियों का तिरस्कार करते हुए सर्वथा नूतन सृष्टि का दम भरने वाली हो, प्रगतिवादी समीक्षा को अमान्य है। प्रगतिवादी विचारकों की दृढ़ मान्यता है कि देश-विदेश की महान् प्रतिभाओं द्वारा छोड़ी गयी विरासत को पुष्ट और परिवर्द्धित करते हुए ही साहित्यकार अपने युग को मूल्यवान प्रदेय दे सकता है। परम्परा के प्रति अपने ऐतिहासिक बोध के आधार पर ही प्रगतिवादी समीक्षा यह निर्णय देती है कि परम्परा की वह वास्तविक धारा, जिसका उक्त उपलब्धियों से सम्बन्ध है, और जिसे पुष्ट करना ही सच्चे साहित्यकार का कर्त्तव्य है, जनवाद की धारा है; मनुष्यता के पक्ष-समर्थन की धारा है। उसका वैज्ञानिक दृष्टिकोण इस तथ्य को प्रतिपादित करता है कि समूची की समूची परम्परा कभी वरेण्य नहीं हो सकती। जीवन्त तत्त्वों के साथ-साथ परम्परा में ऐसे तत्त्व भी रहा करते हैं, जो समय के बीतने के साथ ही निष्प्राण हो जाते हैं, रूढ़ि बन जाते हैं। परम्परा-प्रेम के नाम पर ऐसे निष्प्राण, जर्जर तथा रूढ़ तत्त्वों को प्रश्रय देना,

जीवन तथा समाज के स्वस्थ विकास को अवरुद्ध करना है। इन मरणशील तत्त्वों को छोड़कर, उन्हें समाप्त करके ही, परम्परा की सही और प्राणवान धारा को शक्ति दी जा सकती है; और पूर्ववर्ती युग के श्रेष्ठ साहित्यकारों ने ऐसा ही किया है। वस्तुतः इसीलिए परम्परा आज एक जीवित वस्तु बनी हुई है, अन्यथा वह कब की मृत हो चुकी होती। प्रगतिवादी दृष्टि इस बात का भी निर्देश करती है कि परम्परा के स्वस्थ तथा जीवित तत्त्व कौन से हैं, जिनका संरक्षण आवश्यक है; और उसके मरणशील तत्त्व क्या हैं, जिनका नष्ट हो जाना ही उचित है। परम्परा के जीवित तथा संग्रहणीय तत्त्व वे हैं, जो जीवन तथा व्यापक समाज-हित के अवरोधक है। अपनी वैज्ञानिक दृष्टि तथा प्रखर इतिहास-बोध के कारण ही प्रगतिवादी समीक्षा परम्परा के उक्त तत्त्वों को सहज ही अलगा देने में समर्थ हो सकी है।

प्रगतिशील तथा प्रतिक्रियावादी शब्द प्रगतिवादी समीक्षा में बराबर प्रयुक्त होते हैं। इन शब्दों के प्रयोग तथा इन पर विशेष बल देने के कारण कुछ लोगों ने प्रगतिवादी समीक्षा पर असाहित्यिक होने का आरोप भी लगाया है, अतएव विस्तार में न सही, संक्षेप में इन शब्दों के मूल आशय का स्पष्टीकरण आवश्यक है।

वस्तुतः प्रगतिशील तथा प्रतिक्रियावादी—ये दोनों सापेक्ष शब्द हैं। कोई वस्तु, कोई विचारधारा अथवा कोई दृष्टि किसी की तुलना में ही प्रगतिशील या प्रतिक्रियावादी होगी। सवाल है कि इस समूचे युग-प्रवाह के अन्तर्गत वे कौन-सी बातें हैं, जो किसी साहित्यकार को प्रगतिशील या प्रतिक्रियावादी बना देती हैं। साहित्यकार की प्रगतिशीलता या प्रतिक्रियावाद का निर्णय किस प्रकार किया जाये? समाज-विकास तथा इतिहास के प्रति अपने वैज्ञानिक दृष्टिकोण के आधार पर प्रगतिवादी समीक्षा इस प्रश्न का भी सही और सटीक उत्तर देती है, साथ ही दूसरों को यह दृष्टि भी देती है कि वे भी इस विभेद की सही-सही पहचान सकें। प्रगतिवादी समीक्षा की मान्यता है कि समाज में प्रतिक्षण, प्रत्येक स्तर पर दो विरोधी शक्तियों का संघर्ष चला करता है और यही संघर्ष वस्तुतः समाज-विकास को गति देता है। इन शक्तियों में एक शक्ति ह्रासशील होती है, भले ही तात्कालिक भूमिका पर वह कितनी भी प्रगल्भ क्यों न दिखाई पड़े, जबकि दूसरी शक्ति विकासोन्मुख होती है। पहली शक्ति यदि व्यक्ति-हित के आधार पर व्यापक स्तर पर सामाजिक तथा आर्थिक शोषण का माध्यम बनती है, तो दूसरी शक्ति इतिहास के बदले हुए सन्दर्भों में नये की नियामिका बनते हुए उक्त समस्त प्रकार के अन्याय, शोषण तथा दमन से लोहा लेते हुए, अपनी विकासोन्मुख क्षमता को प्रदर्शित करती है, और सदैव जर्जर प्राचीन के स्थान पर, जीवन्त नयी व्यवस्था की सूत्रधार बनती है। अतएव साहित्यकार की प्रगतिशीलता अथवा प्रतिक्रियावाद या प्रतिगामिता की सबसे निर्णायक कसौटी यही है कि अपने समय में चलने वाले इस संघर्ष में वह किसका साथ देता है? किससे

प्रेम करता है और किससे घृणा? उसे उस जीवन या उस विचारधारा से प्रेम है, जो मिटने तथा समाप्त होने की नियति लेकर केवल अपने दिन गिन रही है; अथवा वह उस विकासोन्मुख जीवन तथा उसे सामने लाने वाली विचारधारा का समर्थक है, जो एक स्वस्थ भविष्य की अशेष सम्भावनाओं के साथ आविर्भूत हो उठने के लिए कसमसा रही है। वर्तमान युग-सन्दर्भ का विचार करें, तो सीधे ही कह सकते है कि वह उस पूँजीवादी व्यवस्था का हिमायती है, जो अपनी तमाम विकृतियों को लिए मनुष्यता का सामाजिक आर्थिक शोषण करते रहने के लिए ही धरती पर टिकना चाहती है, या उस समाजवाद का समर्थक है, जो युद्धों तथा पूँजी पर एकाधिकार को सदा-सदा के लिए मिटाकर एक नयी और शोषण-रहित समतायुक्त व्यवस्था को जन्म देने के लिए कटिबद्ध है। साहित्य या साहित्यकार यदि यह समझें कि इस संघर्ष से उनका कोई सम्बन्ध नहीं है, और इसके बिना ही वे बखूबी साहित्य सेवा कर सकते हैं, तो यह उनका जबर्दस्त भ्रम है। आवश्यक नहीं है कि वे राजनीति की भूमिका पर ही इस संघर्ष में भाग लें और इसे अपनी कृतियों में चित्रित करते हुए अपना मत दें। यह भी ठीक नहीं है कि वे साहित्य या कला की अपनी प्रकृति तथा सौन्दर्य की अवहेलना करते हुए उक्त संघर्ष की ऊपरी या सतही तसवीर अपनी कृति में प्रस्तुत करें। आवश्यकता साहित्य तथा कला की अपनी प्रकृति तथा अपनी शर्तों के अनुरूप, दृष्टिशेष के स्तर पर पूरी सफाई के साथ, कृति के अन्तर्गत इस संघर्ष को कलात्मक अभिव्यक्ति देने की है। पूर्ववर्ती युग के महान् साहित्यकारों तथा वर्तमान युग के भी अनेक समर्थ रचनाकारों में अपने कृतित्व में उक्त संघर्ष की कलात्मक अभिव्यक्ति दृष्टिकोणजन्य सारी सफाई के साथ करते हुए उन्हें वह तरीका सुझा दिया है, जो एक साथ उन्हें दृष्टिकोण तथा कला दोनों भूमियों पर सफलता की मंजिल तक पहुँचा सके। ऐसी स्थिति में द्विविधा या ढुलमुलयकीनी के लिए कोई गुंजाइश ही नहीं रह जाती। वे उनसे सीख ले सकते हैं। बढ़ते हुए सामाजिक संकट में, आज, जबकि समूची मनुष्यता और उसकी सारी साहित्यिक तथा सांस्कृतिक उपलब्धि दाँव पर लगी हुई है, तटस्थता, उदासीनता तथा निष्क्रियता से काम नहीं चल सकता। यह पूर्ववर्तियों द्वारा छोड़ी गयी महान् विरासत के संरक्षण का, समकालीनों की श्रेष्ठतम उपलब्धियों की रक्षा का, उन्हें कौड़ी के मोल बिक जाने से या फिर युद्धों की आग में भस्म हो जाने से बचाने का प्रश्न है। ढुलमुलयकीनी का किसी और युग में कोई अर्थ हो या न हो, आज वह सबसे घातक वस्तु है, जितना खतरा आज प्रतिक्रियावाद से है, उतना ही खतरा अनजानी प्रगतिशीलता से भी है। सच्चा साहित्यकार सदैव पक्षधर रहा है, न्याय और अन्याय, सत्य और असत्य में, उसने सदैव ही न्याय और सत्य का पक्ष लिया है। उसे आज भी पक्षधर होना है। मनुष्यता को सँवारने तथा उसे एक उज्ज्वल भविष्य की ओर ले जाने में साहित्य

कितनी बड़ी भूमिका अदा करता है, इसे डॉ. रामविलास के इस कथन से समझा जा सकता है—''साहित्य का पाँचजन्य समर-भूमि में उदासीनता का राग नहीं सुनाता। वह मनुष्य को भाग्य के आसरे बैठने और पिंजड़े में पंख फड़फड़ाने की प्रेरणा नहीं देता। इस तरह की प्रेरणा देने वाले के वह पंख कतर देता है।''

साहित्य और सामाजिक जीवन के इन सन्दर्भों को ही दृष्टि में रखकर अपने उद्भव के समय प्रगतिवादी समीक्षा में यह प्रश्न भी उठाया था कि साहित्य किसके लिए अथवा साहित्य की रचना किसके लिए? गो, यह सवाल पूर्ववर्ती युगों में भी उठता या उठाया जाता था, परन्तु उत्तरों की यह अस्पष्टता ही थी, जिसके कारण प्रगतिवादी समीक्षा को यह प्रश्न एक बार पुनः अपनी सारी गम्भीरता के साथ साहित्यकारों के समक्ष रखना पड़ा। केवल प्रश्न ही नहीं उठाया गया, वर्तमान सन्दर्भों में, वर्ग-चेतना के सही धरातल से उसका स्पष्ट उत्तर भी दिया गया। साहित्यकारों से आग्रह किया गया कि वे जनता के लिए, जनता के हित में लिखें—जनता अर्थात् उस व्यापक, विस्तृत तथा बृहत् जन समुदाय के लिए, जो सुविधाहीन, शोषित तथा पीड़ित है। लोक-विश्रुत ऐतिहासिक नायकों पर काफी साहित्य-सृष्टि हो चुकी है; सुविधाभोगी वर्ग के मनोरंजन के लिंए भी कम साहित्य नहीं रचा गया है; आज आवश्यकता है सड़क के साधारण मनुष्य को नायकत्व देने की, उसकी आशा-आकांक्षाओं को कला में चित्रित करने की; उसे शिक्षित, प्रबुद्ध बताने की; साथ उसके भाव तथा सौन्दर्य-बोध को इस सीमा तक जगाने तथा परिष्कृत करने की कि वह कला तथा साहित्य का समग्रता में रसास्वादन कर सके और उसका आधार लेकर अपने जीवन को अपने आकांक्षित भविष्य तक पहुँचा सके। प्रगतिवादी समीक्षा के अन्तर्गत सच्चे साहित्य की सार्थकता अपनी बेहतर जिन्दगी के लिए प्रतिगामी शक्तियों से संघर्ष करते हुए जनता के हाथों में एक धारदार हथियार के रूप में मानी गयी है। जिस साहित्य में यह क्षमता नहीं है, कला तथा शिल्प के समारोह के बावजूद वह श्रेष्ठ साहित्य नहीं कहला सकता। जो लोग 'कला कला के लिए' या 'कला मनोरंजन के लिए' जैसे नारे उठाते हैं, वस्तुतः वे साहित्यकार को उसके सही दायित्व तथा सही भूमिका से पराङ्मुख करना चाहते हैं। ऐसे लोगों की विचारधारा से न केवल संघर्ष करने की आवश्यकता है, उसे मिटा देना ही श्रेयस्कर है।

प्रगतिवादी समीक्षा के उद्भव के साथ, उसकी प्रगतिशील, जनवादी भूमिका का विरोध करने के लिए एक नारा सामान्य मानवतावाद का भी उठाया गया था—सामान्य मानवतावाद मतलब हवाई मानवतावाद का। इसी सन्दर्भ में डॉ. नामवर सिंह का यह कथन भी चेतावनी के रूप में ग्रहण करने योग्य है। उनका कहना है—''नित्य तीखे हुए सामाजिक संघर्ष में जिस तरह हवाई मानवतावाद का नारा नहीं चल सकता, उसी तरह अनजानी प्रगतिशीलता भी धोखा है।'' सामान्य मानवतावाद

का नारा उठाने वाले वस्तुतः वे लोग थे, समूची परतन्त्रता की अवधि में ब्रिटिश साम्राज्यवाद द्वारा कुचली जाने वाली लक्ष-लक्ष जनता को देखते हुए भी जो चुप थे, या जिनका मानवतावाद चुप था, देश के विभाजन के साथ होने वाले बर्बरता के अकाण्ड ताण्डव के बीच भी जिनकी लेखनी व्यक्तिगत प्रेम, उसकी पीड़ा तथा दर्द के अफसाने लिखने में ही सक्रिय थी; स्वतन्त्रता के पश्चात राष्ट्र के नवनिर्माण की भूमिकाओं की ओर से भी जो निर्मम तटस्थता के हिमायती बने रहे; ऐसी दशा में उनके सामान्य मानतवता का नारा अधिक दिनों तक लोगों को भुलावे में न रख सका और समय के साथ-साथ उसकी असलियत भी लोगों के सामने आ गयी। जिस युग में टुकड़ों में बँटी मानवता ही चारों ओर दृष्टिगत हो रही हो, मानवता का बृहदंश जीने के लिए संघर्ष कर रहा हो—बेहतर जिन्दगी तो दूर की बात, उसका अल्पांश दूसरों के श्रम पर गुलछर्रे उड़ा रहा हो, सामान्य मानवतावाद की बात कितनी खोटी हो सकती है, साथ ही कितनी अधिक प्रतिक्रियावादी भी, इसे बताने की आवश्यकता नहीं। मानवता का सच्चा समर्थक ऐसी स्थिति में सरलतापूर्वक अपने दायित्व को पहचान लेता है और मानव मात्र से प्रेम करने के कारण ही यह प्रयत्न करता है कि ऐसी स्थिति सम्भव हो सके, जिसमें सम्पूर्ण मानवता के प्रति प्रेम तथा आस्था को अभिव्यक्ति दी जा सके। जब मानवता का बड़ा भाग शोषण तथा अभावों से ग्रस्त हो, उस शोषण को जड़ से मिटा देने में सक्रिय भाग न लेकर ऊपर-ऊपर से मानव प्रेम की दुहाई देना कितनी बड़ी असंगति है, यह सरलतापूर्वक लक्ष्य किया जा सकता है। क्या कहने की बात है कि जब-जब मनुष्यता पीड़ित हुई है, जनता के बीच से ही युगद्रष्टा कलाकारों ने जन्म लेकर उसकी पीड़ा को उभारा है और उसके सुन्दर भविष्य के लिए संघर्ष किया है। आचार्य शुक्ल का लोकमंगलवाद भी मानवता की सही और सजग पहचान का ही द्योतक है। अपनी साहित्य समीक्षा में अत्याचारियों, अन्यायियों तथा दुष्टों से लोक की रक्षा की जो बात उन्होंने बार-बार कही है, उसका सन्दर्भ मानवता के बारे में उनकी साफ तथा सही समझ ही है और नामवर सिंह का यह कथन भी कि "शुक्ल जी के लोकमंगल में जो 'लोक' था, वह अब प्रगतिवाद में आकर 'जनता' हो गया" इसी सन्दर्भ में सार्थक है। मानवता की यह साफ तथा सही धारणा इस तथ्य को सामने रखती है कि आज के युग का मानवतावाद—सच्चा, खरा तथा क्रान्तिकारी मानवतावाद—वही है, जिसमें मनुष्यता के पीड़ित बृहदंश का समर्थन निहित हो, साथ ही उसके उस अंश का उन्मूलन भी, जो एक विकृत अंश के रूप में उसके साथ संलग्न है। सच्चे तथा सही मानवतावाद की समझ को जन्म देकर तथा 'सामान्य मानवतावाद' जैसी प्रतिक्रियावादी धारणा की असलियत का पर्दाफाश करके प्रगतिवादी समीक्षा ने अपनी प्रखर मानवतावादी चेतना का ही प्रत्यक्षीकरण किया है।

रस से प्रगतिवादी समीक्षा का विरोध नहीं है, जिसे भारतीय काव्यशास्त्रियों ने श्रेष्ठ काव्य के सर्वोच्च प्रतिमान के रूप में मान्यता दी है। उसका विरोध रस से उस ब्रह्मानन्द सहोदरवाद से है, जिसे अलौकिक कहा गया है। उसका विरोध रस की उस निर्जीव शास्त्रीयता से है, जो मध्ययुगीन काव्यशास्त्रियों की देन है। उसका विरोध आनन्द को ही कविता का साध्य मान लेने वाली चिन्तना से है, उस सारे आध्यात्मिक-दार्शनिक साँचे से है, जिसके भीतर सारा रसवादी सिद्धान्त बाँध दिया गया है। वह रस की उस सहज भूमि का निषेध नहीं करती, जिसे आचार्य शुक्ल ने 'लोक-हृदय में हृदय के लीन होने की दशा का नाम रस दशा' कहकर व्याख्यायित किया है। जहाँ तक आनन्द का प्रश्न है, यहाँ भी प्रगतिवादी समीक्षा शुक्ल जी का ही समर्थन करती है। शुक्लजी ने स्वयं आनन्द को काव्य का साध्य मानने वाली प्राचीन आचार्यों की चिन्तना को 'मार्ग को ही अन्तिम गन्तव्य मान लेना' कहकर अस्वीकार किया है और प्रगतिवादी समीक्षा की स्थापना भी इस सम्बन्ध में यही है। विषम तथा गाढ़े होते हुए सामाजिक संकट के इस युग में कोरा आनन्द-विलास कहा जायेगा। प्रगतिवादी समीक्षा शुक्लजी का समर्थन करते हुए आनन्द के बाद कर्म की उत्तेजना को महत्त्व देती है। आनन्द वही सार्थक है, जो सहृदय को कर्ममय जीवन ग्रहण करने की प्रेरणा दे, उसे सक्रिय करे, न कि अपने में ही गर्क कर उसकी सक्रियता को निःशेष कर दे; उसे ब्रह्मानन्द में डुबोकर समाज तथा संसार के दुख-सुख से उदासीन बना दे। इस स्थिति को मान्यता देने के अर्थ, कृति द्वारा जीवन तथा समाज को बदलने के प्रगतिवादी लक्ष्य का ही उन्मूलन कर देना है; एक प्रगतिशील साहित्यकार के लिए जो कतई असम्भव है। प्रखर सामाजिक चेतना से दीप्त प्रगतिवादी समीक्षा की इस मान्यता अथवा सोद्देश्यता को लेकर कतिपय लोगों ने उस पर उपयोगितावादी होने का आक्षेप भी लगाया है। परन्तु यह उपयोगितावाद भले ही इन कुछ लोगों की दृष्टि में गर्हित हो, प्रगतिवादी समीक्षा के लिए गर्हित नहीं है। व्यक्ति की रागात्मक वृत्तियों का परिष्कार कर, उसके सौन्दर्य बोध पर सान चढ़ाकर, उसके भाव बोध को व्यापक तथा विस्तृत बनाकर यदि कृति समाज तथा जीवन को बदलने में उसकी सहायता करती है, उसे अधिक समर्थ तथा सक्षम बनाती है और इस प्रकार एक स्वस्थ मानव जीवन की रचना में अपनी उपयोगी भूमिका का उदाहरण प्रस्तुत करती है, तो यह तो कृति की सच्ची सार्थकता तथा रचनाकार की चरितार्थता है। यह उपयोगितावादी भूमि यदि किसी को अग्राह्य है, तो हो; प्रगतिशील साहित्यकार के लिए नहीं है। प्रेमचन्द जैसा समाजचेता, समर्थ लेखक जब अपने को निस्संकोच भाव से उपयोगितावादी कहता है, तो इस उपयोगितावाद का अर्थ कितना गहरा हो सकता है, इसे सरलता से परखा जा सकता है "मुझे यह कहने में हिचक नहीं है कि मैं और चीजों की तरह कला को भी उपयोगिता की

तुला पर तौलता हूँ। निस्सन्देह कला का उद्देश्य सौन्दर्य-वृत्ति को पुष्ट करना है; और वह हमारे आध्यात्मिक आनन्द की कुंजी है; पर ऐसा कोई रुचिगत मानसिक तथा आध्यात्मिक आनन्द नहीं, जो अपनी उपयोगिता का पहलू न रखता हो। आनन्द स्वयं एक उपयोगिता युक्त वस्तु है और उपयोगिता की दृष्टि से एक ही वस्तु से हमें सुख भी होता है और दुख भी। कलाकार अपनी कला से सौन्दर्य की सृष्टि करके परिस्थिति को विकास के उपयोगी बनाता है।''

रस का सौन्दर्य से सीधा सम्बन्ध है। जैसा कि डॉ. रामविलास शर्मा ने कहा है, किसी कलाकृति का उत्कर्ष ही सौन्दर्य है, और उस सौन्दर्य की सहृदय-जन्य प्रतीति रस। अतः सौन्दर्य और रस का बड़ा ही घनिष्ठ सहयोग है। इस सौन्दर्य शब्द को लेकर प्रारम्भ से आज तक की कला-समीक्षा में बड़े-बड़े विवाद खड़े हुए हैं। शुक्ल जी ने भी अपने सौन्दर्य विवेचन में इन विवादों की ओर इशारा किया है। मुख्य प्रश्न जो कला-चिन्तकों के सामने रहा है, वह सौन्दर्य की अपनी सत्ता अथवा स्थिति से सम्बन्ध रखता है। सौन्दर्य की स्थिति कहाँ है, वस्तु में अथवा व्यक्ति के मन में? भाववादी चिन्तकों ने सौन्दर्य की स्थिति व्यक्ति-मन में मानी है, जबकि प्रगतिशील विचारकों के अनुसार उसकी सत्ता वस्तुगत है। कोई भी सुन्दर वस्तु समान रूप से सबको इसी कारण आकर्षित करने में समर्थ होती है कि उसका सौन्दर्य उसी में स्थित होता है। 'सुन्दर वस्तु के अतिरिक्त सौन्दर्य और कुछ नहीं है, और कहीं नहीं है' आचार्य शुक्ल तक इस तथ्य के हामी हैं। यदि सुन्दरता वस्तु से पृथक् व्यक्ति मन की बात होती, तो सुन्दर कही जाने वाली वस्तु बहुतों को असुन्दर भी प्रतीत होती। यदि इसके बावजूद ऐसा होता है, तो इसे व्यक्ति-मन की विलक्षणता अथवा असमान्य भूमिका ही मानना होगा, जिसका साहित्य अथवा कला के आस्वादन से कोई सम्बन्ध नहीं। ऐसे मन की पड़ताल मनोविश्लेषण शास्त्रियों का विषय है। यों सौन्दर्यानुभूति के विभिन्न स्तर प्रगतिवादियों को मान्य हैं। जाति, वर्ग, देश तथा परिस्थितियों की भिन्नता के कारण सौन्दर्यानुभूति में भी भिन्नता दिखाई पड़ती है, परन्तु इस भिन्नता के बावजूद सौन्दर्य की वस्तुगत स्थिति में कोई अन्तर नहीं आता।

प्रगतिवादी समीक्षा के आगे, जैसा कि शिवदानसिंह चौहान ने कहा है, "केवल यही प्रश्न नहीं रहता कि अमुक रचना किस युग की उपज है—सामन्ती या पूँजीवादी—बल्कि उसके सम्मुख यह प्रश्न भी रहता है कि अमुक रचना की सौन्दर्य-शक्ति का कारण क्या है, अर्थात् वह रचना आज भी सौन्दर्य-बोध कराने में क्यों सबल है; आज भी वह हमारे रागों को जगाने में, हमारे संवेदनों को झंकृत करने में क्यों उतनी ही सशक्त है, जितनी शताब्दियों पूर्व थी?'' इस प्रश्न को उठाने के साथ ही प्रगतिवादी समीक्षा लेखक या कलाकार से लोकजीवन की उन गहराइयों में उतरकर अपनी अनुभूतियों को वास्तविक सप्राणता देने का आग्रह करती है, वस्तुतः

जहाँ पर ही किसी कलाकृति के सौन्दर्य का अक्षय स्रोत निहित रहता है। प्रगतिवादी समीक्षा की मान्यता है कि किसी रचना के सौन्दर्य का स्रोत उसकी अभिव्यक्ति के उपादान, उसकी भाषा-शैली अथवा अलंकार नहीं होते—कथन का अनूठापन अथवा अभिव्यक्ति की भंगिमाएँ बिल्कुल असमर्थ हैं; यदि कलाकार की अनुभूतियाँ, उसकी कृति जिनकी उपज है, लोकजीवन की गहराइयों से संचित न की जाकर कलाकार की वैयक्तिक सीमाओं में ही चक्कर काटकर रह जाती हैं। प्रगतिवादी समीक्षा बार-बार लेखकों तथा कलाकारों से जन-जीवन का चित्रण करने, जनता के सुख-दुख को वाणी देने का आग्रह करती है। उसका प्रधान उद्देश्य लेखकों तथा कलाकारों को सौन्दर्य के उस स्रोत तक पहुँचाना ही होता है, जो किसी कलाकृति को शताब्दियों बाद भी जीवित रह सकने की क्षमता प्रदान करता है। प्रगतिवादी समीक्षा इसी कारण स्थापना देती है कि कला या साहित्य की जड़ें जनता के बीच अत्यन्त गहराई से जमी रहनी चाहिए। जो कलाकृति लोकजीवन या जनता से जितनी ही दूर होगी, उसका सौन्दर्य उसी अंश में फीका या प्रभावहीन होगा। इसी भूमि से प्रगतिवादी समीक्षा किसी भी कलाकृति की परीक्षा करते समय उस रचना की सामाजिक पृष्ठभूमि तथा सामाजिक जीवन पर पड़े उसके प्रभाव को देखती है और उसी के भीतर से उस रचना की सौन्दर्य-शक्ति का सही आकलन करती है। डॉ. नामवर सिंह के अनुसार यदि किसी रचना की सौन्दर्य-शक्ति का कारण लेखक की अपनी प्रतिभा होती चाहे वह ईश्वर प्रदत्त हो—चाहे पूर्वजन्म का फल, चाहे पैतृक उत्तराधिकार, जैसा कि कुछ लोग मानते हैं—तो क्या कारण है कि बहुत से प्रतिभासम्पन्न लेखक समय तथा वय के साथ-साथ अपनी प्रतिभा के ह्रास की सूचना भी देने लगते हैं। यदि वह शक्ति लेखक के भीतर से ही आती है, तो अब क्यों नहीं आती?" यहाँ भी प्रश्न का उत्तर सीधा ही है कि "लेखक में शक्ति जनता से आती है। जनता के साथ उसका सम्बन्ध जितना घनिष्ठ होता है, उसकी रचना में उतना ही अधिक सौन्दर्य बढ़ता है। इसके विपरीत ज्यों ही लेखक उस अक्षय स्रोत से हट जाता है, उसकी सारी शक्ति जवाब दे जाती है। हिरण्यकश्यप की तरह उसकी मृत्यु तभी होती है, जब उसका पाँव धरती से उठ जाता है।" प्रारम्भ से लेकर आज तक के साहित्य की विवेचना करते हुए प्रगतिवादी समीक्षा में अपनी इस स्थापना को प्रमाणित भी किया है।

वस्तु और रूप अथवा वस्तु और शिल्प का प्रश्न भी साहित्य-समीक्षा में विवाद की स्थितियों को जन्म देता रहा है। विवाद इस बात का रहा है कि कला अथवा साहित्य में प्राथमिक महत्त्व वस्तु का है अथवा रूप का? सिद्धान्ततः विचार किया जाये, तो वस्तु और रूप 'कहियत भिन्न न भिन्न' वाली स्थिति के द्योतक हैं। उन्हें अलग-अलग कटघरों में देखना ही असंगत है। फिर भी व्यावहारिक स्तर पर उन पर अलग-अलग विचार हुआ है और होता भी है। देखा जाये, तो कुछ कृतियों में

वस्तु तत्त्व की प्राथमिक भूमिका दिखाई पड़ती है और कुछ में रूप की। जहाँ तक प्रगतिवादी दृष्टि का प्रश्न है, वह कलाकृति में वस्तु अथवा रूप की सापेक्षिक स्थिति पर पूरी समग्रता से विचार करते हुए ही अपना अभिमत स्पष्ट करती है। सिद्धान्त रूप में उसकी मान्यता का उल्लेख हम कर चुके हैं (गिरा अरथ जल बीचि सम, कहियत भिन्न न भिन्न), व्यावहारिक भूमि पर उसकी स्थापना यह है कि किसी भी कलाकृति का प्राण-तत्त्व उसकी वस्तु होती है, रूप की आवश्यकता अथवा स्थिति इस वस्तु की प्रभावशाली अभिव्यक्ति के सन्दर्भ में ही है। रूप वस्तु से अलग कोई भिन्न पदार्थ नहीं, ठीक उसी प्रकार जिस प्रकार 'भीतर के मनुष्य के अभाव में उसका बाह्य चर्म न तो साँस ही ले सकता है और न जीवित ही रह सकता है। कला की वास्तविक शक्ति उसकी वस्तु में है, और उसे इस महत्त्व से वंचित करना उससे उसकी मूल प्राणवत्ता ही छीन लेना है। वस्तु की अवमानना कर रूप अथवा शिल्प-तत्त्व को महत्त्व देने के कारण ही साहित्य या कला में रूपवाद का जन्म होता है, जो किसी श्रेष्ठ या जीवन्त साहित्य का लक्षण नहीं है। भाषा कितनी भी सक्षम क्यों न हो, अलंकार कितने ही सौन्दर्यशाली क्यों न हों, छन्द कितना ही पुष्ट क्यों न हो, उनका सारा संभार व्यर्थ है, यदि लेखक के पास कहने के लिए महत्त्वपूर्ण बात नहीं है, अनुभूतियों अथवा भाव की सम्पत्ति नहीं है, जीवन की गहराइयों में डूबकर निकाले गये निष्कर्ष नहीं है। जीवन को तलस्पर्शी अनुभूतियाँ या संवेदनाएँ ही प्रभावशाली अभिव्यंजना का आश्रय पाकर किसी कलाकृति को अमर बना देती हैं। प्रगतिवादी समीक्षा की दृढ़ मान्यता है कि पूँजीवादी युग में इस रूपवाद का खतरा अधिक गहरा बनकर उपस्थित होता है। बढ़ते हुए सामाजिक संकट का सामना करने में असमर्थ, दुर्बल मन कलाकार शनैः-शनैः जीवन की भूमिकाओं से कटता हुआ अपनी वैयक्तिक सीमाओं में ही सिमटता जाता है। एक स्थिति वह आती है, जब वह पूरी तरह व्यक्तिवादी या अहंवादी हो उठता है। मध्यवर्गीय लेखक का संस्कारजन्य अहंवाद भी उसे जीवन की भूमिकाओं से अलगाकर अपनी सीमित इकाई में बन्दी बना लेता है। उसके अपने कलाकार का बाहरी जीवन से यह अलगाव ही है, जो उसके अनुभवों को विरल करते हुए अन्ततः उसे अपने कलाकार को जीवित रखने के लिए रूपवाद के आकर्षण की ओर मोड़ता है। स्वाभाविक है कि ऐसी स्थिति में उसकी रचना में जीवनानुभूतियों की प्रगाढ़ता के स्थान पर बाह्य प्रसाधनों का बाहुल्य होगा और उन्हीं के माध्यम से वह अपनी कलाकृति को आकार देगा। यह स्थिति किसी भी साहित्य या साहित्यकार के लिए संकट की, उसके वास्तविक विघटन की स्थिति है। जीवन से कटी हुई रचना थोड़े समय के लिए भले ही लोगों को अपनी अभिव्यक्तिगत नवीनता से आकर्षित कर ले, उसकी असलियत बहुत जल्दी खुल जाती है; और तब वह रचना भी समाज तथा जनता द्वारा एक कोने में फेंक दी

जाती है। 'विशुद्ध काव्य' या रूपगत प्रधानता को लेकर खड़े हुए वर्तमान युग के सारे कला-आन्दोलन इसी व्यक्तिवादी दृष्टि के परिणाम हैं। प्रगतिवादी समीक्षा इस सारे रूपवाद या कलावाद का विरोध करते हुए इसी कारण कलाकृति में जीवन की गहराइयों से उद्भूत वस्तु-तत्त्व की प्रधानता का प्रतिपादन करती है।

प्रगतिवादी समीक्षा द्वारा वस्तु-तत्त्व के इस समर्थन को दृष्टि में रखकर अनेक लोगों ने उस पर रूप या अभिव्यंजना-पक्ष के प्रति उदासीन होने का आरोप लगाया है। आरोप की यह भूमि कितनी दुर्बल है, इसका प्रमाण वस्तु तथा रूप के प्रति प्रगतिवादी समीक्षा की 'गिरा अरथ जल वीचि सम, कहियत भिन्न न भिन्न' वाली धारणा से ही मिल जाता है। प्रगतिवादी समीक्षा रूप-तत्त्व को वस्तु-तत्त्व की सापेक्षता में ही महत्त्व देती है, इससे यह निष्कर्ष नहीं निकाला जा सकता कि वह रूप-तत्त्व की अवहेलना करती है या उसके प्रति उदासीन रहती है। रूप-तत्त्व को अपनी सीमाओं में प्रगतिवादी समीक्षा ने पूरी मान्यता दी है। भाषा, छन्द, अलंकार आदि उसकी दृष्टि में समाज निरपेक्ष न होकर उसी का एक अंग हैं। सामाजिक चेतना से संपृक्त होकर ही कलाकार के कला-निर्माण की सार्थकता है। प्रकाशचन्द्र गुप्त के अनुसार कला के रूप-प्रकारों का सामाजिक होना अनिवार्य है। "भाषा, ताल, लय, संगीत, उपमाएँ और शब्दचित्र तीर की तरह लक्ष्य तक पहुँचें और पाठक या दर्शक का मर्म वेध सकें," तभी उनका महत्त्व होगा, अन्यथा नहीं। रूप-सौष्ठव का तिरस्कार करते हुए प्रगतिशील साहित्य दो कदम भी आगे नहीं बढ़ सकता। डॉ. रामविलास शर्मा का यह कथन प्रगतिवादी समीक्षा के इसी सत्य की ओर इंगित करता है। प्रभावशाली वस्तु, प्रभावशाली रूप में ही ढलकर श्रेष्ठ तथा सौन्दर्य-विधायक कला को जन्म देती है। वस्तु के मूल्य पर रूप की प्रतिष्ठा अवश्य ही प्रगतिवादी समीक्षा को मान्य नहीं है। उसके अनुसार यह कोरा रूपवाद, व्यक्ति-वैचित्र्यवाद या कलावाद है, जिसका विरोध हर स्तर पर अनिवार्य है।

कलाकृति के अन्तर्गत वस्तु-तत्त्व की नियोजना के प्रश्न को लेकर भी प्रगतिवादी समीक्षा के विषय में कतिपय भ्रान्त धारणाएँ प्रचलित हैं। वस्तु-तत्त्व का सीधा सम्बन्ध लेखक या साहित्यकार के प्रयोजन अथवा उद्देश्य से होता है। कृति की समूची वस्तु इस प्रयोजन या उद्देश्य की अभिव्यक्ति का माध्यम बनते हुए ही कलाकृति में नियोजित होती है। सहज ही कह दिया जाता है कि प्रगतिवादी समीक्षा इस प्रकार प्रवृत्तिमूलकता (Tendentiousness) या प्रचारवाद को प्रश्रय देती है। परन्तु प्रवृत्तिमूलकता या प्रचारवाद ऐसी बातें हैं, जिनका प्रगतिवादी समीक्षा से कोई सम्बन्ध नहीं। प्रगतिवादी समीक्षा कलाकृति में उद्देश्य की नियोजना पर बल देती है; लेखक के अपने राजनीतिक-सामाजिक विचारों की अभिव्यक्ति का समर्थन करती है; परन्तु इस स्तर पर नहीं कि कृति में हल्की प्रवृत्तिमूलकता या कोरी प्रचारवादी

भूमिका ही आदि से अन्त तक झलकने लगे। वह लेखक को वह तरीका भी सुझाती है, जिसके अनुसार कलाकृति के सौन्दर्य और आकर्षण को स्थिर रखते हुए वह अपनी उक्त भूमिका भी आसानी से अदा कर सकता है। प्रगतिवादी विचारकों की मान्यता है कि कलाकृति में उद्देश्य जितना ही व्यंग्य रहे, उतना ही अच्छा। सारी बातें घटनाओं, चरित्रों तथा परिस्थितियों के माध्यम से ही सामने आनी चाहिए। कविता के अन्तर्गत ये बिम्बों अथवा चित्रों के रूप में भाव-तत्त्व के साथ सामंजस्य बिठाते हुए सामने आये। कहीं भी उद्देश्य ऊपर से आरोपित अथवा थोपा हुआ न प्रतीत हो। सतही उद्देश्यपरकता कोरे प्रचारवाद के अतिरिक्त कुछ नहीं है। इस प्रचारवादी पोस्टरवादी कला का प्रगतिशील समीक्षकों ने सदैव विरोध किया है। सारगर्भित उद्देश्य—यदि लेखक की अपनी जीवानुभूतियाँ प्रगाढ़ हैं, सामाजिक जीवन की चेतना से उसकी अपनी चेतना जुड़ी हुई है—बिना लेखक के अतिरिक्त प्रयत्नों के कलाकृति में स्वयं अपनी प्रभावशाली अभिव्यक्ति करने में सफल हो जाता है। प्रगतिवादी समीक्षा सिद्धान्तों की नहीं, उन सिद्धान्तों के आधार पर निर्मित और सामाजिक वास्तव की धार में उतरी हुई लेखक की जीवन-दृष्टि द्वारा देखे गये जीवन के चित्रों की माँग साहित्य के अन्तर्गत करती है। उपन्यास के अन्तर्गत नाना प्रकार के पात्र तथा परिस्थितियों की योजना करके लेखक उन्हीं के बीच से अपनी मूलदृष्टि को प्रत्यक्ष कर सकता है। कविता के अन्तर्गत, जैसा कहा गया, भाव-तत्त्व की अनुरूपता में लाये गये बिम्ब तथा चित्र इस कार्य को करते हैं। यदि लेखक के पास पात्र, घटनाओं तथा परिस्थितियों के भावाश्रित बिम्बों तथा चित्रों को रच सकने की क्षमता नहीं है, महत्त्वपूर्ण से महत्त्वपूर्ण उद्देश्य भी अन्ततः निष्प्रभ और प्रभावहीन होकर कोरा प्रचार बन जाता है। कृति लेखक के भाषणों की अपेक्षी नहीं, सामाजिक जीवन से प्राप्त गहन अनुभूतियों की, सम्पन्न तथा समृद्ध भाव-सम्पत्ति की और उनकी प्रभावशाली अभिव्यक्ति के लिए अभिव्यक्ति के सशक्त माध्यमों की अपेक्षी होती है। तभी उसमें रसोद्रेक या कह लीजिए पाठक को मर्म तक प्रभावित करने की क्षमता आती है; और तभी वह जन-समुदाय को उद्बुद्ध कर उसे कर्म की सच्ची उत्तेजना दे सकती है; तभी उसे एक सुन्दर, समर्थ और जीवन्त कलाकृति कहला सकने का गौरव प्राप्त होगा। प्रगतिवादी समीक्षा की वास्तविक भूमि यही है, और यह भूमि हल्की उद्देश्यपरकता या प्रचारवादिता से कितनी भिन्न है, इसका सहज ही अनुमान लगाया जा सकता है।

प्रगतिवादी समीक्षा की साहित्य तथा कला-सम्बन्धी जो दृष्टि अब तक के विवेचन द्वारा प्रकाश में आ सकी है, साहित्य तथा साहित्यकार की अपनी समाज सापेक्ष, जीवन सापेक्ष स्थितियाँ ही उसमें प्रधान हैं। जीवन तथा समाज से निरपेक्ष साहित्य तथा जीवन और समाज की गहरी भूमिकाओं से कटा साहित्यकार, दोनों ही

उसे मान्य नहीं हैं; अतः वह दोनों का विरोध करती है। साहित्य तथा साहित्यकार सामाजिक जीवन से प्रभावित होते हुए, साथ ही उसे प्रभावित करते हुए एक नयी, स्वस्थ और रचनात्मक भूमिका की ओर गतिशील रहें, उसका प्रधान आग्रह यही रहा है, और आज भी है। बहुत से लोग इसे लेखक या साहित्य की अपनी वैयक्तिक स्वतन्त्रता का अपहरण करने वाला समझते हैं, और विज्ञापित करते हैं कि प्रगतिवादी दृष्टि में साहित्य या साहित्यकार की अपनी स्वतन्त्र सत्ता का, उसकी अपनी स्वतन्त्र चेतना का कोई महत्त्व नहीं। वह कलाकार की वैयक्तिक स्वतन्त्रता को कुचल देती है। वहाँ साहित्य तथा साहित्यकार दोनों, आदेशों के बन्दी हैं, अपने व्यक्तित्व की मुक्ति के लिए संघर्ष करते, छटपटाते, पराजित, पराभूत और न जाने क्या-क्या? आरोपों की फेहरिस्त बहुत लम्बी है, अतः उसके विस्तार में न जाकर केवल कलाकार या लेखक की स्वतन्त्रता के प्रश्न पर प्रगतिवादी दृष्टि का स्पष्टीकरण करके हम प्रगतिवादी समीक्षा की इस सैद्धान्तिक चर्चा का अन्त करेंगे।

प्रगतिवादी समीक्षा लेखक या कलाकार की स्वतन्त्रता के इस प्रश्न को सामाजिक परिप्रेक्ष्य में ही देखती और अपनी स्थिति का स्पष्टीकरण करती है। प्रगतिवादी समीक्षा या जीवन-दृष्टि का मूल मन्त्र ही साहित्य या कला के माध्यम से प्राप्त व्यक्ति की मुक्ति है। उसकी मान्यता है कि आज के वर्गबद्ध, पूँजीवादी समाज में लेखक या कलाकार बहुधा जिस स्वतन्त्रता की चर्चा करते हैं, वह सच्ची स्वतन्त्रता नहीं, बल्कि एक ऐसा भ्रम है, जिसे टूटते देर नहीं लगती। जिस युग में समाज श्रेणियों में बँटा हो; मनुष्य और मनुष्य के बीच गहरी खाई विद्यमान हो; पूँजी का एकाधिकार जटिल से जटिल आर्थिक सम्बन्धों के सूत्र फैलाए हो; और वे सारे सूत्र कतिपय गिने-चुने व्यक्तियों के द्वारा ही समूचे समाज को अपने इंगितों पर संचालित कर रहे हों; जहाँ पूँजी के बल पर अखबारों, रेडियो तथा प्रकाशन के अन्य साधनों द्वारा दिन-रात झूठ का प्रचार किया जा रहा हो; लेखकों की प्रतिभा, उसकी कला यहाँ तक कि उसकी चेतना को खरीद लिया जाता हो; जहाँ मनुष्य दासता, अन्याय और अतिचारों के विरुद्ध अपनी वास्तविक स्वतन्त्रता के लिए लड़ रहा हो; ऐसे समय में लेखक की उक्त स्वतन्त्रता कितनी झूठी, कितनी खोखली, कितनी निर्जीव और अन्ततः उस लेखक तथा समाज के लिए कितनी घातक है, प्रगतिवादी समीक्षा इसे पूरे विस्तार से स्पष्ट करती है। वह सामान्य जनता के साथ-साथ झूठी स्वतन्त्रता के नशे में चूर ऐसे लेखकों को भी सही और सच्ची स्वतन्त्रता प्राप्त करने के लिए, जनता के साथ एक होकर संघर्ष करने को प्रेरित करती है। प्रगतिवादी समीक्षा की मान्यता है कि सही और सच्ची स्वतन्त्रता ज्ञान की स्थितियों में केवल एक भ्रम है। आज तो उसके लिए संघर्ष और केवल संघर्ष ही किया जा सकता है, साहित्य जिसका एक बहुत ही प्रभावशाली तथा सशक्त माध्यम है। ऐसी स्थिति

में साहित्यकार का पवित्र दायित्व है कि वह निर्भीक होकर, पूँजीवादी युग-व्यवस्था द्वारा प्रचारित किये गये झूठ और छल को तोड़ते हुए, अपनी कृति में जनता को समाज की सही आकृति दिखाए, नकली और झूठी स्वतन्त्रता के नशे में अपने को साथ ही जनता को गुमराह न करे। आज का मध्यवर्गीय लेखक जिसे अपनी स्वतन्त्रता समझता है, वह एक कितना बड़ा फरेब है, यह बात उस समय स्पष्ट हो जाती है, जब उसकी यह तथाकथित स्वतन्त्रता दिनों दिन उसके हाथ से छूटकर उसे निराश, विक्षुब्ध—यहाँ तक कि जीवन से हताश कर देती है। फिर प्रश्न यह भी है कि स्वतन्त्रता किससे? समाज से या समाज में व्याप्त उन शक्तियों से, जो मनुष्य के जीवन को दुर्वह बनाये हुए हैं। यदि स्वतन्त्रता समाज से चाहिए, तो प्रगतिवादी समीक्षा हर स्तर पर व्यक्ति की इस स्वातन्त्र्य-कामना का विरोध करती है। उसके लिए व्यक्ति-हित से कहीं महत्त्वपूर्ण समाज हित हैं; वह समाज हित में ही व्यक्ति हित भी देखती है। हाँ, यदि स्वतन्त्रता, समाज में व्याप्त दासता, अन्याय, शोषण तथा अनीति को प्रश्रय देने वाली शक्तियों से चाहिए, तो प्रगतिवादी समीक्षा ऐसे लेखक या साहित्यकार को पूरा समर्थन देती है; उसे प्रेरित करती है कि वह अपने साहित्य द्वारा उसकी माँग करे, उसके लिए संघर्ष करे और उसे प्राप्त कर उसका सही उपभोग करे। प्रगतिवादी समीक्षा इस व्यापक लक्ष्य को लेकर आगे बढ़ने वाले साहित्यकार को विषयों का चुनाव करने तथा शैली और शिल्प की अपनी भूमिकाओं में आजादी से विचरण करने को प्रोत्साहित करती है। जहाँ स्वतन्त्रता का अर्थ दायित्व-हीनता अथवा समाज-निरपेक्षता है, उसका विरोध वहीं पर है। आज के युग में इस प्रकार की स्वतन्त्रता की पुकार भी, अन्य तमाम बातों की तरह कुछ लोगों के लिए फैशन बन गयी है। यह पुकार किसी गहरे सामाजिक उद्देश्य से सम्बन्ध नहीं रखती, इसका सम्बन्ध व्यक्ति या विचार-स्वातन्त्र्य के आवरण में अपने मन की पतनशील तथा असामाजिक रुझानों के निर्बाध प्रकाशन से है। इस प्रकार की स्वतन्त्रता का नारा लगाने वाले देश-विदेश के तथाकथित स्वतन्त्रता प्रेमियों का कृतित्व ही इस बात का साक्षी है कि जिस स्वतन्त्रता की माँग वे करते हैं, तथा जिस स्वतन्त्रता को भोगने का दम वे भरते है, वह वस्तुतः उनसे कितनी दूर है। स्वतन्त्रता के झूठे दम्भ को ढोने वाला उनका साहित्य वस्तुतः उन सारी पतनशील भूमिकाओं को उभारकर सामने रखता है; उस सारे प्रतिक्रियावाद को सामने लाता है, जो जन-जीवन की वास्तविक स्वतन्त्रता का गला घोंटने वाला है, समाज को उसके प्रगतिशील लक्ष्य से पीछे फेंकने वाला है और इस प्रकार स्वतन्त्रता की सही भूमिका को कभी भी सम्भव न बनने देने वाला है। इस प्रकार के लेखकों के इस स्वतन्त्रता-क्षेत्र के पीछे कौन सी मनोवृत्तियाँ छिपी हैं, उनका उद्घाटन युग के जागरूक समाजचेता समीक्षक समय-समय पर करते रहे हैं। इस सन्दर्भ में आचार्य नन्ददुलारे

वाजपेयी का यह कथन एक मिसाल है—"हम देखते हैं कि स्वातन्त्र्य की नयी पुकार साहित्य की सीमा में कुछ ऐसे तथ्यों को रखने के लिए की जा रही है, जो अतिशय असामाजिक होने के कारण बहुजन समाज में स्वीकृत नहीं है। स्वीकृत न होने पर भी यदि वे तथ्य उपयोगी या आवश्यक प्रमाणित किये जा सकें, तो भी एक बात है। परन्तु जिस दिशा से स्वातन्त्र्य की यह आवाज उठी है, वहाँ आवश्यकता और उपयोग जैसे तथ्यों का प्रश्न नहीं उठता। वहाँ तो जो कुछ चाहें उसे कहने और लिखने के स्वातन्त्र्य की ही माँग है। प्रत्येक स्वातन्त्र्य के साथ उतनी ही मात्रा में दायित्व की भावना रहा करती है। पर यह नया स्वातन्त्र्य दायित्व की भावना से नितान्त अछूता है।"

इस वक्तव्य के प्रकाश में स्वतन्त्रता के इस फैशनेबल नारे की असलियत बखूबी पहचानी जा सकती है। प्रगतिवादी समीक्षा इस प्रकार की स्वतन्त्रता का सदैव विरोध करती रही है और आगे भी करेगी। उसका समर्थन और उसके सारे प्रयत्न उस स्वतन्त्रता के लिए है, जिसे एंगेल्स ने (Freedom is the recognition of necessity कहकर महत्त्व दिया है, और जो ही सही, सच्ची तथा जन समाज की एकमात्र आकांक्षित स्वतन्त्रता है।

[2]

व्यावहारिक विवेचन के अन्तर्गत प्रगतिवादी समीक्षकों ने प्राचीन काल से लेकर अद्यतन साहित्यिक गतिविधियों तक का अध्ययन एवं मूल्यांकन प्रस्तुत किया है। शुक्ल जी की स्थापनाओं को स्वीकार करें, तो हिन्दी साहित्य का प्रारम्भ वीर-गाथाओं से होता है। इस युग की कविता का मूल स्वरूप राजाओं के दरबारों में आश्रय-प्राप्त चारण कवियों के माध्यम से सामने आता है। जो अन्य प्रकार की कुछ काव्य-प्रवृत्तियाँ भी इस समय दिखाई पड़ती हैं। चारणों द्वारा रचित काव्यों में आश्रयदाताओं की प्रशस्ति तथा उनकी वीरता के आख्यान हैं। वीरता का उल्लेख प्रायः युद्धों की पृष्ठभूमि में हुआ है। इन युद्धों में नारी और नारी सौन्दर्य एक महत्त्वपूर्ण भूमिका अदा करता है। राजाओं का पारस्परिक मानापमान, ईर्ष्या, द्वेष, सामन्ती ऐंठ, ऊँच-नीच की भावना, वर्ण तथा जातिगत दम्भ, युद्धों के सन्दर्भ में ये भूमिकाएँ भी पर्याप्त सक्रिय हैं। सामन्ती युग की यह तस्वीर चारण कवियों द्वारा रचित इन काव्यों में गाढ़े रंगों से अंकित है। प्रगतिवादी समीक्षकों ने जब-तब इस युग के कवियों के बारे में जो कुछ कहा है, उसमें सामन्ती युग के इस सन्दर्भ में ही उनके कृतित्व का मूल्यांकन है।

भक्तियुग की रचनाओं पर प्रगतिवादी समीक्षकों ने कुछ विस्तार से लिखा है। यहाँ युगीन सामाजिक पीठिका का स्पष्टीकरण करते हुए उसके सन्दर्भ में मध्ययुग के भक्ति-आन्दोलन की भूमिका का आख्यान है। भक्ति-आन्दोलन की ही एक धारा के

रूप में भक्ति काव्यों के विवेचन-विश्लेषण का प्रयास किया गया है। भक्ति-आन्दोलन उस युग में किस प्रकार जन-जीवन की अभिन्नता में विकसित हुआ, और उसके प्रवाह में सन्त तथा भक्त कवियों ने अपनी रचनाओं द्वारा किस प्रकार जन-समाज को आस्था की नयी किरणें दीं, प्रेम तथा मानव समता का पाठ पढ़ाया, प्रगतिवादी समीक्षकों के विवेचन में इन तथ्यों पर विस्तार से प्रकाश डाला गया है। सूर के साहित्य का लोक-पक्ष और तुलसी के कृतित्व की सामाजिक जनवादी भूमिका इन समीक्षकों द्वारा विशेष क्षमता के साथ उभारी गयी है। सन्त कवियों के साहित्य की सामाजिक भूमिका का भी इन समीक्षकों ने विशदता तथा सहानुभूति के साथ विवेचन किया है। उनके रहस्यवाद पर इन समीक्षकों की आस्था नहीं; परन्तु उनके मानवतावादी चिन्तन को उन्होंने हर्ष के साथ स्वीकृति दी है। डॉ. रामविलास की समीक्षा में तुलसी तथा प्रकाशचन्द्र गुप्त एवं रांगेय राघव की समीक्षाओं में सन्त-कवियों के सम्बन्ध में व्यक्त की गयी उक्त तमाम बातों को देखा जा सकता है।

रीतिकालीन काव्यों पर भी प्रगतिवादी समीक्षकों ने फुटकल रूप से लिखा है। लोक-जीवन से कटकर विलासी आश्रयदाताओं के आश्रय में रची गयी कविता की जो आकृति होगी, वही आकृति इनकी कविता की भी है। नायिका-भेद की परम्परा, जो इन कवियों-आचार्यों की देन है, अपनी सामाजिक भूमिका में कितनी पतनशील थी, इसका स्पष्ट उल्लेख इन समीक्षकों ने किया है; शृंगार का रसराजत्व अन्य सारे रसों को पदच्युत करते हुए किन पतनशील सन्दर्भों में इस युग के काव्य का सिंगार बना है, इसका भी व्यापक विवेचन प्रगतिवादी समीक्षा में उपलब्ध होता है। जन-सामान्य और काव्य या साहित्य के बीच कितनी गहरी खाई इस युग में बन जाती है, और कविता किस प्रकार लोक-सामान्य भूमि से कटते हुए विलासी सामन्तों के दरबारों की रौनक बढ़ाने वाली भूमिका अदा करने लगती है, इस तथ्य पर भी प्रगतिवादी समीक्षा विस्तृत प्रकाश डालती है। इसी युग में भूषण जैसे कुछ कवि शृंगार के विपरीत वीररस के सन्दर्भ में दूसरे प्रकार के आश्रयदाताओं की अतिशयोक्तिपूर्ण प्रशंसा करते हुए सामने आते हैं। चूँकि इनके आश्रयदाता जातीय वीरों के रूप में इतिहास तथा जनता द्वारा मान्य हुए हैं, और इन कवियों की मूल चेतना भी, बावजूद रीतिकालीन तमाम सामान्य प्रवृत्तियों के, जातीय चेतना रही है अतः प्रगतिवादी समीक्षकों ने इन कवियों का मूल्यांकन भी अन्य कवियों से भिन्न सन्दर्भों में किया है। उन्होंने दिखाया है कि रीति-युग के वे कौन-से तत्त्व हैं, जो इन कवियों तथा उनकी कविता को रीतिकालीन कविता की सामान्य भूमिका से जोड़ते हैं, तथा इन कवियों तथा उसके कृतित्व का वह वैशिष्ट्य क्या है, जो इन्हें रीतिकालीन सामान्यता से ऊपर उठाते हुए एक महत्त्वपूर्ण स्थान प्रदान करता है। समग्रतः, रीतिकालीन काव्य के विषय में प्रगतिवादी समीक्षा इन्हीं भूमियों पर सक्रिय हुई है।

आधुनिक युग का साहित्य प्रगतिवादी समीक्षा में समूचे विस्तार से विवेचित है। न केवल साहित्य-प्रवृत्तियों या विविध साहित्य-धाराओं का विशद विवेचन उसके अन्तर्गत उपलब्ध होता है, व्यक्तिगत रूप से अलग-अलग रचनाकारों तथा उनकी विशिष्ट कृतियों पर भी सर्वांगीण विवेचन प्राप्त होता है। भारतेन्दु आधुनिक हिन्दी साहित्य के जनक थे; वही आधुनिक चेतना के भी प्रथम वाहक हैं। यही कारण है कि लगभग सभी प्रगतिवादी समीक्षकों ने भारतेन्दु के कृतित्व की युगान्तरकारी भूमिका पर विस्तार से प्रकाश डाला है। भारतेन्दु एक ओर नये युग के वाहक थे, दूसरी ओर उनकी कविता में रीतिकालीन परम्परा के भी कुछ संस्कार थे। एक ओर उनका कृतित्व देश-भक्ति के अनन्य स्वरों से गुंजित है, दूसरी ओर राजभक्ति के तत्त्व भी उनमें मौजूद थे। समग्रतः भारतेन्दु की साहित्य-चेतना किस प्रकार राष्ट्र की प्रगतिशील भूमिका से अनुस्यूत थी, किस प्रकार वे साहित्य की जनवादी यथार्थवादी परम्परा के प्रथम उन्नायक बनकर सामने आये, उनकी असंगतियाँ दिखाते हुए भी, मूल स्थापनाएँ यही की गयी हैं। डॉ. रामविलास शर्मा की 'भारतेन्दु हरिश्चन्द्र' तथा 'भारतेन्दु और उनका युग' पुस्तकें उस युग की राजनीतिक सामाजिक पृष्ठभूमि का पैना विश्लेषण करते हुए भारतेन्दु, उनके युग तथा उस युग के साहित्यकारों के इसी महत्त्व का प्रतिपादन करती हैं। द्विवेदीयुगीन साहित्यकारों की राष्ट्रीय सामाजिक चेतना का विवेचन प्रासंगिक रूप में प्रगतिवादी समीक्षा में हुआ है। आचार्य शुक्ल तथा आचार्य महावीरप्रसाद द्विवेदी के साहित्यिक कार्यों का महत्त्वपूर्ण आकलन डॉ. रामविलास तथा अन्य प्रगतिवादी समीक्षकों ने किया है।

छायावाद-युग की सामाजिक-सांस्कृतिक पृष्ठभूमि और उसके सन्दर्भ में छायावादी काव्यों के प्रदेय पर भी प्रगतिवादी समीक्षकों ने विस्तार से प्रकाश डाला है। शिवदानसिंह चौहान ने छायावादी कविता की सामाजिक पृष्ठभूमि और छायावादी कवियों की व्यक्ति-चेतना का अध्ययन करते हुए पन्त-काव्य पर विशेष सहानुभूतिपूर्ण विवेचन प्रस्तुत किया है; जबकि डॉ. रामविलास शर्मा ने प्रसाद और निराला की साहित्यिक उपलब्धियों पर अत्यन्त गहराई के साथ विचार किया है। डॉ. नामवर सिंह ने छायावादी कवियों के व्यक्तिगत वैशिष्ट्य के साथ-साथ समग्रतः छायावादी कविता की विवेचना की है। मुक्तिबोध तथा प्रकाशचन्द्र गुप्त और रांगेय राघव ने भी छायावादी कवियों पर अपने मन्तव्य प्रकाशित किये हैं। मुक्तिबोध ने प्रसाद की 'कामायनी' पर विशेष रूप से अपने चिन्तन को सक्रिय किया है, फलतः कतिपय नयी और विचारोत्तेजक बातें कही हैं। छायावाद के कवियों के मूल्यांकन में प्रगतिवादी समीक्षक एकमत नहीं रहे हैं। छायावादी काव्य की ऐतिहासिक भूमिका पर अवश्य अधिकांश ने सदृश मत ही व्यक्त किये हैं। समग्रतः इन समीक्षकों ने छायावादी कवियों की स्वच्छन्दतावादी प्रवृत्तियों को ही अपनी सीमा में स्वीकृति दी

है। इन काव्यों का रहस्यवाद या उनका अध्यात्म-चिन्तन उन्हें आकृष्ट नहीं कर सका, जो उचित ही है।

प्रगतिवादी कविता की सामाजिक भूमिका और उसके जनवादी स्वरूप को सभी समीक्षकों ने एक स्वर से मान्यता प्रदान की है, जबकि अपनी असामाजिक भूमिका और पश्चिम की पतनशील परम्पराओं के प्रभाव के कारण प्रयोगवादी कविता की उन्होंने उतनी ही खरी आलोचना की है। प्रगतिशील भूमिका के नये समीक्षकों ने 'नयी कविता' की व्यक्तिवादी धारा के समानान्तर उसकी प्रगतिशील धारा को स्थापित कर नयी काव्य-रचना की सही सम्भावनाओं की ओर महत्त्वपूर्ण संकेत किया है।

कथा साहित्य में प्रेमचन्द की प्रगतिशील जनवादी आस्थाओं को पूरे विस्तार से उद्‌घाटित किया गया है। यथार्थवाद की परम्परा को पुष्ट करने वाले प्रसाद और निराला जैसे कथाकार भी उनकी आशंसा के पात्र बने हैं। उसके विपरीत व्यक्तिवादी धारा के अज्ञेय जैसे उपन्यासकारों की असामाजिक भूमिका का प्रत्याख्यान किया गया है। प्रगतिशील कथाकारों—यशपाल, नागार्जुन, रांगेय राघव आदि पर विस्तार से लिखते हुए इन समीक्षकों ने उनके महत्त्वपूर्ण प्रदेय का गहराई से विवेचन किया है, और इस क्रम में इनमें से कुछ की खास कमजोरियों की उतनी ही आलोचना भी की है। प्रगतिशील भूमिका के नये कथाकारों को भी उन्होंने अपना मुक्त समर्थन दिया है। कहानी के क्षेत्र में विगत दस-पन्द्रह वर्षों में सामने आने वाले अनेकानेक कहानीकारों की विवेचनाएँ भी प्रगतिवादी समीक्षा में उपलब्ध होती है। डॉ. नामवर सिंह तथा मार्कण्डेय का कहानी सम्बन्धी विवेचन पर्याप्त तात्त्विक है, जिसके अन्तर्गत प्रगतिशील भूमिका के तमाम कहानीकारों की शक्ति तथा दुर्बलता दोनों का आख्यान है।

इस प्रकार प्रगतिवादी समीक्षा व्यावहारिक भूमि पर भी अपने उद्‌भव के समय से ही सक्रिय रही है। कहने की आवश्यकता नहीं कि वैज्ञानिक दृष्टि के सन्दर्भ में, सामाजिक भूमिका पर, हिन्दी साहित्य की गतिविधियों का उसके द्वारा किया गया यह आकलन, न केवल अनेकानेक मौलिक एवं महत्त्वपूर्ण निष्कर्षों को सामने लाता है, हिन्दी साहित्य के अब तक के विकास का एक अत्यन्त समर्थ मूल्यांकन भी है। हिन्दी साहित्य की प्रगति पर, अब तक की साहित्यिक उपलब्धियों तथा महत्त्वपूर्ण रचनाकारों पर, अन्य अनेक दृष्टियों से भी विचार-विमर्श हुआ है, और इस क्रम में भी अनेक प्रकार के महत्त्वपूर्ण निष्कर्ष सामने आये हैं; परन्तु इस क्षेत्र में प्रगतिवादी समीक्षा की देन किसी से कम महत्त्वपूर्ण तथा कम भास्वर नहीं, बल्कि सर्वाधिक युगानुरूप कही जा सकती है। उसने साहित्य-समीक्षा के क्षेत्र में विवेचन, विश्लेषण तथा मूल्यांकन के लिए स्वस्थ सामाजिक दृष्टिकोण का उदाहरण प्रस्तुत किया है, जिस पद्धति की प्रतिष्ठा की है, उसके महत्त्व को युग के मान्य बुद्धिजीवियों ने अपनी स्वीकृति देकर स्थायी बना दिया है।

इसके पूर्व कि हम प्रगतिवादी समीक्षा के व्यावहारिक स्वरूप की इस चर्चा का अन्त करें, व्यावहारिक विवेचन के क्षेत्र में प्रगतिवादी समीक्षकों की कतिपय महत्त्वपूर्ण सीमाओं का उल्लेख भी कर देना चाहते हैं। इन सीमाओं में से अधिकांश का सम्बन्ध यों तो प्रगतिवादी समीक्षा के प्रारम्भिक दौर से ही है, परन्तु कुछ उसके साथ आज भी संलग्न हैं। अधिकांशतः ये सीमाएँ दृष्टिजन्य हैं। प्रगतिवादी समीक्षा की मूल स्थापनाओं को ठीक से हृदयंगम न कर सकने के कारण, साथ ही उनकी मनमानी व्याख्या करते हुए कतिपय लोगों द्वारा प्रारम्भ में साहित्य अथवा साहित्यकारों पर कुछ ऐसे निष्कर्ष दिये गये, जिन्होंने युग के सजग पाठक-वर्ग तथा बुद्धिजीवियों के मन में न केवल प्रगतिवादी समीक्षा के सम्बन्ध में नाना प्रकार की भ्रान्तियों को जन्म दिया, स्वयं प्रगतिवादी समीक्षा की अपनी आकृति को भी विकृत करने में सहायक बने। प्रगतिवादी समीक्षा की सैद्धान्तिक स्थापनाएँ—आर्थिक धरातल ही मुख्य धरातल होता है, और साहित्य तथा कला उससे प्रभावित होते हैं, वर्गबद्ध समाज में साहित्य तथा साहित्यकार वर्गीय हितों के हिमायती बनकर सामने आते हैं, समूची परम्परा तथा समूची पुरानी संस्कृति ग्राह्य नहीं है, उसके अनेक तत्त्व जर्जर, निष्प्राण तथा मात्र रूढ़ि होते हैं, आदि अपनी जगह पर बिल्कुल ठीक हैं, सवाल इन्हें पूरी समग्रता में, सही सन्दर्भों में समझने तथा ग्रहण करने का है। इन स्थापनाओं की अधकचरी समझ, इनका सन्दर्भहीन ज्ञान कितना अहेतुक हो सकता है, और वह व्यावहारिक भूमिका पर कितने गलत निष्कर्षों को लेकर सामने आ सकता है, प्रगतिवाद के कतिपय समीक्षकों ने इसी का उदाहरण प्रस्तुत किया। बिना सोचे-समझे कविता को एकदम एक आर्थिक क्रिया घोषित कर देना; काडवेल जैसे समीक्षकों के वास्तविक मन्तव्य अथवा असंगतियों को न पहचानकर आँख मूँदकर उनकी बातों को स्वीकार कर लेना; यहाँ तक कि उनके आधार पर पूरे-के-पूरे निबन्ध खड़े कर देना, समस्त प्राचीन साहित्य को सामन्तवाद का अथवा शासक वर्गों का हिमायती घोषित कर देना; वाल्मीकि, कालिदास आदि को सामन्तों का चाटुकार तथा तुलसीदास को ब्राह्मणवाद का पोषक बताना; भारतेन्दु को अंग्रेज-भक्त करार देना; छायावादी कवियों को पूँजीवादी वर्गहितों का प्रतिनिधि मान लेना; समस्त पुरानी परम्परा तथा संस्कृति को जड़ तथा निष्प्राण कहना; वस्तु की प्राथमिकता तथा रूप या शिल्प की गौण भूमिका के आधार पर नितान्त सतही तथा प्रचारात्मक कविताओं को महत्त्वपूर्ण उपलब्धियों के रूप में पेश करना—कुछ ऐसे ही गलत निष्कर्ष थे, जो प्रगतिवादी समीक्षा के प्रारम्भिक दौर में बहुत से लोगों द्वारा—यहाँ तक कि कतिपय वरिष्ठ प्रगतिवादी समीक्षकों द्वारा सामने लाए गये। कहने की आवश्यकता नहीं कि इस अतिवादी तथा नितान्त गैर-जिम्मेदार कार्य ने प्रगतिवादी समीक्षा का बहुत अहित किया; उसकी एक गलत तस्वीर पाठकों को दी। कालान्तर में प्रगतिवादी

समीक्षकों ने इन सारे गैर-जिम्मेदार कार्यों का लेखा-जोखा लेते हुए गलत धारणाओं का खण्डन किया तथा सारे प्रश्नों पर सन्तुलन के साथ सही प्रगतिवादी दृष्टि को प्रत्यक्ष किया। इस कार्य ने काफी दूर तक भ्रान्तियों का निराकरण किया, फिर भी एक सीमा तक वे बनी ही रहीं।

प्रगतिवादी समीक्षा की एक दूसरी महत्त्वपूर्ण सीमा एकांगी मूल्यांकन से सम्बन्ध रखती है। इस सीमा के शिकार न केवल प्रगतिवाद से इतर साहित्यकार तथा उनका कृतित्व बना, स्वयं प्रगतिशील रचनाकार भी बने। मूल्यांकन का सही स्वरूप तभी स्पष्ट हो सकता है, जब किसी कृति या कृतिकार का अनुशीलन समग्रता में हो, जितना ध्यान उसके दुर्बल पक्षों की ओर हो, उतनी ही पैनी दृष्टि से उसके समर्थ पक्षों को भी देखा जाये। जितनी बारीकी से युगीन सन्दर्भों में उनसे सम्बद्ध असंगतियों का निरूपण किया जाये, उतनी ही गहराई में जाकर उन असंगतियों या अन्तर्विरोधों के कारणों की पड़ताल की जाये, और तदुपरान्त ही उस पर किसी निर्णय की बात सोची जाये। मूल्यांकन की वस्तुपरकता तथा दृष्टिकोण का सही धरातल तभी उभर भी सकता है। लेनिन साहित्य समीक्षक नहीं थे, परन्तु ताल्सताय की उनकी समीक्षा व्यावहारिक विवेचन के क्षेत्र में कदाचित आने वाले तमाम और वर्षों तक प्रगतिवादी समीक्षकों के लिए आदर्श बनी रहेगी। विडम्बना यह है कि व्यावहारिक भूमिका पर किये गये न जाने कितने समर्थ उदाहरणों के बावजूद कतिपय प्रगतिवादी समीक्षकों ने एकांगी निर्णयों का ही स्वरूप प्रस्तुत किया। पुराने तथा समकालीन सभी प्रकार के लेखकों के सम्बन्ध में यह हुआ। प्रगतिवादी समीक्षा की इस एकांगी अथवा अतिशय मताग्रही भूमिका ने भी उसकी लोकप्रियता को कम क्षति नहीं पहुँचाई। एकांगी निर्णय आज भी पूरी तरह समाप्त नहीं हुए, परन्तु स्थिति बहुत कुछ साफ हो चुकी है; और कहने की आवश्यकता नहीं कि इसमें भी गम्भीर दृष्टिकोण वाले, प्रगतिवादी समीक्षकों का ही योग है। यदि इन समीक्षकों ने प्रगतिवादी समीक्षा का सन्तुलित, साथ ही सशक्त पक्ष सामने न रखा होता, तो अनेक प्रकार की भ्रान्तियाँ पाठकों के मन में आज तक बनी रहतीं।

प्रगतिवादी समीक्षा के व्यावहारिक विवेचन से सम्बद्ध उक्त सीमाओं का उल्लेख यहाँ इसलिए किया गया है कि पाठकों के समक्ष चित्र के सम्पूर्ण कोण स्पष्ट हो सकें। सवाल सीमाओं का नहीं, सीमाओं के बावजूद की गयी उपलब्धियों का है। व्यावहारिक विवेचन के क्षेत्र में प्रगतिवादी समीक्षा का सबसे शक्तिशाली पक्ष, जैसा हम बता चुके हैं, मूल्यांकन का उसका आधार, प्रतिमानों का उसका वैशिष्ट्य तथा दृष्टिजन्य प्रखर सामाजिकता है। हिन्दी साहित्य के समूचे मानचित्र पर उसके द्वारा एक नया आलोक फेंका गया है, और कहने की आवश्यकता नहीं कि उसकी उपलब्धियाँ भी उतनी ही भास्वर, प्रखर तथा जीवन्त हैं।

समापन

प्रगतिवादी चेतना के उद्‌भव ने हिन्दी साहित्य को विकास की किन नयी दिशाओं की ओर गतिशील किया, इसका विवरण हम पिछले पृष्ठों में दे चुके हैं। हमारा अब तक का विवेचन इस तथ्य का प्रमाण है कि युग के जिन महत्त्वपूर्ण तथा ज्वलन्त सन्दर्भों ने प्रगतिवाद को जन्म दिया था, प्रगतिवादी चेतना की प्रेरणा से रचे गये साहित्य ने उन सन्दर्भों के प्रति ईमानदार रहते हुए न केवल अपने सजग युग-बोध का उदाहरण प्रस्तुत किया; समय तथा इतिहास के प्रति अपने दायित्व का भी सफलतापूर्वक निर्वाह किया है। संक्रान्तिकालीन स्थितियों में किसी भी जीवित कला या साहित्य की जो भूमिका होती है या होनी चाहिए, प्रगतिवादी साहित्य की जो भूमिका अदा की है। हम स्वीकार करते है कि अपनी लम्बी यात्रा के दौरान प्रगतिवादी साहित्य सदैव आकांक्षित ऊँचाइयों का स्पर्श नहीं कर सका है, जब-तब सीमित तथा सँकरी पगडंडियों में भी भटका अथवा भटकाया गया है; परन्तु असफलता की इन भूमिकाओं को आवश्यकता से अधिक महत्त्व नहीं दिया जा सकता। समकालीन तमाम साहित्यिक प्रवृत्तियों तथा गतिविधियों के बीच प्रगतिवादी साहित्य की उपलब्धियाँ इतनी भास्वर हैं कि उन्हें नजरअंदाज करना सच्चाई तथा ईमानदारी दोनों से मुँह मोड़ना होगा। पिछले अध्यायों में कविता, कथा-साहित्य, नाटक, रंगमंच तथा समीक्षा के सन्दर्भ में हम प्रगतिवादी साहित्य की इन उपलब्धियों पर पर्याप्त विस्तार से प्रकाश डाल चुके हैं। अब एक महत्त्वपूर्ण प्रश्न रह जाता है आस्था का। आज के युग में जबकि एक तीसरा महायुद्ध समूची मानवता की छाती पर टँगा है, साहित्यकारों का एक वर्ग मूल्यों, मर्यादाओं, आदर्शों, विश्वासों, यहाँ तक कि सम्पूर्ण मानव-व्यक्तित्व के विघटन की आवाज उठा रहा है, आस्था का यह प्रश्न अधिक महत्त्वपूर्ण हो उठता है। प्रश्न महत्त्वपूर्ण जरूर है, परन्तु सिरदर्द उन्हीं के लिए है, जो अँधेरे में काली बिल्ली की तरह उसे टटोलते हुए अपना सिर धुन रहे हैं। पूछा जाता है कि संक्रान्ति के इन क्षणों में साहित्यकार की आस्था का सम्बल कहाँ, क्या और कौन-सा है? क्या किसी अवतारी प्रभु में? परन्तु आज की धरती तो प्रभुहीन है। क्या अतीत में? उत्तर मिलता है, नहीं। क्या इस विघटित होते हुए वर्तमान में? पुनः उत्तर आता है,

कभी नहीं। तब क्या भविष्य में? खंडित और विघटित होते हुए वर्तमान के गर्भ से जन्म लेने वाले भविष्य में कैसी आस्था? परिणाम यह है कि आज के न जाने कितने रचनाकार आस्था की खोज में इधर-उधर भटक रहे हैं। कविताओं में, उपन्यासों, कहानियों में, सब कहीं आस्था की यह खोज चल रही है। भारतेन्दु पर उन्हें आस्था नहीं, प्रेमचन्द पर आस्था नहीं, निराला पर आस्था नहीं, हिन्दी का कोई भी रचनाकार कोई भी विचार, उनका प्रकाश स्रोत नहीं। जहाँ वे प्रकाश देखते है, वहाँ खुद आस्था एक प्रश्न बनी हुई है, कहा जाता है कि दो महायुद्धों के पाटों में पिसकर कब की खत्म हो चुकी है। समाज से उनका परिचय नहीं, जन-जीवन से उन्हें मतलब नहीं, टूटती-उखड़ती, खास किस्म की जिन्दगी जीने वाले ये रचनाकार फिर आस्था कहाँ पायें? जिनके लिए युग की तथाकथित संक्रान्ति, मूल्यों का विघटन, कवि का खंडित व्यक्तित्व, तीसरा महायुद्ध, अकेलापन, आत्मपीड़न तथा आत्मघात ही शाश्वत सत्य हो, सचमुच उनके लिए आस्था कहाँ और कैसी? परन्तु यह हिन्दी के सारे रचनाकारों का सत्य नहीं है। ऐसे रचनाकार भी रहे हैं, और हैं, जिन्होंने यथार्थ की गतिशीलता में, इतिहास के आलोक में, विज्ञान के प्रगतिशील सन्दर्भों में अपनी जीवन-दृष्टि का निर्माण किया है। यही रचनाकार हैं, जिन्होंने दूसरे महायुद्ध की काली छायाओं के बीच, जबकि दूसरे अनेक रचनाकारों की शक्ति जवाब दे चुकी थी, प्रगतिशील आन्दोलन को जन्म दिया था; साहित्य तथा समाज को कटुताओं से उबारकर प्रशस्त पथों पर खड़ा करने का संकल्प बाँधा था। उन्हें विघटन की सार्वत्रिक भूमिका उस आस्था के आगे कमजोर दिखाई पड़ी थी, तो तत्कालीन सन्दर्भों में भी उनके साथ थी, और लगभग वैसे ही सन्दर्भों में आज भी है। आस्था कहाँ? इस प्रश्न का उत्तर उनकी वे रचनात्मक कृतियाँ हैं, जो परिवेश की आक्रान्तकारी छायाओं के बीच रची जाकर भी वास्तविकता के नये, उभरते हुए जानदार पहलू को ही उद्घाटित करती हैं। ऐसा इसलिए सम्भव हो सका है कि इन रचनाकारों ने जन-सामान्य के साथ अभिन्न होकर ही परिवेश की चुनौती को स्वीकार करते हुए उससे टक्कर ली है। जनता उनका सबसे बड़ा सम्बल रही है, और उसी के बीच उन्होंने आस्था का स्रोत पाया है। अपने साहित्य में भी उन्होंने इसी जनता के चित्र दिए हैं, जो युग-युग से शोषण की कड़ी मार सहते हुए भी, अवसर आने पर हर बार एक जबर्दस्त शक्ति के रूप में अन्याय तथा अत्याचार के सम्मुख खड़ी हुई है, अपने तथा आने वाली पीढ़ी के सुखी भविष्य के लिए प्राणों का बलिदान देते हुए भी घुटन तथा अनास्था की गलियों में गुमराह नहीं होने पायी है। प्रगतिशील रचनाकारों के सर्जनात्मक कृतित्व में हर कहीं इस जनता को अपने सम्पूर्ण व्यक्तित्व के साथ देखा जा सकता है। यह जनता, किसान-मजदूर जनता ही नहीं है, इसमें सामान्य मध्यवर्ग के प्राणी भी हैं, एक बेबस, वीरान, असंगतियों से भरी जिन्दगी का भार वहन करने की विवशता

के बावजूद नयी जिन्दगी के लिए कसमसाती जिनकी आकांक्षा मर नहीं पायी है, केवल मौके का इन्तजार कर रही है। व्यापक जन-समुदाय से जो रचनाकर इतना जुड़ गया हो, आस्था एक प्रश्न के रूप में उसके लिए कोई हकीकत नहीं रखती। आस्था सम्बन्धी तमाम प्रश्नों के सन्दर्भ में डॉ. रामविलास शर्मा का कहना है :

"किसके लिए लिख रहे हो?"

"आज के उपेक्षितों और कल के अपेक्षितों के लिए।"

"किसके सहारे लिख रहे हो?"

"कर्ज की मै पीने वालों के सहारे, हृदय में लाञ्छना-ईधन से आज जलाने वालों के सहारे, 'भरोसे एक राम के' सुख से पाँव पसारकर सोने वालों के सहारे, शोक को श्लोक का रूप देने वालों के सहारे। उस जनता के सहारे, जिसने आज से सौ साल पहले जब आज के राजनीतिक दल नहीं थे, एक बार अंग्रेजी राज्य की जड़ें हिला दी थीं, जिसने लाख विषमताओं को भोगने के बावजूद भारत की भूमि से अंग्रेजों को अपना झंडा उतारने के लिए विवश कर दिया, उस प्रगतिशील परम्परा के सहारे जिसने आधुनिक युग में भारतेन्दु, प्रेमचन्द तथा निराला जैसे साहित्यकारों को जन्म दिया, उस इतिहास के सहारे तो जर्जर तथा मरणासन्न व्यवस्थाओं को खत्म करते हुए समाजवाद–सही और सच्चे समाजवाद के रूप में आविर्भूत हो उठने को कसमसा रहा है।"

❑❑